本书受到北京市社会科学基金重点项目"北京自然资源资产负债表编制及其管理研究"(项目编号:15JGA024)支持

北京自然资源资产负债表
编制及管理研究

史 丹◎等著

Study on Compilation and Management of the Statement
of Assets and Liabilities on Natural Resources in Beijing

中国社会科学出版社

图书在版编目（CIP）数据

北京自然资源资产负债表编制及管理研究／史丹等著.—北京：中国社会科学出版社，2019.10

ISBN 978-7-5203-5679-4

Ⅰ.①北… Ⅱ.①史… Ⅲ.①自然资源—国有资产—资金平衡表—编制—研究—北京②自然资源—资源管理—研究—北京　Ⅳ.①F231.1②F127.1

中国版本图书馆 CIP 数据核字（2019）第 252188 号

出 版 人	赵剑英
责任编辑	黄 晗
责任校对	周 昊
责任印制	王 超

出　　　版	中国社会科学出版社
社　　　址	北京鼓楼西大街甲 158 号
邮　　　编	100720
网　　　址	http://www.csspw.cn
发　行　部	010-84083685
门　市　部	010-84029450
经　　　销	新华书店及其他书店

印　　　刷	北京明恒达印务有限公司
装　　　订	廊坊市广阳区广增装订厂
版　　　次	2019 年 10 月第 1 版
印　　　次	2019 年 10 月第 1 次印刷

开　　　本	710×1000　1/16
印　　　张	22.5
插　　　页	2
字　　　数	346 千字
定　　　价	99.00 元

凡购买中国社会科学出版社图书，如有质量问题请与本社营销中心联系调换
电话：010-84083683
版权所有　侵权必究

课题主持人：

史　丹　中国社会科学院工业经济研究所，研究员，党委书记

课题组成员：

胡文龙　中国社会科学院工业经济研究所，副研究员
马翠萍　中国社会科学院农村发展研究所，副研究员
张艳芳　中国社会科学院工业经济研究所，助理研究员
王　蕾　中国社会科学院工业经济研究所，助理研究员
袁惊柱　中国社会科学院工业经济研究所，助理研究员
刘佳骏　中国社会科学院工业经济研究所，助理研究员
马丽梅　中国社会科学院工业经济研究所，助理研究员
陈素梅　中国社会科学院工业经济研究所，助理研究员

序　言

本书是《自然资源资产负债表编制探索》一书的姊妹篇，由中国社会科学院工业经济研究所史丹研究员领衔，资源环境、能源经济、财务会计等领域学者集体创作而成。

探索编制自然资源资产负债表，是党中央、国务院推动生态文明建设和生态文明体制改革做出的重大决策部署，它首次提出就被写入了党的重要文件之中。2015年11月，国务院办公厅正式印发了《编制自然资源资产负债表试点方案》（以下简称"试点方案"），提出在内蒙古自治区呼伦贝尔市、浙江省湖州市、湖南省娄底市、贵州省赤水市、陕西省延安市、北京市怀柔区等8个地区开展编制自然资源资产负债表试点工作。作为首都的北京市是典型的资源禀赋稀缺的国际性大城市，积极探索编制北京自然资源资产负债表，加强北京自然资源资产负债管理，具有不同寻常的号召引领和改革示范意义。

探索试点编制北京自然资源资产负债表，就是要努力摸清北京土地、林木、水、矿产、能源等自然资源资产的"家底"及其变动情况，为北京市生态文明绩效评价考核和责任追究制度提供资源消耗、环境损害、生态效益等基础信息，同时为推进北京市生态文明建设和绿色低碳发展提供监测预警和决策支持。本书是课题组探索北京市自然资源资产负债表编制及其管理的学术创新成果。从报告内容来看，既有基础的理论研究，也有丰富的实践总结；既有学术研讨中的观点碰撞，也有针对具体专题的推演论证。

本书评析了当前中国自然资源资产负债表编制的理论进展，总结归纳了内蒙古、浙江、贵州等地自然资源资产负债表试点地区的经验启示，并按照资源类型对土地、森林、水、矿产、能源等自然资源资产负债进行了专题研究。在此基础上，课题组吸收借鉴联合国环境经济核算体系（SEEA2012）、国民经济核算体系（SNA2008）、国家资产负债表等基础理论，探索提出了北京市自然资源资产负债表编制的理论框架、核心内容和报表形式，并依托北京市现有自然资源基础数据，试编完成了北京市2005年、2010年和2015年的自然资源资产负债表。除此之外，本书还分析了北京市的水资源资产、国土资源资产、林业资源资产和矿产资源资产的综合管理情况，分析了北京市自然资源管理的组织机构、规章制度、主要内容和现存问题，并提出了北京市加强自然资源管理的对策建议。

具体来看，本书主要包括以下内容：

第一章：自然资源资产负债表研究进展及评析。重点介绍了中国理论界探索编制自然资源资产负债表的最新研究进展，以及与探索编制自然资源资产负债表相关的国际统计规则、国内规章制度与实施办法，并简要述评了自然资源资产负债表实践理论探索的基本共识与积极进展。

第二章：试点地区探索编制自然资源资产负债表分析。重点分析内蒙古、贵州和浙江等试点地区探索编制自然资源资产负债表的实践进展，以及遇到的共性问题和困难障碍等挑战，最后归纳总结了试点地区取得的成功经验和有益启示。

第三章：土地资源问题研究。综述土地资源资产的相关基本概念，以及土地资源资产的分类与计量；土地资源管理制度分析，重点介绍中国土地资源管理制度的演进历史及其现存问题；土地资源资产价值核算，重点对土地资源资产相关理论与方法进行了文献综述，并以北京市为例，重点分析了北京市土地资源资产的可能价值；最后得出相关研究结论及对策建议。

第四章：水资源问题研究。评述水资源相关研究进展，重点介绍水资源资产负债表相关的概念，以及水资源资产的分类与计量；阐述中国水资源基本情况，重点介绍水资源界定、分类及水资源基本情况，分析其在经济社会发展中的地位与作用；水资源管理体制机制和水资产价值评估分析，重点分析水资源管理体制机制以及水资源价值管理现存的主要问题；最后得出相关研究结论及对策建议。

第五章：森林资源问题研究。阐述森林资源的概念、内涵和资产特点，并介绍森林价值评价和森林资源资产评估的相关概念和研究进展；重点分析森林资源资产评估理论与方法，并对北京市森林资源经济价值、生态价值、社会价值进行分析评估，得出北京市森林资源资产的综合价值结果。

第六章：矿产资源问题研究。重点分析矿产能源资源的概念、内涵，以及矿产能源资源的产权制度、管理制度；在综述矿产能源资源资产的定价理论与方法基础上，尝试分析能源矿产资源资产的基本情况。

第七章：环境污染损失评估。分析中国环境质量现状，重点介绍中国环境质量整体状况和北京市区域质量整体状况；详细阐述大气污染、水污染和固体废弃物的环境污染损失评估的步骤与方法，剖析核算难点；最后以北京市为例进行环境污染损失评估。

第八章：资源与环境区域关系问题研究。主要包括：资源与环境视角下区域的界定及其解释；基于区域外部性分析构建区域生态补偿的量化模型；中国区域制度下区域生态补偿的难点分析。

第九章：北京市自然资源资产管理。围绕北京市国土、水、林业、矿产四类主要自然资源，对北京市的水资源资产、国土资源资产、林业资源资产和矿产资源资产的综合管理情况进行分析，重点分析北京市自然资源管理的组织机构、规章制度、主要内容和现存问题，并提出北京市加强资源管理的对策建议。

第十章：北京市自然资源资产负债表编制及分析。重点阐述北京市自然资源资产负债表编制的基本概念框架，并依托北京市现有自然资源基础数据，试编完成北京市2005年、2010年和2015年的自然资源资产负债表，并对北京市自然资源资产负债表的结果进行初步分析和简要阐释。

本书研究发现：

（1）从北京市自然资源资产价值来看，矿产、能源、土地、林业（林木）和水五大自然资源资产种类中，北京市价值量占比最高的是土地资源，且2015年土地资源价值占北京市自然资源价值的比重与2005年相比呈上升趋势；北京市发挥社会生态价值的林业资源重要性相对较高，是占比第二高的自然资源种类，但林业资源占北京市自然资源的价值比重从2005年到2015年呈下降态势；由于北京市的地理区域相对较小，北京市矿产资源和能源资源资产价值相对较少；北京市自有的水资源总量相对较少，水资源量极度稀缺，加上水资源价格作为基本的民生用品受政府管制，北京市水资源价值占自然资源总价值的比重一直不高。

（2）从北京市自然资源负债的构成来看，土地管理、水资源管理两类资源管理负债和废气排放、废水排放两类环境保护负债历史欠账较多，占自然资源管理负债和应付环境保护负债的比重相对较大。其中：土地资源管理负债占自然资源管理负债的比重，2005年、2010年和2015年分别为36.29%、34.33%和36.55%，均超过1/3；废气排放负债占应付环境保护负债的比重，2005年、2010年和2015年分别为91.38%、90.92%和90.88%，几乎占据北京市应付环境保护负债的九成。因此，土地资源管理负债和废气排放负债对北京市自然资源总负债的影响较大，北京市在土地资源管理领域和大气污染防治领域欠账较多。

本书的创新之处体现在：

（1）在学术思想上，借鉴资产负债表"追求均衡发展、强调权责对等"的管理理念，综合应用财务会计"资产负债表"的理论原理和框架体系，设计了北京市自然资源资产负债表的基本理论架构和报表框架体系。这一方面大大拓展了资产负债表方法的应用范围，另一方面极大丰富了自然资源信息披露和价值管理在思想理念与技术手段上的创新。

（2）在理论构建和报表体系设计上，研究成果借鉴环境经济核算体系（SEEA2012）、国家资产负债表的核算披露方法，通过设计统一规范的资产负债报表体系，将土地、森林、水、矿产、能源等自然资源纳入统一的资产负债表分析框架；同时，根据资产负债表的本质属性尝试分析和界定自然资源负债，并通过理论创新对自然资源负债种类进行初步划分。

（3）在研究方法上，以国家资产负债表的编制方法技术为主，同时吸收借鉴环境经济核算体系（SEEA2012）账户整合列报和投入产出表等技术方法，使国家资产负债表的方法技术能够与自然资源环境统计数据有效融合，为北京市自然资源资产负债表试编提供研究方法支撑。

（4）在研究成果上，总结归纳了各地探索编制自然资源资产负债表的有益经验和成功做法，初步试编完成了北京市自然资源资产负债表，较为全面地反映了北京市自然资源的"家底"。

作为一项复杂艰巨且极具创新性的探索工作，目前编制自然资源资产负债表尚处于起步试点阶段。由于概念理解、研究视角、目标手段等方面的差异，在政策研究、经济研究、财务研究和资源环境生态研究等领域中的国内学者，对自然资源资产负债表的一些基础概念、核心内容和关键问题尚没有取得完全共识。在此背景下，本书研究成果仅属一家之言，其中内容不当和错谬之处肯定不少，敬请感兴趣的专家学者同仁不吝赐教。期待理论界和实践界共同努力突破创新，构建妥善处理经济发展与生态文明建设的有效管理工具，早日探索编制高质量的"管用"的自然资源资产负债表，为自然资源环境的健康可持续利用发挥积极作用。

目 录

第一章 自然资源资产负债表研究进展及评析 ………………（1）
  第一节 探索编制自然资源资产负债表的最新研究进展 ………（1）
  第二节 国家探索编制自然资源资产负债表的制度与办法 ……（7）
  第三节 与自然资源负债表相关的国际统计规则 ………………（20）
  第四节 自然资源资产负债表实践理论探索的基本共识 ………（26）
  第五节 对自然资源资产负债表实践理论探索的简要述评 ……（29）

第二章 试点地区探索编制自然资源资产负债表分析 …………（32）
  第一节 探索编制自然资源资产负债表的实践进展 ……………（32）
  第二节 试点地区遇到的共性问题和主要困难 …………………（40）
  第三节 试点地区取得的有益经验和政策建议 …………………（45）

第三章 土地资源问题研究 …………………………………………（49）
  第一节 土地资源的基本概念综述 ………………………………（49）
  第二节 土地资源的管理制度分析 ………………………………（62）
  第三节 有关土地资源资产价值核算的研究 ……………………（74）
  第四节 土地资源价值评估——以北京市为例 …………………（82）
  第五节 研究结论及对策建议 ……………………………………（90）

第四章 水资源问题研究 ……………………………………………（93）
  第一节 水资源相关研究进展及评述 ……………………………（93）
  第二节 水资源基本情况 …………………………………………（97）

第三节 水资源管理体制机制分析 …………………………… (104)
第四节 水资源资产定价理论与方法分析 ……………………… (110)
第五节 研究结论及对策建议 …………………………………… (124)

第五章 森林资源问题研究 ………………………………………… (126)
第一节 国内外研究现状 ………………………………………… (126)
第二节 森林资源资产价格评估相关概念辨析 ………………… (133)
第三节 森林资源价值评价方法 ………………………………… (144)
第四节 森林资源价值评价——以北京市森林资源为例 ……… (153)
第五节 结论与讨论 ……………………………………………… (168)

第六章 矿产资源问题研究 ………………………………………… (171)
第一节 矿产资源资产的概念、内涵和价值 …………………… (171)
第二节 能源矿产资源的产权制度和管理制度 ………………… (175)
第三节 能源资源资产核算、估值方法 ………………………… (181)
第四节 能源资源基本情况 ……………………………………… (187)

第七章 环境污染损失评估 ………………………………………… (191)
第一节 中国环境质量现状 ……………………………………… (191)
第二节 环境污染损失评估的步骤 ……………………………… (200)
第三节 环境污染损失评估——以北京市为例 ………………… (210)

第八章 资源与环境区域关系问题研究 …………………………… (216)
第一节 资源与环境视角下区域的界定及其解释 ……………… (216)
第二节 区域生态补偿的量化与模型构建：基于区域
　　　　外部性的分析 ………………………………………… (226)
第三节 中国区域制度下区域生态补偿的难点 ………………… (232)

第九章 北京市自然资源资产管理 ………………………………… (236)
第一节 北京市水资源管理 ……………………………………… (236)

第二节　北京市国土资源管理 ……………………………… (246)
　　第三节　北京市林业资源管理 ……………………………… (259)
　　第四节　北京市矿产资源管理 ……………………………… (276)

第十章　北京市自然资源资产负债表编制及分析 ……………… (289)
　　第一节　北京市自然资源资产负债表编制的基本概念框架 …… (289)
　　第二节　北京市自然资源资产负债表编制研究 ……………… (303)
　　第三节　北京市自然资源资产负债表的结果及分析 ………… (325)

参考文献 …………………………………………………………… (332)

后　记 ……………………………………………………………… (344)

第 一 章

自然资源资产负债表研究进展及评析

探索编制自然资源资产负债表，是党中央、国务院推动生态文明建设和生态文明体制改革做出的一项重大决策部署。2013年11月，党的十八届三中全会通过的《中共中央关于全面深化改革若干重大问题的决定》（以下简称《决定》）首次提出，探索编制自然资源资产负债表。这既是自然资源资产负债表概念的首次提出，也是自然资源资产负债表首次被写入党的重要文件之中。以此重大时间节点为起点，探索编制自然资源资产负债表成为理论界、学术界、地方政府和社会公众普遍关注的理论研究热点和实践改革重点，探索编制自然资源资产负债表成为我国生态文明建设过程中极具中国特色的理论尝试和实践创新。探索编制自然资源资产负债表的理论与实践，充分体现了中国特色的国家治理逻辑，是我国自然资源国家治理体系和治理能力现代化建设的生动体现。

第一节 探索编制自然资源资产负债表的最新研究进展

由于《决定》探索编制自然资源资产负债表的提法较为新颖，而且首次提出就是站在国家战略的高度，因此引起了理论界和学术界的高度关注。从已经公开发表的理论学术研究成果来看，"自然资源资产负债表"的提法或表述在2013年《决定》之前基本没有，"自然资源核算"

"资源环境核算""自然资源资产"等与之相关的表述称谓则相对较为常见;受《决定》政策导向影响,2014年及以后关于"自然资源资产负债表"的相关理论学术研究成果逐步涌现,以"自然资源资产负债表"为关键词在中国期刊网SCI来源期刊、EI来源期刊、核心期刊、CSSCI期刊四类进行精确匹配搜索,2014—2017年共获得文献105篇。具体来看,目前关于自然资源资产负债表的研究主要集中在以下几个领域。

一 关于自然资源资产负债表的概念内涵研究

什么是自然资源资产负债表?自然资源资产负债表的功能、作用和内涵是什么?这是探索编制自然资源资产负债表的基础理论问题。2013年以来,关于自然资源资产负债表的基本概念、内涵特征、理论基础、主要功能、编制依据、可行路径、现实意义等基础理论内容,一直是探索编制自然资源资产负债表的热点议题。胡文龙(2014)认为,所谓自然资源资产负债表,就是利用会计学中的资产负债表工具,客观全面反映生态责任主体在某一时点的自然资源资产权利和自然资源负债义务的存量报表体系。姚霖等(2016)分析了自然资源资产核算的历程,认为自然资源资产负债表同资源环境核算是一脉相承的,它是我国资源环境核算发展的新阶段;编制自然资源资产负债表,既需要科学定位自然资源资产负债表的功能,还需经历"借鉴、建构、实践"的资源环境核算本土化理论探索(姚霖、黎禹,2016;姚霖,2016)。李金华(2016)以联合国SNA2008、SEEA2003和SEEA2012为理论依据,探讨了编制自然资源资产负债表的理论基础、核心概念、一般表式和需要注意解决的重要问题。谷树忠(2016)在探讨自然资源资产概念、属性、分类的基础上,系统探讨了自然资源资产负债表编制和自然资源资产审计的重点任务。陈艳利、弓锐、赵红云(2015)通过对编制自然资源资产负债表的必要性、可行性、制约性分析,厘定分析了自然资源资产负债表涉及的关键性概念和期望达成的核心目标。胡文龙、史丹(2015)以DPSIR链理论模型、环境经济核算体系(SEEA2012)、国民经济核算体系(SNA2008)和国家资产负债表等为理论基础,采用国家资产负债表的编制方法和技术手段,提出了自然资源资产、自然资源负债和自然资源净资产等报表要素。张宏亮等（2016）界定了环境、企业环境资产、环境负债等概念和范围，并认为根据企业会计准则和环境经济核算的原则可以对企业环境资产和负债进行计量（估值）与核算。盛明泉、姚智毅（2017）基于政府视角系统剖析了自然资源资产负债表的构成要素，深入探讨了自然资源产权、核算方法与计量模式等基本问题。刘明辉、孙冀萍（2016）论证了"自然资源资产负债表"与会计学、统计学、环境学、资源学以及管理学等上位学科的关系，得出结论认为，"自然资源资产负债表"是一门横跨自然科学、社会科学和思维科学三大部类的新兴应用学科，处于会计学、统计学、环境学、资源学、管理学等诸多学科的交叉边缘领域。

二 关于自然资源资产负债表的框架体系研究

如何编制自然资源资产负债表，众多学者也对自然资源资产负债表的主要内容、理论框架、报表体系、列报形式等方面的内容进行了理论探索。姚霖（2016）认为：建构自然资源资产负债表理论体系，首先需要厘清"编制意义、概念体系、核算框架"三个核心问题。陈艳利、弓锐、赵红云（2015）在借鉴自然资源资产核算国际经验的基础上，研究设计了我国自然资源资产负债表编制的基本框架。高敏雪（2016）认为，应该在理论上将自然资源实体与自然资源使用权益分开，由此构建包含"自然资源实体层面—自然资源经营权层面—自然资源开采权层面"的三层架构自然资源核算体系，而自然资源资产负债表是基于自然资源开采权益基础上编制的。胡文龙、史丹（2015）为全面反映自然资源环境"家底"，采用国家资产负债表的编制方法和技术手段构建了以资产、负债和净资产为会计要素的自然资源资产负债表理论框架。李金华（2016）以联合国 SNA2008、SEEA2003 和 SEEA2012 为理论依据，设计了中国自然资源资产负债表描述型一般式和分析型一般式。张宏亮等（2016）认为企业环境资产负债表具有较强的编制可行性和很大的应用价值，从资产负债表编制的模式看，可以有两种思路和三种具体的列报方法。智静、乔琦、张玥（2016）结合国内外自然资源核算的相关经验，探讨了生态工业园区自然资源负债表的编制难点、编制步骤以及现阶段核算范围、框架。封志明等（2016）认为，当前自然资源资产负债表正处在探索试编阶段，资源环境承载力评价正在由分类评价走向综合计量的关键节点。应该兼顾党的十八届三中全会提出的探索编制自然资源资产负债表和建立资源环境承载力监测预警机制双目标实现。有必要发展自然资源资产负债表编制与资源环境承载力评价的方法与技术体系，提出自然资源资产负债表编制和资源环境承载力评价的技术标准/规范，研发自然资源资产负债表编制与资源环境承载力评价的数字化业务平台。孙玥璠、武艳萍、胡洋（2016）在对国际标准和主要发达国家现有相关报表的比较基础上，提出了中国自然资源资产负债表多维度账户体系的构建思路。盛明泉、姚智毅（2017）基于政府视角，系统剖析了自然资源资产负债表的构成要素，初步拟定了基本编制框架。

三 关于自然资源资产负债表的具体编制研究

对于森林、水、土地、矿产、空气等具体自然资源，不少学者也尝试提出了单项自然资源资产负债表的编制探索。耿建新、王晓琪（2014）借鉴国际经验尝试编制了土地资源账户，并提出了土地账户的表格样式、数据计量方式和考核指标。柴雪蕊等（2016）从水环境—经济核算体系SEEA着手，分析了水资源资产负债表的核算对象、水资源负债等概念，探索编制了适合中国水情的水资源资产负债表框架。陈波、杨世忠（2015）研究分析了澳大利亚水会计准则的主要内容和理论依据，针对中国现有水资源核算和财务会计核算存在的问题，提出了借鉴澳大利亚水会计准则核算管理中国水资源的启示。汪林等（2016）通过建立一套假定条件，基于相关技术标准和规范，针对水资源存量及变动表中存在的一些技术问题进行了案例剖析。贾玲、甘泓等（2017）针对水资源的可再生性、随机性和流动性特点，探讨了水资源负债是否存在、水资源资产与负债如何界等问题，并提出了水资源资产负债的核算思路。张友棠、刘帅（2016）尝试构建了水资源资产负债表的概念框架，设计了水资源资产负债表的样表。朱婷等（2017）以京津冀地区林木资源为例，探索提出了自然资源资产负债表的会计主体、会计期间、计量方式和核算步骤等一套林木自然资源价值核算方法和体系。季曦、刘洋轩（2016）在国际通用的环境与经济综合核算体系的基础上,探索提出了矿产资源资产负债表的编制技术框架,刘大海(2016)等也尝试对海洋自然资源资产负债表的内涵进行了解析。张复生、刘芷蕙(2016)提出了建立空气资源账户的初步构想,并提出依据会计恒等式基本原理"期初存量+本期增加量-本期减少量=期末存量"编制空气资源质量变化账户、资产账户和负债账户,同时设计了各账户数据核算方式。

四 关于自然资源资产负债表的热点专题研究

作为一项制度创新活动,探索编制自然资源资产负债表面临着诸多困难与挑战,许多学者也从不同侧面进行了分析。比如,学术界普遍认为,自然资源负债是否存在、如何确认等问题是编制自然资源资产负债表的难点。耿建新等(2015)认为,无论是SNA2008还是SEEA2012,均未提出自然资源负债这一概念;在目前的技术水平下,自然资源负债既不符合两大核算框架的现行规定,也缺乏确认计量的实际可行性,因而不主张进行自然资源负债核算。商思争(2016)结合法学和会计学上的负债概念探索了自然资源负债的本质属性,借鉴审计学资产负债表项目认定概念,探讨了自然资源负债的存在性、义务、完整性和计价认定等问题。史丹、胡文龙(2015)认为,自然资源负债从经济本质上看是生态责任主体在某一时点上应该承担但尚没有履行的自然资源"现时义务",该"现时义务"是人类在利用自然资源过程中所承担的能以货币计量、需以资产或劳务偿还的责任。黄溶冰等(2014)认为资源环境负债是资源的耗减和环境的退化,蔡春等(2014)认为环境负债的定义是对于已经损耗、破坏的自然资源或生态环境的一种补偿。高敏雪(2016)认为可以将资源利用缺口作为环境负债的一部分,也可以将资源环境管理红线的超出部分作为资源环境负债,即把资源过度消耗作为"负债"。张宏亮等(2016)认为,广义的环境负债是一个主体经济活动带来的环境影响或环境退化的预计恢复、治理成本;狭义的环境负债是一个主体预计未来已确定或很可能发生的环境治理、恢复、使用等支出的价值。贾玲、甘泓等(2017)研究认为:广义的水资源负债是指人类经济活动会对水资源数量、水环境质量和水生态系统带来不利影响,包括水资源的过度消耗造成对水循环过程及水资源可再生能力的损害、向天然水体的过度排放造成水环境容量的降低、生态用水的过度挤占造成水生态系统服务功能的减少；狭义的水资源负债是指当经济体过度使用和消耗水资源时，形成的经济体和环境之间关于水资源的债权债务关系，是一种已经发生的并在涉水活动中形成的、针对水循环过程及其可再生能力损害需承担的补偿、恢复或修复的现时义务；水资源负债可以通过引入环境作为虚拟主体、明确水资源资产和经济体的水资源权益加以确认，将水资源权益作为判定水资源负债形成的临界点。向书坚、郑瑞坤（2016）探讨了自然资源负债确认的理论契合点，认为自然资源负债是经济主体对公共产权资源的过度使用、消耗而导致未来生产条件受阻、经济产出减少所必须承担的一种现时义务；这种现时义务表现为一种推定义务，其确认取决于公共产权资源承载力的临界点。

针对自然资源由实物量向价值量转化这一难题，史丹、王俊杰（2016）介绍了国际上较为常用的几种自然资源经济价值评估方法及其相关应用，包括预防性支出法和替代成本法两种市场价值评估方法，意愿调查法、选择实验法、特征价格法和旅行成本法四种非市场价值评估方法，以及经常被忽略的级差地租理论在该领域的应用。孙玥璠、徐灿宇（2016）结合目前生态学、社会学等多学科研究成果，尝试基于"生态系统服务"概念探索通过对自然资源资产生态系统服务价值的量化来实现自然资源资产价值量核算的可能性。针对各地实践探索编制价值量自然资源资产负债表遇到的困难，姚霖（2016）认为："理论体系亟待建构、核算技术有待规范及工作制度亟须落地"是最主要的三大瓶颈；自然资源核算技术存在"统计标准不统一，实物量数据部门间打架、缺失，核算技术规范性不强"等普遍问题，迫切需要规范数据统计标准、建立合理核算周期、完善资源统计制度与规范核算技术。胡文龙、王蕾（2017）认为，理论基础研究、基础数据收集、自然资源价值评估、自然资源负债认识分歧等是各地试编自然资源资产负债表普遍存在的重大挑战。

针对如何运用自然资源资产负债表这一问题，众多学者普遍从领导干部自然资源资产离任审计视角开展了研究。林忠华（2014）认为，领导干部自然资源资产离任审计是一种特殊的经济责任审计，也是一种特殊的资源环境审计；它是一个新兴的交叉学科研究领域，是环境审计与经济责任审计深度融合的产物，是一项具有中国特色的自然资源资产监管制度，主要审计内容包括自然资源资产的法规政策执行情况、重大决策事项、自然资源管理情况和资产负债表。蔡春、毕铭悦（2014）认为构建自然资源资产离任审计理论体系需要解决自然资源资产责任主体、资产负债表计量属性与计量方法选择等十大关键性问题。张友棠、刘帅（2016）通过对水资源管理责任体系的解析，基于水资源资产负债表建立了水资源责任审计评价体系。国家审计署《编制自然资源资产负债表与生态环境损害责任终身追究制研究》课题组（2016）探讨了"编表""审计"和"追责"的机制机理和具体路径，为健全自然资源治理体系、防止自然资源过度消耗提供了思路和启示。马志娟、邵钰贤（2016）认为，当前自然资源资产离任审计主要面临自然资源资产负债表编制困难、审计力量不足、事前控制力较低、问责追责依据和力度不够四大难题。

第二节 国家探索编制自然资源资产负债表的制度与办法

一 党的十八大以来自然资源资产负债表政策体系进展

随着自然资源资产负债表理论探索的不断深入，指导实践探索编制自然资源资产负债表的政策制度也不断建立完善。2012年以来，党中央、国务院在推进生态文明体制机制建设上做出了一系列重大决策部署，有序颁布实施了一系列与编制自然资源资产负债表密切相关的法规文件和政策措施（见表1—1）。2013年11月，《决定》首倡提出，大力推进生态文明建设，探索编制自然资源资产负债表，中央全面深化改革小组专门下设了经济体制和生态文明体制改革专项小组。2013年5月，环境保护部颁布并实施了《关于印发〈国家生态文明建设试点示范区指标（试行）〉的通知》。2013年12月，国家发展和改革委员会等六部委联合下发了《关于印发国家生态文明先行示范区建设方案（试行）的通知》。2015年4月，中共中央、国务院《关于加快推进生态文明建设的意见》明确要求"探索编制自然资源资产负债表，对领导干部实行自然资源资产和环境责任离任审计"。2015年9月，中共中央、国务院印发《生态文明体制改革总体方案》时进一步提出"制定自然资源资产负债表编制指南"等具体要求，中央审议通过了国家统计局提出的《编制自然资源资产负债表试点方案》(以下简称《试点方案》)。2015年11月，国务院办公厅正式印发了《试点方案》。2016年12月，国土资源部、中央编办、财政部、环境保护部、水利部、农业部、国家林业局七部委联合颁布了《自然资源统一确权登记办法（试行）》（包括附件：《自然资源统一确权登记试点方案》和《自然资源登记簿》）。2017年1月，国务院颁布了《关于全民所有自然资源资产有偿使用制度改革的指导意见》。2017年6月，《领导干部自然资源资产离任审计暂行规定》（以下简称《规定》）被中央全面深化改革领导小组会议审议通过；随后中共中央办公厅、国务院办公厅印发了《领导干部自然资源资产离任审计规定（试行）》。从政策层面来看，作为生态文明制度建设的一项改革任务，探索自然资源资产负债表目前已实现了由"首倡"到"落地"、由"探索"到"试点"，探索编制自然资源资产负债表的政策体系已具雏形。

表1—1 　　　　探索编制自然资源资产负债表的政策文件综述

颁布主体	颁布时间	文件名称	核心内容
党的十八届中央委员会第三次全体会议	2013年11月	《中共中央关于全面深化改革若干重大问题的决定》	在"加快生态文明制度建设"一节中，首次提出探索编制自然资源资产负债表，并提出对领导干部进行自然资源资产离任审计
环境保护部	2013年5月	《关于印发〈国家生态文明建设试点示范区指标（试行）〉的通知》	《国家生态文明建设试点示范区指标（试行）》制定了生态文明试点示范县（含县级市、区）建设指标和生态文明试点示范市（含地级行政区）建设指标，并对指标进行了详细阐释，以协调、指导和监督生态文明建设试点工作

续表

颁布主体	颁布时间	文件名称	核心内容
发展改革委、财政部、国土资源部、水利部、农业部、林业局	2013年12月	《关于印发国家生态文明先行示范区建设方案（试行）的通知》	在全国范围内选择100个代表性地区开展国家生态文明先行示范区建设；在"创新体制机制"主要任务中要求率先探索编制自然资源资产负债表，实行领导干部自然资源资产和资源环境离任审计；并要求把资源消耗、环境损害、生态效益等体现生态文明建设的指标纳入经济社会发展综合评价体系，并提高其考核权重
中共中央、国务院	2015年4月	《关于加快推进生态文明建设的意见》	在"健全生态文明制度体系之政绩考核制度"部分，明确提出建立体现生态文明要求的目标体系、考核办法、奖惩机制；包括4方面内容：把资源消耗、环境损害、生态效益等指标纳入经济社会发展综合评价体系并增加考核权重；根据区域主体功能定位实行差别化考核；根据考核评价结果对生态文明建设成绩突出的地区、单位和个人给予表彰奖励；探索编制自然资源资产负债表，对领导干部实行自然资源资产和环境责任离任审计
中共中央、国务院	2015年9月	《生态文明体制改革总体方案》	在"完善生态文明绩效评价考核和责任追究制度"部分，探索编制自然资源资产负债表明确要求：制定自然资源资产负债表编制指南，构建水资源、土地资源、森林资源等的资产和负债核算方法，建立实物量核算账户，明确分类标准和统计规范，定期评估自然资源资产变化状况；在市县层面开展自然资源资产负债表编制试点，核算主要自然资源实物量账户并公布核算结果
国务院办公厅	2015年11月	《编制自然资源资产负债表试点方案》	为贯彻落实党中央、国务院决策部署，指导试点地区探索形成可复制可推广的编制经验而制定，共包括"总体要求、试点内容、基本方法、试点地区、时间安排、保障措施"六个部分

续表

颁布主体	颁布时间	文件名称	核心内容
国土资源部、中央编办、财政部、环境保护部、水利部、农业部、国家林业局	2016年12月	《自然资源统一确权登记办法(试行)》	要求规范自然资源统一确权登记，建立统一的确权登记系统，推进自然资源确权登记法治化，推动建立归属清晰、权责明确、监管有效的自然资源资产产权制度。还包括两个附件：《自然资源统一确权登记试点方案》和《自然资源登记簿》
国务院	2017年1月	《关于全民所有自然资源资产有偿使用制度改革的指导意见》	在"加大改革统筹协调和组织实施力度"中，要求协同开展资产清查核算，提出以各类自然资源调查评价和统计监测为基础，推进全民所有自然资源资产清查核算，研究完善相关指标体系、标准规范和技术规程，做好与自然资源资产负债表编制工作的衔接，建立全民所有自然资源资产目录清单、台账和动态更新机制，全面、准确、及时掌握我国全民所有自然资源资产"家底"，为全面推进有偿使用和监管提供依据
中共中央办公厅、国务院办公厅	2017年6月	《领导干部自然资源资产离任审计规定(试行)》	主要审计领导干部"贯彻执行中央生态文明建设方针政策和决策部署、遵守自然资源资产管理和生态环境保护法律法规、自然资源资产管理和生态环境保护重大决策、完成自然资源资产管理和生态环境保护目标、履行自然资源资产管理和生态环境保护监督责任、组织自然资源资产和生态环境保护相关资金征管用和项目建设运行"七个方面履职情况

资料来源：笔者根据各部门公开文件资料收集整理。

二 《中国国民经济核算体系（SNA 2002）》：资产负债表

《中国国民经济核算体系（SNA 2002）》（以下简称"国民经济核算体系"）是在1992年颁布实施的《中国国民经济核算体系（试行方案）》（以下简称《试行方案》）基础上进行修订完善而制定的。为了全面准确地反映我国经济发展水平和经济运行情况，更好地满足党政领导部门的决策需要和社会各界的研究分析需要，2000年以来，国家统计局会同国务院有关部门对1992年颁布的《试行方案》进行了全面系统的修订，取消了其中的MPS（苏联、东欧国家的物质产品平衡表体系）核算内容，澄清了某些基本概念，修订了机构部门和产业部门分类，调整了基本框架，增加了核算内容，修改和细化了有关表式的指标设置，努力做到了基本上与联合国等国际组织于1993年推出的国民账户体系相衔接，标志着中国的国民经济核算体系与国际标准接轨方面迈出了重要步伐。2008年，联合国等国际组织已经修订形成了国民经济核算新的国际标准，即2008年SNA。目前中国国家统计局正在对2008年SNA进行研究，将逐步按照2008年SNA的要求对中国国民经济核算体系的相关制度方法进行修订。

国民经济核算体系由五套基本核算表、一套国民经济账户和两张附属表三部分组成。五套基本核算表包括国内生产总值表、投入产出表、资金流量表、国际收支表和资产负债表；一套国民经济账户，包括经济总体账户、国内机构部门账户和国外部门账户；两张附属表，即自然资源实物量核算表和人口资源与人力资本实物量核算表。基本核算表和国民经济账户是本体系的中心内容，它通过不同的方式对国民经济运行过程进行全面的描述。附属表是对基本核算表和国民经济账户的补充，它对国民经济运行过程所涉及的自然资源和人口资源与人力资本进行描述。

资产负债核算是以经济资产存量为对象的核算。它反映某一时点上机构部门及经济总体所拥有的资产和负债的历史积累状况。期初资产负债规模和结构是当期经济活动的初始条件，经过一个核算期的经济活动（生产、分配、消费、投资、资金融通等）和非经济活动（如自然灾害、战争等）形成了期末资产负债的规模和结构。因此，资产负债核算与经济流量核算之间有着密切的联系。

（一）基本结构

中国资产负债表采用国际上通用的矩阵结构，主栏为资产和负债项目，宾栏为机构部门和经济总体，并下设使用项目和来源项目，其中使用项目记录资产，来源项目记录负债和资产负债差额。

资产负债表的主栏包括三个部分：①非金融资产项目，反映国内各机构部门、经济总体的非金融资产总规模及构成情况。②金融资产与负债项目,其中,国内金融资产与负债项目,反映国内各机构部门、经济总体的金融资产与负债的状况及机构部门之间的债权债务关系;国外金融资产与负债项目,反映国内各机构部门与国外部门由于资本往来和金融交易形成的资产负债存量状况;储备资产项目,反映国家对外支付能力。③资产负债差额项目,反映各机构部门和经济总体的资产与负债相抵后的净值,它是各机构部门及经济总体的主要财富和经济实力的最终体现。上述每一类项目中,又包含着若干个子项目。资产负债表宾栏中的机构部门包括:非金融企业、金融机构、政府、住户和国外。

(二) 基本核算原则

资产负债核算采用复式记账原则,机构部门之间的资产负债交易必须在同一时点记入交易双方的资产负债表。机构部门在记录资产负债交易时,遵循"权责发生制"原则。

资产负债表按核算时点分为期初资产负债表和期末资产负债表。目前我国资产负债核算采用的时点为日历年初和年末两个时点,以此确定资产负债核算的起点和终点。

资产负债表中非金融资产只在持有者的资产方即使用方反映。不同机构部门的金融债权与债务同时发生、数量相等、方向相反,某一机构部门或几个机构部门拥有的债权数额,必然与相应的另一机构部门或几个机构部门所承担的债务数额相等。在国民经济总体范围内,国内金融资产与负债数额相等,相互抵消。国内各机构部门的国外金融资产(或负债)之和等于国外部门的负债(或金融资产),国外金融资产减去负债后的差额为国外金融资产净值。

(三) 基本概念

1. 核算范围

资产负债核算的核算范围是我国常住单位拥有的资产、负债和资产净值。

2. 资产

资产指经济资产。经济资产必须同时具备以下两个条件:一是资产的所有权已经确定;二是其所有者由于持有或使用它们而能够在目前或可预见的将来获得经济利益。不属于任何机构单位,或即使属于某个机构单位但不在其有效控制下,或不能在可预见的将来获得经济利益的自然资源,如空气、公海、部分原始森林以及在可预见的将来不具有商业开发价值的地下矿藏等,不能视为经济资产,因而不属于我国资产负债核算的范围。

3. 负债

负债是指一个机构单位或机构部门对其他机构单位或机构部门的债务,负债是金融债权的对映体。

4. 资产负债差额

资产负债差额是指某个机构单位或机构部门所拥有的全部资产减去全部负债后的差额(亦称资产净值),同时也是资产负债表的平衡项。资产大于负债用正数表示,反之用负数表示。

5. 资产分类

资产分为非金融资产和金融资产两大类,非金融资产细分为固定资产、存货和其他非金融资产。金融资产细分为国内金融资产、国外金融资产和储备资产。详细分类如表1—2所示。

表1—2 《中国国民经济核算体系SNA(2002)》:资产负债表中资产分类

资产	非金融资产	固定资产	
		存货	
		其他非金融资产	
	金融资产	国内金融资产	通货
			存款
			贷款
			证券(不含股票)
			股票及其他股权
			保险准备金
			其他
		国外金融资产	直接投资
			证券投资
			其他投资
		储备资产	

资料来源:笔者根据国家统计局网站资料收集整理获取。

（四）资产负债表中各指标之间的关系

资产负债表中各指标之间具有如下关系：

①非金融资产 + 国内金融资产 + 国外金融资产 + 储备资产 = 国内负债 + 国外负债 + 资产负债差额（资产净值）

②非金融资产 = 固定资产 + 存货 + 其他非金融资产

③金融资产 = 国内金融资产 + 国外金融资产 + 储备资产

④负债 = 国内负债 + 国外负债

⑤资产负债差额（资产净值） = 资产总额 - 负债总额

（五）基本编表方法

编制资产负债表的基本方法有两种：直接法和间接法。

直接法指以充分搜集现有的宏观、微观资产负债核算（会计、统计、业务）资料为主，如国有、集体、外商投资、私营等企业的资产负债年报、金融、证券企业的资产负债年报、国际收支表、专业统计年报、有关部门业务核算年报，辅之以各种形式的非全面调查资料，如抽样调查资料，以获得相关总量及结构资料编制资产负债表的方法。

间接法指以直接法编制的基准年度资产负债表为基础，通过有关流量核算资料，利用"外推法"和"内插法"编制资产负债表的方法。

上述两种编表方法，直接法是基本方法，间接法是直接法的延伸，目前编制国民资产负债表时一般采用直接法。

（六）资产负债的估价

为了使存量表与流量表在核算原则和计价方法上保持一致，在核算期末资产存量时，对每一类资产项目都应按编表时点的现期市场价格估价：固定资产一般用"永续盘存法"进行重置估价；存货、其他非金融资产按现期市场价格估价，或按预计未来收益的净现值估价；在有组织的金融市场上交易的金融资产和负债，一般按现期市场价格估价；不在有组织的金融市场上交易的金融资产和负债，按债务人为清偿债务必须向债权人支付的当期金额估价；储备资产和其他对外交易的金融资产与负债按国际市场价格和官方公布的外汇汇率的中间价估价。

目前，我国已开始了对国有经济固定资产存量按住宅、机器设备、市政工程、其他建筑物等资产进行分类、按现期市场价格估价的研究及编表工作。但是，由于我国目前总的资产存量核算基础比较薄弱，搜集其他经济类型存量数据资料困难，因而已编制的资产负债表中的项目仍然是按历史成本价格估价的，今后需要在实践中逐步完善。具体资产负债表表式如表1—3所示。

总的来看，国民经济核算体系既考虑了尽量与国际标准接轨，又是从中国实际情况出发的。它在结构上更加严谨，充分反映了国民经济活动的内在联系；在内容上更加丰富，涵盖了市场经济条件下国民经济运行的主要环节和主要方面；在操作上更加可行，既考虑到了当时的实际条件和现实需要，又具有一定的前瞻性，比较适应社会主义市场经济条件下宏观经济管理和对外交流工作的需要。但由于我国国民经济核算的历史较短，又经历过"文化大革命"时期的严重挫折和两种不同类型核算体系的转换过程。因此，1992年和2002年我国国民经济核算基础还比较薄弱。与2008年联合国最新修订的国民经济核算体系（SNA2008）相比，目前我国的国民经济核算体系仍处于修订完善过程中，与发达国家的国民经济核算体系也存在一定差距，尚需要在实践中不断发展和完善。

为全面、完整、系统、有效地反映我国国民经济活动的历史积累成果、经济总体实力，了解我国国民资产的总规模及结构状况，为各级政府制定政策和计划，进行经济管理与调控提供依据，依照《中华人民共和国统计法》和《国民资产核算制度》的规定要求，我国在中国国民经济核算体系（SNA）中需要编制资产负债表。《国民资产核算制度》要求共有五张表式，其中：资产负债综合表一张，机构部门资产负债表四张，此即谓目前流行的"国家资产负债表"。事实上，国家资产负债表，就是借鉴社会经济系统中按照权责发生制原则计量记录微观经济存量和流量以反映会计主体的权利义务的做法，以一国或一国政府为会计主体，通过账户整合综合反映一国国民经济活动的历史积累成果，形成特定时点一国经济总体实力"家底"的核算方法体系。本书认为，自然资源资产负债表，就是借鉴运用国家资产负债表的理论与方法编制的，可以显示某一时间上自然资源资产的"家底"和结构的综合性报表体系。重要的是，方式方法应该服务于目的需要，探索编制自然资源资产负债表，应反映一定时间内的自然资产存量的变化，既反映相关主体的自然资源受

表1-3　资产负债表表式

	非金融企业部门		金融机构部门				政府部门		住户部门		国内部门合计				国外部门		总计	
			国有企业				国有机构						国有单位					
	使用	来源	使用	来源	使用	来源	使用	来源	使用	来源	使用	来源	使用	来源	使用	来源	使用	来源
一、非金融资产																		
（一）固定资产																		
其中：在建工程																		
（二）存货																		
其中：产成品和商品库存																		
（三）其他非金融资产																		
其中：无形资产																		
二、金融资产与负债																		
（一）国内金融资产与负债																		
通货																		
存款																		
长期																		
短期																		
贷款																		
长期																		

续表

	非金融企业部门		金融机构部门				政府部门		住户部门		国内部门合计				国外部门		总计	
		国有企业			国有机构								国有单位					
	使用	来源	使用	来源	使用	来源	使用	来源	使用	来源	使用	来源	使用	来源	使用	来源	使用	来源
短期																		
证券（不含股票）																		
股票及其他股权																		
保险准备金																		
其他																		
（二）国外金融资产与负债																		
直接投资																		
证券投资																		
其他投资																		
（三）储备资产																		
其中：货币黄金																		
外汇储备																		
三、资产负债差额（资产净值）																		
四、资产、负债与差额总计																		

资料来源：笔者根据国家统计局统计制度改革相关资料整理表得。

托责任，为对领导干部实行自然资源资产离任审计，建立生态环境损害责任终身追究制奠定信息基础；同时也为各级政府制定自然环境管理与生态保护政策提供依据。

三 《资源环境综合统计报表制度》

为全面反映我国资源环境的整体状况，搜集资源环境领域的综合统计资料，满足我国实施可持续发展战略、全面建设小康社会和制定资源环境宏观调控政策的需要，依照《中华人民共和国统计法》，国家统计局制定了《资源环境综合统计报表制度》。本制度为部门综合统计报表制度，由环境保护部、水利部、住房和城乡建设部、国土资源部、农业部、民政部、国家卫生和计划生育委员会、交通运输部、国家林业局、国家海洋局、中国地震局、中国气象局、有色金属工业协会等行政主管部门及行业协会负责统计，并报送国家统计局。统计范围按照各相关行政主管部门及行业协会各自的统计范围确定，不同部门、协会的不同报表，其调查范围均不同。

统计内容为主要污染物排放、工业污染、农业污染、生活污染、污染物集中处置、环境管理、分行业环境保护、重点城市环境保护、主要水系干流水质状况评价结果、全国近岸海域海水水质评价结果、水资源及供用水、分地区及分流域水利情况、重点评价湖泊水库水质状况、城市（县城）市政公用设施水平、城市（县城）建设、国土资源、主要矿产资源基础储量、主要能源、黑色金属、有色金属、非金属矿产基础储量、草原和农村可再生能源利用、农作物受灾、农村改厕、城市和县城客运、森林与湿地资源、造林、林业投资、林业灾害、海水水质评价、海洋灾害、海洋资源产量、海洋自然保护、主要海洋产业增加值、海区废弃物倾倒及石油勘探开发污染物排放入海、地震灾害、城市气候情况等。

调查方法及组织方式由各相关行政主管部门及行业协会确定。本制度为年报，由各相关行政主管部门及行业协会以电子邮件方式向国家统计局报送。通过国家统计局外网、《中国统计年鉴》《中国环境统计年鉴》《中国第三产业统计年鉴》及其他统计资料等形式对外发布。

四 中国环境经济核算技术指南

资源环境经济核算体系，又称绿色国民经济核算体系、综合环境经济核算体系（联合国有关文献使用的概念是 System of Integrated Environmental and Economic Accounting，简称 SEEA），是关于资源环境经济核算的一套理论方法。所谓资源环境经济核算，是在原有国民经济核算体系基础上，将资源环境因素纳入其中，通过核算描述资源环境与经济之间的关系，提供系统的核算数据，为分析、决策和评价提供依据。

中国近 30 年是世界上发展最快的经济体，已经成为世界上规模最大的经济体之一。在经济发展的同时，中国面临着严峻的资源环境问题。中国政府已经开始将可持续发展观和科学发展观贯彻到国家的实际管理步骤之中。为了推进中国资源环境经济核算的开展，为区域性、专题性资源环境经济核算提供方法指导，我国编写了被称为中国的"环境经济核算体系框架"的《中国环境经济核算技术指南》，初步确定环境经济核算的框架、技术方法和技术规范。

资源环境经济核算是一个处于研究探索过程的国际性课题。根据资源环境经济核算的基本目标和中国的现实核算基础，中国的环境经济核算体系（CSEEA）也已基本上建立，并曾经在一些地区进行了编报试点。它是以国民经济核算体系（SNA）为基本理论和方法编制的。国民经济核算体系（SNA）是由联合国、欧洲理事会、国际货币基金组织、经济发展与合作组织、世界银行五大机构共同发布的，目前通行的 2008 版采用账户表、矩阵表、平衡表等工具对国民经济运行过程进行刻画。中国环境经济核算体系是在国民经济核算体系基础上建立起来的，目前已经形成了 SNA2008（国民经济核算体系，2008）、SEEA2003（环境经济综合核算手册 2003）以及由我国环保部门和统计部门联合编写的《中国环境经济核算技术指南》三个框架性、编制方法性文件。

《中国环境经济核算技术指南》是在 2003 年绿色 GDP 试点核算的背景下诞生的，由中国环境规划院总工程师、项目技术组组长王金南研究员主持。共分六章，内容包括：环境经济核算框架；环境污染实物量核算；价值量核算——治理成本法；价值量核算——污染损失法；GDP 核算的调整；技术导则。

第一章为环境经济核算框架，包括核算目标、主要内容、技术路线和核算方法四小节内容。

第二章为环境污染实物量核算，包括三小节内容：水污染实物量核算、大气污染实物量核算和固体废弃物实物量核算。

第三章为价值量核算—治理成本法。包括三小节内容：水污染价值量核算、大气污染价值量核算和固体废物价值量核算。

第四章为价值量核算—污染损失法。共包括十小节内容：水污染造成的健康经济损失、污染型缺水造成的经济损失、水污染造成的农业经济损失、水污染造成的工业用水额外治理成本、水污染造成的城市生活经济损失、大气污染造成的健康经济损失、大气污染造成的农业经济损失、大气污染造成的材料经济损失、大气污染造成的清洁成本和固废污染造成的经济损失。

第五章为 GDP 核算的调整。包括三小节内容：有关概念、汇总核算内容和经环境污染调整的绿色 GDP 核算。

第六章为技术导则。包括七小节内容：核算目标和基本原则、核算内容和范围、实物量核算、价值量核算—治理成本法、价值量核算—污染损失法、经环境污染调整的 GDP 核算以及核算报告的编制。

第三节 与自然资源负债表相关的国际统计规则

一 环境经济核算体系（SEEA2012）

（一）环境经济核算体系的内涵

2014 年，联合国统计署等国际机构正式发布《2012 年环境经济核算体系中心框架》（SEEA2012），这是首个环境经济核算体系的国际统计标准。联合国环境经济核算体系（SEEA）最先作为国民经济核算体系（SNA）的卫星账户，经历了源起构想、操作应用、框架初成、体系成型的演化脉络。所谓资源环境经济核算，是在原有国民经济核算体系基础上，将资源环境因素纳入其中，核算描述资源环境与经济之间的关系，为分析、决策和评价资源环境与经济的关系提供数据依据。

环境经济核算体系（SEEA2012）目前主要包括《环境经济核算体系中心框架》《环境经济核算体系试验性生态系统核算》和《环境经济核算体系应用和扩展》三项成果。其中，《环境经济核算体系中心框架》是首个环境经济核算体系的国际统计标准，《环经核算体系试验性生态系统核算》和《环经核算体系应用和扩展》两项成果由于缺乏达成一致性意见的可能性，因此不是国际统计标准。一般来说，目前环境经济核算体系（SEEA2012）在狭义上主要是指《环境经济核算体系中心框架》。

环境经济核算体系中心框架是一个多用途概念框架，用于考察经济与环境之间的相互作用，描述环境资产存量和存量变化。它以《1993年国民核算手册：综合环境和经济核算体系》（《1993年环境经济核算体系》）和《2003年国民核算手册：综合环境和经济核算体系》（《2003年环境经济核算体系》）为基础，并将环境统计及其与经济的关系置于官方统计的核心。

环境经济核算体系中心框架利用一系列广泛信息，借助它的结构，能够对源数据进行对比，并且能够得出各种环境和经济问题的合计数、指标和趋势。特定范例包括评估自然资源利用和供应趋势、经济活动产生的对环境排放程度，以及为环境目的实施的经济活动数量。

环境经济核算体系中心框架的核心，是一种编排环境和经济信息的系统办法，这种办法尽可能全面地涵盖与环境和经济相关的存量和流量。在应用这一办法时，环境经济核算体系中心框架利用国民账户体系的核算概念、结构、规则和原则。在实际当中，环境经济核算包括编制实物供应利用表、功能账户（如环境保护支出账户）和自然资源资产账户。作为一项核算制度，环境经济核算体系中心框架以商定概念、定义、分类和核算规则为基础，它以一种概念一致的综合方式，将信息编入表格和账户中。这种信息可用于创建一致的指标，为决策提供依据，并生成用于一系列广泛目的的账目和合计数。

对经济和环境信息进行整合，需要采用一种跨学科方法。环境经济核算体系中心框架将水资源、矿物、能源、木材、鱼类、土壤、土地和生态系统、污染和废物、生产、消费和积累信息放在单一计量体系中，并为每个领域指定一种具体而详细的计量办法。这些办法全部列入环境经济核算体系中心框架中，以提供一种全面观点。

（二）环境经济核算体系（SEEA2012）中心框架的基本框架和主要内容

从结构来看，环境经济核算体系中心框架共包括六章：（1）引言；（2）核算结构；（3）实物流量账户；（4）环境活动账户和相关流量；（5）资产账户；（6）账户的整合与列报。

第一章是引言，重点介绍了环境经济核算体系中心框架的基本概念、各章概览以及主要特点。此部分回顾了环境经济核算体系的历史背景、介绍了与环境经济核算体系中心框架有关的出版物，以及与《国民账户体系》的关系。本章指出，环境经济核算体系中心框架的最重要特征，是它能够把有共同范围、定义和分类的实物和货币数据编排起来合并列报，且具有实施中的灵活性。

第二章是"核算结构"，概述了环境经济核算体系中心框架的核算结构及其记账规则和原则，深入阐释了环境经济核算体系中心框架的关键组成部分及采用的核算办法。本章重点是阐明环境经济核算体系中心框架包含的账户和表格类型，存量和流量的基本核算原则，经济单位的定义，以及记账和估价原则。本章共有七小节，其中：第三小节阐述了包含供应利用表、资产账户、经济账户序列和功能账户的核算结构；第四小节介绍了一个关键结果：实物和货币数据的合并列报；第五小节介绍了存量和流量的实物和货币计量方式；第六小节描述了机构部门、企业、基层单位、行业等相关经济单位；第七小节阐述了构成记账和编制基础的一系列具体的记账估价核算规则和原则。第二章以国民账户体系的核算办法为基础，强调了环境经济核算体系中心框架的综合性，所有不同的组成部分都放在一个通用的核算结构中。

第三章是"实物流量账户"，本章提供了一套实物流量核算框架，明确了实物流量核算原则和范围，在此范围内可以连贯一致地记录与经济活动有关的所有类型实物流量。本章共有六小节，除第一小节导言外，第二小节重点介绍了实物流量核算框架，即实物供应利用表办法；并对自然投入、产出和残余三种关键实物流量进行了定义和分类。第三小节重点介绍了实物流量的核算原则，包括实物流量毛额和净额记录、国际流量的处理方式和待加工商品的处理方式等。第三章后半部分详细阐述能源（第四小节）、水资源（第五小节）和各种物质流量的实物供应利用表结构，包括废气排放表、污水排放表和固体废物表（第六小节）。本章详细阐释了实物流量的记账方式，不同的实物流量均放在实物供应利用表这一宽泛的框架结构中；以此为出发点，还可以遵循基本核算原则对实物流量的计量进行扩张和缩减，以便能够集中计量一系列不同物质或特定流量。

第四章是"环境活动账户及相关流量"，本章侧重于确认国民账户体系内可被视为与环境有关的经济交易。本章认为，环境活动就是那些以减轻或消除对环境的压力或者更有效地利用自然资源为主要目的的经济活动，环境活动具体可分为资源管理活动和环境保护活动。本章共包括四小节，其中：除第一小节引言外，第二小节重点对环境活动的范围和定义、环境活动分类、环境货物和服务、环境产品生产者等进行了严格界定。第三小节对环境保护支出账户、资源管理支出账户、环境货物和服务部门、环境保护支出账户与环境货物和服务部门之间的关系等环境活动账户及其统计部门信息进行了阐述。第四小节则对政府支付的环境付款、向政府支付的环境付款、非政府机构单位的环境转移、环境资产的使用许可等其他环境关联交易核算进行了阐述。

第五章是"资产账户"，侧重与环境资产有关的存量和流量记录。环境经济核算体系中心框架阐述的环境资产，包含矿产和能源、土地、土壤资源、木材资源、水生资源、其他生物资源以及水资源七类。本章共包括11小节，其中：第一小节至第四小节讨论了一般资产核算，包括环境资产的范围和估价方法、环境资产账户结构以及资产核算的一般原则，重点侧重于自然资源耗减计量和环境资产估价。本章第五小节至第十一小节具体介绍了每项环境资产（矿产和能源资源账户、土地资产账户、土壤资源核算账户、木材资源资产账户、水生资源资产账户、其他生物资源核算账户、水资源资产账户）存量和流量的计量，划定了每一类资产的计量范围，这些资产账户包含实物量与价值量两大类核算表格。第五章的四个附件详细解释了环境资产估价的净现值办法,并讨论了贴现率,贴现率是净现值公式的一个重要组成部分。

第六章是"账户的整合与列报",强调环境经济核算体系中心框架的综合性质,并将第三章至第五章的详细计量准则与为用户列报信息联系起来,重点说明在中心框架内编排和整合信息的可能性,且明确指出整合方式可能有若干种。本章的另一个重点是解释实物和货币数据的合并列报方式,包括描述一系列此种列报方式的范例。本章还介绍了可利用基于环境经济核算体系中心框架的数据集编制的不同类型指标。本章共包括五个小节,除引言外,本章在第二小节对中心框架中的四个关键整合领域做出说明,它们是实物和货币供应利用表、资产账户、经济账户序列,以及功能账户;另外,本节还讨论了环境经济核算体系数据与就业、人口统计和社会数据之间可能存在的联系。第三小节介绍了合并实物和货币数据以形成合并实物和货币列报或账户的一般概念,并就环境和经济信息的基本编排和列报方式提供了指导。第四小节就如何从源数据信息中推算一系列说明性统计数据和环境经济指标提供了指导。第五小节列出了一个合并列报实物和货币数据的一般框架,包括四个合并列报实例,即能源、水、森林产品和空中排放。本章认为,由于中心框架中的账户采取了全面支持分析用途的结构,因此可以基于分析目的在中心框架内寻求源数据重新整合一套有限的信息用于实际应用。

二 国民经济核算体系(SNA2008)

国民经济核算体系(SNA)是以全面生产理论为基础,运用会计账户方法对一定时期一个国家或地区国民经济活动的全部内容进行系统的统计核算,它为宏观经济分析、决策和管理提供客观依据。SNA 由联合国下属负责统计的机构指定,通常每 5 年修订一次。2003 年,受联合国统计委员会委托,联合国、欧盟委员会、经济合作与发展组织、国际货币基金组织、世界银行五大国际组织主持形成并发布了《国民经济核算体系 2008》(*System of National Accounts 2008*,简称 SNA2008),并鼓励各国在国民经济核算中采用这一新的国际标准。SNA2008 是目前 SNA 的最新版本，该版本提出的一项重要建议就是要将研发支出纳入投资统计。当前，《国民经济核算体系》和《环境和经济综合核算体系》是联合国统计委员会及相关机构向世界各国推荐过的两个核算体系，用以指导世界各国的经济核算和环境核算。此两大核算体系为协调各国的核算实践，推动统计和经济分析数据的国际对比，发挥了重要作用。

国民经济核算理论的发展史上，最早出现的核算体系是1953年由联合国经济和社会事务部统计委员会推出的《国民经济核算体系1953》（以下简称SNA53），这是以英国著名统计学家理查德·斯通（John Richard Nicolas Stone）教授为首的专家组根据此前的核算理论、方法研制的第一部较为系统的国民经济核算体系，目的在于制定一套标准的国民经济核算体系，以便提供一个具有普遍适用性的报告国民收入和生产统计的框架。

继SNA53后，根据各国统计核算的实践，并考虑不同发展水平、不同经济体制国家国民经济核算的需求，联合国统计委员会又推出了修订的SNA，即1968年版的SNA（以下简称SNA68）。25年后的1993年，联合国统计委员会与世界银行、国际货币基金组织、经济合作和发展组织、欧洲共同体委员会等共同推出了SNA的又一修订版，即SNA93。这一版本吸收了SNA68实施以来各国国民经济核算理论与实践的最新成果，具有普遍的指导意义，标志着国民经济核算进入一个全新阶段。

SNA是建立在全面生产概念基础之上的，其关键性概念和核心指标之一是GDP。法国经济学家让·萨伊（Jean Baptiste Say）的效用价值论对SNA的形成具有重要的指导意义。萨伊认为："创造具有任何效用的物品，就等于创造效用，就等于创造财富。这是因为物品的效用就是物品价值的基础，而物品的价值就是由财富所构成。"在他看来，生产的数量不是由产品的大小、长短来衡量，而是由产品的效用来衡量，生产不仅创造效用，也创造价值；物品的效用是由劳动、资本、土地共同创造的，因而价值也是由劳动、资本和土地共同作用的结果。这一思想，成为奠定SNA核算范围和GDP统计口径的重要理论依据之一。

SNA2008版本的新变化表现在，对生产性资产分类进行了较大幅度修订，并扩展了资产边界，其中最突出的变化就是R&D的资本化，这种改变直接的影响就是固定资产规模加大,非生产性资产减少;知识密集型行业资产规模加大;科技创新活动活跃地区的资产比重上升。比如,2013年,美国R&D投资重点领域有生命科学、信息通信、能源和新材料领域。这些领域的资产比重将会有所加大。事实上,随着全球经济发展实践和经济学理论不断变化和演进,现有的GDP统计已不能准确反映国民财富增长情况,不能反映经济发展质量的差异,不能反映社会福利的改善情况,更不能反映资源消耗、环境损失以及人力资本投资、技术进步等无形资产的真实状况,国民经济核算的全面性受到前所未有的挑战,这是国际上新的国民经济核算体系发展的大背景。

可以说,当前国际上国民经济核算体系的创新与拓展不仅是统计方法和统计口径上的调整,其背后也反映了人类经济发展观以及对财富认识的变革,反映了可持续增长和包容性增长的发展理念。2009年,联合国统计委员会在第四十次会议上通过了将SNA2008作为国民经济核算的国际统计标准,并鼓励所有国家都尽可能按照SNA2008来编辑并报告其国民经济账户。目前,中国也正根据联合国国民经济核算体系SNA2008对现有的国民经济核算体系进行修正和完善。

第四节 自然资源资产负债表实践理论探索的基本共识

自2013年11月《中共中央关于全面深化改革若干重大问题的决定》首次提出探索编制自然资源资产负债表以来,理论学术界、地方政府在理论研究和政策体系上对编制自然资源资产负债表进行了积极探索,取得了一系列理论共识,主要体现在以下几个方面。

一 单一"自然资源核算"向综合"自然资源报表体系构建"渐成趋势

从自然资源信息披露的内容来看,目前对具体自然资源资产核算相对比较成熟,综合全面反映自然资源的"家底",由单一的"自然资源会计核算"向综合性"自然资源环境报表体系构建"渐成趋势。这体现了现阶段自然资源环境综合管理的现实诉求，探索编制自然资源资产负债表就是在这一发展趋势下出现的。

发达国家如挪威、芬兰、美国、日本、加拿大等国家较早开展了自然资源的核算，研究成果显著。1978年，作为第一批建立资源环境账户的国家之一，挪威最早开始了资源环境核算；其环境账户以国民经济为模型，核算重点在匮乏能源、渔业资源、森林资源、矿产资源、土地资源、水资源、空气污染物和水污染物等自然资源环境。1985年，荷兰中央统计局开始进行土地、能源、森林等方面的核算。芬兰资源核算研究则主要集中在森林资源和生态系统上，涵盖了森林资源核算、环境保护支出费用统计和空气排放调查，随后开展了大范围的环境价值核算研究。1993年，美国建立了反映环境信息的资源环境经济整合账户体系；同期，日本也开始进行本国SEEA的构造性研究，建立了较为完整的SEEA实例体系。总的来看，自然资源核算已经受到世界各国的高度重视，发达国家和部分发展中国家政府都致力于把自然资源核算理论应用于实践从而建立本国的自然资源核算体系。目前国民经济核算体系（SNA）和联合国环境经济核算体系（SEEA）对于矿产和能源资源、生物资源、水资源、环境资源、土地资源、空气污染等具体自然资源环境的会计核算在理论上已成体系，具体的自然资源环境（比如矿产、能源、森林、水、土地等）在会计确认、计量、记录方面已经形成了较为明晰的会计核算规则、程序和方法。

在具体自然资源核算体系基础上，整合所有自然资源账户形成反映自然资源整体"家底"的综合性报表体系，日益成为宏观自然环境管理的迫切需要。在SEEA2012中心框架中，专门就"账户的整合与列报"阐述了一系列原则和基本理念，各国可根据上述原则和基本理念，并结合各国经济社会环境发展实际情况，编制出相应的自然资源环境相关报表体系。早在2010年，杨世忠、曹梅梅（2010）就提出了宏观环境会计核算体系框架构想，提出了环境资产变动表、环境资产负债表和环境损益表基本框架。中国"自然资源资产负债表"概念提出之后，耿建新（2014）基于自然资源资产离任审计的角度，对我国自然资源资产负债表的编制与运用进行了初步探讨。封志明、杨艳昭、李鹏（2014）初步梳理了国内外自然资源核算研究历程和方法进展，讨论了基于自然资源核算编制自然资源资产负债表的框架设想与可能路径。胡文龙、史丹（2015）以 DPSIR 链理论模型、环境经济核算体系（SEEA2012）、国民经济核算体系（SNA2008）和国家资产负债表为理论基础，构建了自然资源资产负债表的理论框架体系。

二 自然资源信息披露的综合性技术方法存在重大缺陷

在自然资源信息披露的方法上，目前已有的自然资源环境核算更多强调分类方法和核算规则，主要是以解决具体自然资源核算为目的；为管理或披露目的而编制综合性的自然资源环境综合报表，目前仍然是以个别自然资源核算账户整合列报或运用投入产出模型表为主，国家资产负债表方法与技术尚没有被引入资源环境综合报表编制中。

个别自然资源核算账户整合列报方法，强调资源环境综合报表根据管理或披露要求灵活选择具体自然资源账户进行整合，优点是灵活性强，应用方便，缺点是随意性强，缺乏权威性。投入产出表方法，强调资源环境综合报表运用经济系统的投入产出关系来构建，优点是数据逻辑关系清晰，缺点是实际应用中过于复杂，适用性不强。杨世忠、曹梅梅（2010）综合上述两种方法根据实践情况提出了宏观环境会计核算体系框架，但仍然无法反映自然资源的基本"家底"。可以发现，传统构建自然资源环境综合报表的方法技术无法满足宏观资源环境管理的现实需求，引入国家资产负债表方法与技术却有必要。"自然资源资产负债表"概念提出以后，如何运用资产负债表方法与技术来编制自然资源环境报表出现了许多理论分析和框架体系设计方面的探索性研究（耿建新，2014；张友棠、刘帅、卢楠，2014；胡文龙、史丹，2015；封志明、杨艳昭、李鹏，2014 等），有些研究还基于资产负债表的框架形式构建了自然资源资产负债表的框架体系（张友棠、刘帅、卢楠，2014；胡文龙、史丹，2015；封志明、杨艳昭、李鹏，2014；耿建新，2014 等）。但总体来看，这些研究尚处于自然资源资产负债表探索的初级阶段，没有实现自然资源环境核算与国家资产负债表方法的紧密结合，目前在逻辑严密性和现实可操作性上仍较缺乏。

三　不同类型自然资源信息披露的规范和标准难以统一

由于不同类型自然资源信息披露的规范和标准难以统一，目前在世界范围内反映整体自然资源"家底"的综合性报表尚缺乏统一规范的应用形式，构建可复制推广的自然资源环境综合报表体系仍是一大挑战。在国别研究上，世界主要发达国家和地区都进行了自然资源环境核算和报表编制。挪威是较早开展自然资源核算和报表编制的国家，在1979年就开始了生物资源、水资源、环境资源、土地、空气污染的核算研究工作，建立起了包括鱼类存量核算、森林存量核算、空气排放、水排泄物、废旧物品再生利用、环境费用支出等项目的详尽统计制度，并在1987年提交了《挪威自然资源核算研究报告》。联邦德国统计局于1988年提出了《关于卫星账户体系的概念考察》的报告，1989年发布了《环境经济综合核算的概念发展》报告。法国自然资源核算委员会提出了有关环境资源的经济、社会和生态功能的核算原则和方法，建立了森林资源、动植物资源和内陆资源的试验性实物核算账户。欧盟在总结挪威、芬兰两国实践经验的基础上，在对具体自然资源进行账户核算的基础上提出了包括环境账户的国民核算矩阵（NAMEA），单一的自然资源核算账户逐步向综合性资源环境报表体系演变。目前，关于自然资源资产的单一会计核算和计量记录，理论研究相对成熟并在实践中逐步推广且已经成为主流的是联合国环境经济核算体系（SEEA2012）。它由7个账户组成，包括矿产和能源资源、土地资产、土壤资源、木材资源资产、水生资源资产、其他生物资源和水资源资产。但由于自然资源的物理特征、统计方法、核算体系等差异，目前只能对个别具体的自然资源进行系统化的报表反映，全面系统反映整体自然资源环境的"家底"，目前尚缺乏统一规范的理论框架、报表体系和应用形式。

第五节　对自然资源资产负债表实践理论探索的简要述评

总体来看，目前我国探索编制自然资源资产负债表的理论探索和学术研究尚处于起步阶段，一些重大理论问题在学术研究中刚刚兴起，短期内难以为最终编制出符合政策意图的自然资源资产负债表提供理论基础和学术支撑。具体来看，目前相关研究在以下方面仍存在严重不足。

一是在研究主题上，对什么是自然资源资产负债表，自然资源资产负债表应该提供什么样的核心信息，目前仍然没有形成共识。自然资源资产负债表是一个全新概念，相关基础理论研究薄弱，尚没有建立一套相对成熟且可复制推广的自然资源资产负债表理论体系，自然资源资产负债表理论框架、报表体系、编制技术、可行路径等基本问题尚没有很好解决。建立在自然资源资产负债表基础上的自然资源资产离任审计，也是当前及今后一个时期亟须系统研究的理论和现实问题。

二是在研究内容上，对水、土地、森林、矿产等具体自然资源的会计核算开展了较多研究，而站在宏观层面对整体自然资源进行报表披露的研究相对不足，如何综合性地反映自然资源"家底"？目前研究者关注相对较少。

三是在研究方法上，大多研究者关注的还是单一的自然资源资产核算，如何整合具体自然资源账户，借鉴国家资产负债表和投入产出模型表等方法，综合反映和全面披露自然资源的"家底"状况，尚需在理论和方法上进一步展开研究。

四是在借鉴国际成功经验和惯例标准方面，目前我国自然资源环境核算与联合国环境经济核算体系（SEEA2012）还存在一定差距，有必要在自然资源账户核算上先补齐"短板"，再以此为基础探索综合性的反映国家自然资源"家底"的报表体系。这既是我国探索编制自然资源资产负债表的初衷，又是我国优化自然资源计量记录披露手段以更好地进行自然资源管理的良好契机。

探索编制自然资源资产负债表，是新形势下我国生态文明体制机制改革的一项重要任务，也是放眼未来开创社会主义生态文明新时代的基本要求，还是我国生态文明体制机制转轨时期完善国家自然资源治理体系、加强资源环境现代治理能力的一项伟大创新活动。综合来看，我国探索编制自然资源资产负债表的过程，既是政策设计顶层推动与实践方案基层试点相互结合、相互促进的过程；也是学术理论推演论证与实践经验归纳总结相互结合、相互促进的过程；还是政府宏观引导服务与民间大胆创新探索相互结合、相互促进的过程。在理论和实践上积极探索编制自然资源资产负债表仍然任重而道远。

第二章

试点地区探索编制自然资源资产负债表分析

自党的十八届三中全会《决定》首倡提出探索编制自然资源资产负债表以来，各级地方政府和企业等生态责任主体积极响应党和政府的号召，在实践层面探索试点编制自然资源资产负债表。据公开新闻报道，内蒙古、贵州、浙江、江西、青海、重庆、深圳等数个省市在 2014 年政府工作报告中就将"探索编制自然资源资产负债表"列为重点工作。2015 年 11 月，国务院办公厅《试点方案》根据自然资源的代表性和有关工作基础，在内蒙古自治区呼伦贝尔市、浙江省湖州市、湖南省娄底市、贵州省赤水市、陕西省延安市开展编制自然资源资产负债表试点工作。本章重点介绍和分析比较内蒙古、浙江和贵州探索编制自然资源资产负债表的试点进展情况，分析其面临的主要障碍和主要问题，总结可供复制推广的有益经验和做法。

第一节 探索编制自然资源资产负债表的实践进展

2013 年 11 月，《中共中央关于全面深化改革若干重大问题的决定》首倡提出，大力推进生态文明建设，探索编制自然资源资产负债表。2014 年年初，内蒙古、贵州、浙江、江西、青海、重庆、深圳等数个省市（自治区）已经开始先行先试启动了自然资源资产负债表的试点工作。

按照国务院办公厅《试点方案》的要求，编制自然资源资产负债表的国家试点工作从2015年11月开始到2016年12月底结束。总的来看，目前各地已经初步完成了自然资源资产报表编制工作，各地在实践层面探索试点编制自然资源资产负债表已经取得了积极进展。

一 浙江湖州探索编制自然资源资产负债表的试点情况

（一）湖州探索编制自然资源资产负债表的背景和意义

湖州市是习近平总书记"绿水青山就是金山银山"重要思想的诞生地。2005年8月15日，时任浙江省委书记的习近平同志到湖州安吉县天荒坪镇余村考察时，首次提出了"绿水青山就是金山银山"科学论断。湖州以"两山"科学论断为统领，确立了"建设现代化生态型滨湖大城市"的奋斗目标一张蓝图绘到底，积极践行，护美绿水青山，做大金山银山，形成走"绿水青山就是金山银山"道路的高度自觉。

湖州市是中国美丽乡村建设的发源地。在习近平同志2003年提出"千村示范、万村整治"的基础上，湖州市创造性地开展了以"五美三宜"（"五美"即科学规划布局美、创新增收生活美、村容整洁环境美、乡风文明素质美、管理民主和谐美；"三宜"即宜居、宜业、宜游）为特征的美丽乡村建设。以此为蓝本制定的《美丽乡村建设指南》于2015年5月上升成为全国首个美丽乡村建设国家标准。目前全市80%的县区创建为省级美丽乡村先进县区，市级美丽乡村的覆盖面达到70%。

湖州是"生态+"绿色发展的先行地和太湖流域的生态涵养地。山水林田湖是构成一个地区生态系统的基本要素。湖州市位于浙江北部、太湖南岸，是环太湖地区唯一因湖得名的城市，太湖地表径流60%来自湖州。市域面积5818平方千米，东部为水乡平原（桑基鱼塘，占全国产量十分之一的淡水鱼，溇港圩田），西部以山地、丘陵（龙王山、莫干山，森林覆盖率50.9%）为主，概称"五山一水四分田"，生态禀赋十分优良。湖州打造了以现代服务业为引领（休闲旅游业、健康产业等），以新型工业（新能源小镇、地理信息小镇、美妆小镇、智能电动汽车小镇）为支撑，以高效生态农业（桑基鱼塘、四大淡水鱼、太湖蟹、龟鳖、湖羊）为基础的现代产业体系。

湖州是全国首个地市级生态文明先行示范区。德清、长兴、安吉三县均为国家生态县,吴兴、南浔两区已通过国家生态县区现场验收,80%乡镇是国家级生态乡镇。2014年5月,经国务院同意,湖州成为全国唯一一个经国家六部委联合发文的地市级生态文明先行示范区。2015年5月,湖州通过了国家生态市技术评估,成为浙江省首个国家生态市。

(二)湖州探索编制自然资源资产负债表的试点进展

湖州编制自然资源资产负债表在浙江省内属首创。2014年11月,湖州市人民政府以项目委托的方式,与中科院地理资源所签署协议正式启动了"湖州市自然资源资产负债表编制"项目。湖州市既是习近平总书记"绿水青山就是金山银山"论断的诞生地,也是美丽乡村的发源地,还是唯一经国务院同意设立的全国生态文明建设先行示范区,是"生态+"绿色发展的先行地和太湖流域的生态涵养地。编制湖州市自然资源资产负债表,既是湖州市推进生态文明先行示范区建设、发挥示范引领作用的重要途径,也是湖州市贯彻落实中央生态文明建设决定的重要举措。

湖州探索了自然资源资产负债表编制的理论与方法,坚持与国家生态文明制度建设体系相契合、充分依托现有统计体系、在实践中不断发展与完善等思路,创新性地提出了"三并重、三结合"的基本原则(实物和价值并重、数量和质量并重、存量和流量并重、加法与减法结合、分类与综合结合、科学与实用结合)和"先实物后价值、先存量后流量、先分类后综合"的技术方案,明确了自然资源资产负债表编制的框架体系与实施路径,确立了底表—辅表—主表—总表的自然资源资产负债表编制方案,编制完成了一套由1张总表、6张主表、72张辅表和大量底表构成的湖州市/安吉县自然资源资产负债表(2003—2013)。目前,湖州市编制完成了湖州市及各区县2010—2013年自然资源资产负债表,湖州市2003—2013年自然资源资产负债表,安吉县2003—2013年自然资源资产负债表,湖州市自然资源资产负债表编制研究报告;形成了湖州市自然资源资产负债表编制技术报告、湖州市领导干部自然资源资产离任审计制度等研究报告。总的来看,湖州市编制的自然资源资产实物量表基本符合湖州实际,是全国第一张比较系统全面的市县级自然资源资产负债表。

作为浙江省唯一入选全国编制自然资源资产负债表的试点地区，湖州编制的自然资源资产负债表，主要核算土地、林木和水等 3 类自然资源。每类自然资源再进行细分，比如土地资源包括湿地、耕地、园地、林地、草地、城镇村及工矿用地、交通运输用地、水域及水利设施用地等项目。对每一类自然资源，又按照存量、流量和质量进行核算。比如，根据年初存量、存量增减和年末存量表中 3 个基础数据，可以对存量增减情况进行详细登记，客观反映数据变化的原因。比如：2015 年年初，湖州市耕地存量为 151451.79 公顷。通过土地综合整治，该市全年新增耕地 620.18 公顷；因建设占用、农业结构调整等因素，存量耕地减少 668.53 公顷。故年末耕地存量为 151403.44 公顷。

湖州编制自然资源资产负债表，旨在完善生态文明绩效评价考核和责任追究制度，推进生态文明建设和绿色低碳发展。按照存量、流量和质量进行不断更新的自然资源资产负债表，折射出地方发展中对自然资源的保护和利用状况，可以作为市、县两级党政主要领导自然资源资产离任审计和生态环境损害责任追究的依据，能客观评判领导干部任期内生态文明建设的得失、功过。比如湖州市土地资源这些存量、流量和质量数据，数字变化的背后几乎都与项目、工程相关，这意味着领导干部今后在项目决策和招商引资时，应强化生态保护意识，要更重视对生态环境的影响和自然资源的损耗。

二　内蒙古探索编制自然资源资产负债表的试点情况

2014 年，习近平总书记视察内蒙古时曾深切嘱托要先行先试三项改革任务，尽快在生态文明制度建设、构建龙头企业和农牧民利益联结机制、深化同俄蒙合作等方面取得新成效。按照《内蒙古自治区党委贯彻落实〈中共中央全面深化改革若干重大问题的决定〉的意见》（内党发〔2014〕1 号）和《内蒙古自治区人民政府关于印发自治区经济体制和生态文明体制改革专项小组 2014 年工作要点分工方案的通知》（内政字〔2014〕104 号）的有关精神，内蒙古自治区决定大胆先行先试，探索编制《内蒙古自然资源资产负债表》。

按照自治区经济体制和生态文明体制改革专项小组的工作安排，编制内蒙古自治区自然资源资产负债表由区统计局牵头，发改、财政、国土、环保、农牧、林业、税务等部门配合，2014年先行启动编制呼伦贝尔、赤峰市自然资源资产负债表，为自治区自然资源资产负债表作先行探索。

2014年内蒙古自治区先行启动编制呼伦贝尔、赤峰市自然资源资产负债表，为自治区自然资源资产负债表作先行探索。2014年7月底，区统计局初步制定了《内蒙古自然资源资产核算试点实施方案》（征求意见稿），依据先易后难、先少后多的原则，试点方案在草原、林地和湿地三个方案进行探索，待条件成熟再向土地、矿产、河流等方面扩展。2014年8月1日，区统计局邀请了区林业厅、农牧业厅、环保局、审计厅有关人员召开了试点方案研讨会。围绕《内蒙古自然资源资产核算试点实施方案》，结合自然资源资产负债的内涵、科目、价值量化等内容，对试点方案中的编表方法、数据来源、存在的问题进行讨论交流。之后，区统计局对试点实施方案进行修订和完善。2014年9月2—3日，内蒙古自治区在呼伦贝尔市召开全区自然资源资产负债核算试点培训会，并赴基层单位实地填报，与基层单位座谈。2014年年底，《内蒙古自治区探索编制自然资源资产负债表总体方案》获自治区经济体制和生态文明体制改革领导小组原则通过，自治区统计局选取赤峰市、呼伦贝尔市作为试点地区，对森林、草原、湿地3种自然资源开展实物量核算探索；选取包头市和鄂尔多斯市试点对矿产能源和土地资源开展实物量核算探索。

2015年11月，内蒙古自治区呼伦贝尔市被纳入国务院办公厅正式印发的《编制自然资源资产负债表试点方案》（以下简称"试点方案"）的试点范围。2016年，按照《自治区党委全面深化改革领导小组2016年工作要点的通知》安排，要求"探索编制自然资源资产负债表，在2016年年底前编制完成全区及分盟市主要自然资源资产实物量变动表"。

内蒙古探索编制自然资源资产负债表的总体工作目标是：全面贯彻落实党的十八届三中、四中全会精神，推动依法、有序、合理利用自然资源，促进生态环境保护。到2018年，建立比较科学完整的自然资源资产负债核算指标体系，编制自治区及各盟市自然资源资产负债表，为开展领导干部自然资源资产离任审计提供依据,为建立自然资源资产审计评价考核体系奠定基础。

内蒙古编制自然资源资产负债表的分阶段目标是:2014—2015年,按照《内蒙古自然资源资产负债核算试点方案》,填报《自然资源资产账户(实物量)》调查表,编制森林、草原、湿地资源实物量资产账户,在总结试点经验的基础上,对试点方案进行修改完善,在全区范围内推开此项工作;2016年至2017年上半年,总结近两年来编表经验,全面开展自治区及各盟市自然资源实物量核算账户的编制工作。探索和开发主要自然资源资产的估值技术,编制主要自然资源价值量资产账户,逐步向全区推开;2017年下半年至2018年,在编制价值量资产账户的基础上,修订、完善自然资源核算账户编制方案,形成成熟、定型的一整套编表思路、编表体系和编表方法,最终完成自治区及盟市自然资源资产负债表编制工作。

目前,内蒙古自治区探索编制自然资源资产负债表也已取得显著成效,开创出了"内蒙古式"编制工作新模式。编制工作的基本完成,从总体反映出自治区主要自然资源的"家底":在方案设计上力求做到简明、实用、可操作;在实际编表过程中,数据来源可靠,表内指标逻辑平衡;最终结果主要对林木面积变化及林木资源质量水平、草原面积变化及草地质量等级变化、水资源的动态变化、各类土地资源及矿产资源的增减变化情况等进行了评价。同时,符合中办、国办印发的《生态文明建设目标评价考核办法》中"对自然资源资产负债表数据成果的考核"。从这个意义上来说,自治区编制自然资源资产负债表的落脚点,真正落在了推进生态文明制度建设上,更加有助于摸清领导干部任期前后所在地区主要自然资源资产实物量变化情况,加快构建自治区自然资源资产审计评价指标体系。与国家相比,自治区制定的编制方案,拓宽了自然资源资产的核算范围,在国家林木、水、土地三种资源的基础上,增加了具有自治区特色的草地和矿产两种资源,并在自治区和盟市两级同时开展,这些为全国探索编制自然资源资产负债表提供了有益的借鉴和重要的经验。在北京召开的"全区自然资源资产实物量变动表论证会"上,专家们一致认为"内蒙古在探索编制自然资源资产负债表编制上迈出了一大步"，"是在全国范围内首次编制出的系统规范的省市两级自然资源资产负债表"，"增加的草地和矿产资源，体现了内蒙古的优势和特色"。

值得一提的是，鄂尔多斯是国家发改委确定的综合改革试点地区，探索编制自然资源资产负债表被列为2015年该市重点工作，根据《鄂尔多斯市市委关于全面深化改革工作的实施意见》（鄂党发〔2014〕6号）和《鄂尔多斯市人民政府关于印发2015年市人民政府重点工作分解落实方案的通知》（鄂府发〔2015〕29号）的有关精神，专门成立了鄂尔多斯市自然资源资产负债表编制领导小组。领导小组办公室设在市统计局，成员单位涵盖了林业、农牧、国土、发改、财政等相关部门，并确定鄂托克前旗为该市此项改革任务的试点地区。鄂托克前旗作为鄂尔多斯市探索编制自然资源资产负债表的试点地区，专门制订了《鄂托克前旗自然资源资产负债表编制工作方案》，提出了自然资源资产负债表西北模式的概念，比较系统地设计了自然资源资产负债表体系。目前，鄂尔多斯鄂托克前旗编制的自然资源资产负债表也已基本完成，包含了实物量表、质量表、流向表、价值表、负债和损益表五大类框架体系。

三　贵州探索编制自然资源资产负债表的试点情况

贵州省高度重视自然资源资产负债表编制工作。根据省委、省政府主要领导同志的指示精神，贵州省在2014年《政府工作报告》中提出"探索编制自然资源资产负债表"工作任务，明确由省统计局牵头，省国土资源厅、省水利厅、省林业厅等部门共同参与。省统计局联合省直相关部门，在2014年年初开始推进自然资源资产负债表的探索编制工作。

贵州省统计局于2014年2月份制定了全年探索编制自然资源资产负债表工作季度推进目标和工作打算，明确工作目标并制订了工作进度安排：一季度，完成探索编制自然资源资产负债表工作实施方案；二季度，向国家统计局申请编制自然资源资产负债表试点，开展探索编制自然资源资产负债表课题研究；三季度，制订贵州省自然资源资产负债表编制方案；四季度，探索编制试点县自然资源资产负债表。与此同时，贵州省还建立了编制自然资源资产负债表协调机制。省统计局、省国土资源厅、省林业厅、省水利厅等九个部门（单位）为协调机制成员单位。2014年3月，贵州省统计局联合省国土资源厅、省林业厅、省水利厅下发了开展试点工作的通知，选取了贵州省自然资源具有代表性的赤水市和荔波县作为试点县（市），最早开始了自然资源资产负债表编制探索试点。

为进一步充实探索编制自然资源资产负债表课题研究队伍，贵州省统计局与贵州财经大学联合开展探索编制自然资源资产负债表的课题研究。通过外部课题委托方式，整合资源加强研究，较早地形成了《自然资源资产负债表编制思路与框架》成果。各厅局、高校积极参与，取得较大进展。在贵州省统计局的协调下，国土厅、发改委、水利厅、审计厅、林业厅、环保厅等多厅局陆续开展了自然资源资产负债表的研究编制工作。其中，贵州省国土厅正在制订《贵州省土地资源资产产权调查及资产负债表编制工作实施方案》，并与省发改委共同制订《贵州省自然资源资产产权制度和用途管制制度改革方案》。目前贵州省已经初步形成了乡镇级的土地资源资产负债表。

2016年，赤水市作为国家统计局确定的编制自然资源资产负债表试点地区，按照国家统计局制定的《自然资源资产负债表试编制度（编制指南）》要求，在贵州省直相关部门的指导下，编制了2011—2015年土地资源、林木资源、水资源资产账户，于2016年9月底按照要求报送国家统计局。国家统计局邀请了国土资源部、农业部、水利部、环境保护部、国家林业局等部门专家对试点地区报送的数据进行评估，并于2016年11月上旬将初步审核意见反馈至省统计局。省统计局和省直相关部门对审核意见逐条进行梳理，与赤水市统计局及相关部门一一对接，按照意见对数据进一步修改和完善，于2016年11月底将赤水市自然资源资产负债表重新报送国家统计局。经国家统计局和国务院有关部门的再次审核，认为贵州省赤水市编制的自然资源资产负债表技术方法与路线科学可行，数据真实可靠。2017年2月20日，国家统计局将《国务院有关部门对贵州省赤水市自然资源资产负债表相关数据的再次审核意见》（以下简称《再次审核意见》）反馈至贵州省统计局，根据《再次审核意见》

的内容,贵州省赤水市编制的2011—2015年自然资源资产负债表数据质量获得国务院相关部委基本认可。

第二节 试点地区遇到的共性问题和主要困难

一 基础理论研究支撑不足,实践探索缺乏有效理论指导

目前,编制自然资产负债表的理论研究不充分,国内外还没有形成比较统一、标准、成熟的统计核算体系,编制自然资源资产负债表的定义、标准、制度、方法等理论问题均亟待创新研究。尤其是自然资源资产负债报表体系如何构建、如何界定纳入编表的自然资源资产、是否存在自然资源负债等难点热点理论问题,目前研究仍不够深入,相关理论认识和技术细节还没有完全弄清楚,难以对实践发挥指导作用。

另外,由于实践探索中由于缺乏明确的理论指导,从事自然资源资产负债表编制的一线实际工作人员疑惑也较多,加上自然资源资产的统计核算量大,人力投入和资金投入较多,且在领导人员任期责任审计中的实际作用不甚明显,探索编制自然资源资产负债表的现实必要性和经济实用性面临诸多质疑。

二 自然资源基础数据存在缺陷,资产实物总量数据众说纷纭

在现有自然资源管理体制下,土地、森林、矿产、淡水等自然资源实物量数据分散在国土、林业、矿业、环保、统计等相关政府部门,信息技术手段不足导致的自然资源信息在各部门的"孤岛"状况一直存在,数据缺失、遗漏或者彼此矛盾情况较为普遍。同时,由于自然资源涉及土地资源、森林资源、矿产资源、淡水资源等多种,这些自然资源的形态、分布不尽相同,有些潜藏在地下(如,矿产资源),有些具有很强的流动性(如水资源、空气质量),对这些资源进行精确的数字量化难度较大。总体而言,自然资源实物量存在数据"打架"、数据"缺失"和数据"供需"失衡三大问题。

(1)数据"打架",主要是部门之间相关的统计指标,由于认定标

准、统计口径的不同，致使相关部门提供的同一指标数据不一致。

比如，从土地资源的调研情况来看，浙江湖州地区林地面积、耕地面积和耕地质量等数据相互"打架"较为严重。浙江湖州地区林业部门提供的林地面积数量要大于国土资源部门的监测调查数据，差距高达50%左右。原因主要在以下两个方面：第一，林业部门认定的经济林林地，国土部门认定为园地；第二，林业部门有一些认定的无立木林地和宜林地，主要是根据有没有林权证或者有没划入二类小班来认定的，包括裸岩和采矿迹地，国土部门则是根据利用现状认定，认定为工矿用地。

耕地面积和耕地质量在浙江湖州不同部门也存在"打架"现象。耕地数量上，农业局统计的耕地面积不包括可调整耕地，与国土局的统计口径不一致；耕地质量上，国土与农业部门划分标准不同，农业局耕地质量等级与国土部门的质量级别划分标准也不一致。国土部门将耕地质量分为15个等级，每年进行数据更新；农业部门分为10个等级，系统内并无平常年份全部耕地质量等级统计工作要求，目前统计范围仅限于新申报的标准农田小样本，实行不定期调查，每次调查时间要5年左右、跨度较长。因此，农业部门和国土部门两家提供的耕地质量和等级数量不一致。

（2）数据"缺失"，主要表现是一些自然资源资产数据有的是通过普查取得，而非普查年份则存在较为明显的数据缺失现象。比如，森林资源、水资源和湿地面积等。

森林资源。按照法律规定每10年普查一次，比如浙江湖州市上一次普查是2007年，非普查年份的动态监测，部分省市从2012年才开始，其样本量较小，代表性不足。

湿地面积。许多地区目前还没有开展年度监测，常规年份数据无法更新。

水资源数据。由于水资源由降水补给，具有年际分布不均匀、流动变化的特性。因此，水资源资产无法按照较小的行政区划进行统计核算。比如：浙江湖州市于2006年开展全市水域调查，但平常年份缺少小型水库水、山塘水、地下水、湖泊水和部分县区间交换水的水量监测资料，在试点时只能用推算方法进行弥补。同时，由于该市地表水较为丰富，地下水水质监测工作基本上还是空白，所以相应数据无法填报。

矿产资源数据。在调研中我们发现，矿产资源统计中存在远景储量、探明储量、可开采储量等多种统计口径，不同部门使用的口径常常不一致，且有些储量是动态变化的，这导致不同部门在同一时期对自然资源实物量的统计数字也不一致，最终给自然资源资产实物量数据的核实和认定造成困扰，更不利于在此基础上进行自然资源环境责任考核。

(3) 数据"供需"失衡，主要是对于自然资源实物量数据，国家和地方、政府和社会，不同主体的数据需求差异较大。如何处理宏观与微观、过程与结果、全面与重点、普遍与重点的关系，在数据收集填报和披露时难以兼顾。

比如：国家试点的自然资源资产负债表中，一个明显的感受是，一些指标数据可能对基层而言实际意义不大，针对性不强。耕地面积、林地面积、水域面积、林木蓄积量、水资源存量和流量（地表水）等指标，更多为宏观层面所关注。从生态建设角度看，微观层面更关注的是大气环境质量、水环境质量、声环境质量、土壤环境质量、资源集约利用水平等指标。

反映年内增减变化的一些流量指标（土地、水、林木），统计过程烦琐，难度很大，却发挥不了实际作用。而搞准过程性指标，其学术性意义可能更强，对统计的要求很高，需要一个完整的支撑体系。出于编制负债表的需要，国家表的指标设置，如地表水、地下水，天然林、人工林，存量增加、存量减少，总体较为全面，但重点不突出。比如：湖州竹林资源丰富，内蒙古草原资源丰富，目前的指标难以充分体现自然资源的重点和特色。

三 自然资源资产定价困难，难以进行客观价值评估

如何将自然资源实物量转化为价值量，是当前综合反映自然资源"家底"面临的最大问题。如果单单以实物量来核算，则自然资源资产仅仅具备统计意义上的台账功能，无法将自然资源资产进行价值加总反映自然资源资产"家底"状况，也无法与经济增长等因素相结合来综合反映自然资源的利用、耗费和保护效益状况。因此，自然资源实物量有必

要转化为价值量。但是,在现实中自然资源价值量核算面临以下难点。

一是何为自然资源价值量,是核算自然资源的经济价值?还是生态价值?抑或社会价值?或者是兼而有之,目前在理论研究上尚没有形成一致的认识。比如贵州省等试点地区提出,自然资源不仅应核算经济价值,也应该核算其生态价值和社会价值。现实中有些自然资源不具有经济价值,但生态价值或社会价值非常重要,经济发展一旦破坏了其生态价值,生态或社会上的损失是无法挽回的。比如草原、湿地等,当前尽管没有进行市场交易,难以确定其经济价值,但是草原、湿地有巨大的生态价值是大家普遍认可的。

二是自然资源价值量核算方法选择较多,难以进行客观价值评估。对一些常见的自然资源,比如土地、矿产、森林等自然资源,目前自然资源经济学有相对成熟的自然资源资产估价方法,可以根据实物量来估计其价值量,但由于价值量评估方法较多,在价值量评估方法选择上弹性较大,由此评估出来的自然资源资产价值量"精度"不高,难以获得普遍认可。还有一些被传统观念忽视的新的自然资源种类,比如海洋资源、清洁空气等,在过去既没有进行过比较全面的实物量统计计量,也缺乏成熟可行的价值量核算评估方法,因此对此类自然资源的实物量和价值量评估都有待进一步研究。

四 自然资源负债认识分歧较大,尚需进行充分研究论证

在理论研究和实践调研过程中,我们发现对自然资源负债的理解存在较大分歧,这在一定程度上导致难以形成统一的自然资源资产负债表编制思路和报表框架。在调研中发现,具体业务部门或人员常常把自然资源负债误认为是指"自然资源遭受破坏或者污染导致自然资源资产减少",由此认为自然资源负债就是自然资源资产的减少,这种看法不符合经济学和会计学中对负债的认知,科学性和学理性不足。也有观点认为,自然资源负债包括应付治污成本、应付生态恢复成本、应付生态维护成本、应付超载补偿成本等(王妹娥和程文琪,2014;张友棠等,2014)。还有观点认为,自然资源负债主要是指人类在开发利用自然资源全过程中涉及的按照权责发生制原则应该承担而实际尚没有承担的可以确认计量的环境保护责任、资源管理责任和可能承担的自然灾害损失（史丹、胡文龙等，2015）。还有一些观点认为，目前中国的国民经济核算体系、联合国推荐的SNA2008国民账户体系以及各国的综合环境与经济核算理论与实践中都没有环境负债的概念，自然资源负债并不独立存在，当然更没有环境负债的确认、计量和报告标准，短期内也难以进行科学合理量化，因此没有必要考虑自然资源负债问题。

对自然资源负债的认识差异和分歧，导致了不同业务主管部门对自然资源资产负债表编制的理解和认识具有较大差异。正是由于理解的多样性、丰富性，导致目前各地探索编制自然资源资产负债表的现状都是各部门分头编制，希望通过各部门先行先试独立进行探索之后，再考虑如何编制自然资源资产负债总表。

五 外部限制条件较多，探索编制的自然资源资产负债表有用性较差

当前，各试点地区虽然顺利完成了国家试点的编制任务，但各省市均普遍感受到了此项工作的艰巨性，技术手段、经费投入和人员力量均面临较多限制，使得编制出的自然资源资产负债表有用性不高，难以反映和揭示实际问题。具体来说，目前实践试点面临的主要限制主要表现在以下三个方面：

（1）技术手段限制。目前来看，自然资源资产统计难度较大，缺少方便快捷、简明实用的现代技术手段，而这些统计调查技术手段的制约因素很难从根本上得到有效解决，如各种林木资源的蓄积量、水资源的存量和流量、耕地质量等级等统计。（2）调查经费限制。试点地区通过自身努力和借助社会中介力量，大多完成了试点编制自然资源资产负债表的任务，但付出的人员、经费等综合成本还是相对较高的。比如某市仅仅聘请外部研究项目就花了500万元，还不包括自身投入的各种经费。如果今后全国范围内开展此项编制工作，前提是要充分考虑到巨大的经费和人员力量支撑。（3）人员力量限制。市县两级部门统计普遍存在人员力量薄弱的问题，因为平常工作中没有试点内容中的统计任务要求，一些部门并没有配置相应人员力量，而且即使少量现有人员也缺少这方面的专业知识和技能。

第三节　试点地区取得的有益经验和政策建议

一　优化探索编制自然资源资产负债表的组织方式

一是成立国家层面的探索自然资源资产负债表编制工作部际联系协调小组。在我国目前的行政组织体制下，自然资源管理体制呈现管理权分散、政出多门、信息彼此孤立、管控缺乏合力等特点，条块化、分散化的管理体制已经不适应自然资源集约化、系统化、精细化的管理需要。在此管理体制下，自然资源产权改革缺乏顶层设计，自然资源资产和权益管理缺乏统一指导，自然资源资产、负债信息凌乱分散，协调统一难度大，推进自然资源资产负债表编制难度高，全面系统反映自然资源"家底"较为困难。建议成立国家层面的探索自然资源资产负债表编制工作部际联系协调小组，梳理整合目前林业、水利、土地等行政管理部门的自然资源行政管理权限，推进政府自然资源行政管理改革，加强政府部门在自然资源行政管理、信息沟通、数据收集上的协调统一。另外，编制自然资源资产负债表需要各部门密切配合、大力支持。各部门应充实加强编报人员力量，为高质量地开展自然资源资产负债表工作提供保障。

二是通过设立理论研究、应用课题项目等方式打造一支探索编制自然资源资产负债表的专家队伍。自然资源资产负债表编制工作涉及面广，跨部门协作多，难度大。从调研的情况来看，各个地方由统计局负责联合国土、林业、矿业、水利等各部门、各级政府领导人直接抓是一种可行的办法。同时还应该通过广泛设立国家社科基金项目、国家自然科学基金项目、政府委托项目、企业高校科研项目等方式，打造一支探索编制自然资源资产负债表的专家队伍，在参与探索编制自然资源资产负债表的同时，及时研究编制过程中需要解决的问题，尤其是理论问题和自然资产负债表的实际运用问题。在调研中我们发现，一些地方审计部门已开始了相关问题的审计。如果没有准确的核算基础和理论依据，势必要会影响审计工作的效果和质量，从而使得自然资产负债表的编制失去了意义和严肃性。

二 加强自然资源资产负债表的理论研究

一是设计反映自然资源资产负债表期望功能的合理报表形式。客观认识自然资源资产负债表的功能,科学准确地理解自然资源资产负债表的编制及披露目的。当前,理论界对编制自然资源资产负债表的意图理解尚不深入,对自然资源资产负债表编制寄予了过多的功能期望,比如:有人认为自然资源资产负债表既是"评价报表",也是"管理报表"和"决策报表"。其实了解企业资产负债表的都知道,企业编制资产负债表的目的定位仅仅是反映企业在一定日期(通常为各会计期末)的财务状况(即资产、负债和业主权益的状况),与财务会计信息披露的主要目的(一是反映受托责任,二是提供决策有用信息)尚具有一定距离,与财务会计的反映和监督职能发挥更是差异巨大。期望通过编制自然资源资产负债表,同时满足自然资源的评价、管理和决策功能,实在有些勉为其难。因此,当前阶段自然资源资产负债表的主要目的应定位于基于受托责任向公众披露的"自然资源状况报表"为宜。

二是统一部门方法标准,并加强自然资源资产负债表编制等生态文明建设相关制度的衔接。统一自然资源资产各类统计指标的定义、口径、分类标准和统计方法。在国家层面成立统计标准委员会,负责监督、管理、协调和指导所有部门的统计活动,建立分工明确、标准统一、资源互补、信息共享、紧密合作、统一管理的部门统计体系。与此同时,要加强自然资源资产负债表编制与领导干部自然资源资产离任审计、生态环境损害责任追究、生态文明考核评价等各项重要的生态文明建设制度之间的衔接,做到思路连贯、导向一致,环环相扣、形成系统。

三是增强对自然资源资产负债表的分析利用研究。自然资源资产负债表反映的是一个地区的自然资源"家底"状况,通过对自然资源资产负债表反映的自然资源"家底"状况进行分析,可以揭示政府在自然资源上的受托责任,综合反映其在自然资源管理和利用保护方面的成效,并为制定自然资源管理和环境保护政策措施提供决策有用信息,以此发挥其"管理报表"和"决策报表"的延伸功能。依托自然资源资产负债表进行考核,还可以有效增强政府官员的环境责任意识,使地方官员在对自然资源的开发利用时，更加注重经济、社会、生态三种效益的协调统一，破除唯 GDP 论。长期来看，通过自然资源资产、负债和权益的变化趋势分析，还可以看出各地经济发展方式转型和升级的进展情况，一定程度上可以揭示出一个地区经济发展、产业结构和社会发展对自然资源的综合影响，依托自然资源资产负债表做支撑，可以全面综合考察地方社会经济发展方式转型和生态文明建设的成效和程度。

三 立足解决实际问题，充分考虑编表成本

一是建议指标设置要突出社会普遍关注的问题，并强调代表性、导向性、实际的可操作性以及数据质量的可控性，确保数据客观准确，可核查、可追溯、可追责，提供真实有效的信息基础、监测预警和决策支持。二是建议暂时不进行价值量核算。由于自然资源定价、价值量核算方面的研究，仅限于理论研究，而且分歧较大，目前核算方法中并无公认、权威、可行的核算技术和方法。三是建议不编制分类太细的土地资源、木林资源和水资源实物量表。四是建议以综合评价考核办法的形式，加强负债表成果的开发应用。从实物量规模、质量、结构等方面着手，研究建立了自然资源资产绩效综合评价办法。

另外，出于建设资源节约型、环境友好型社会的要求，今后如果全国层面开展编制工作，一定要充分考虑编表的调查成本。一是考虑到多数自然资源每个年度之间变化量较小的特点，要合理安排编制频次，总体不宜太密。二是区别普查与常规调查。普查性的调查，内容可以多一些、细一些，以五年至十年开展一次为宜。常规性的调查，以重点指标为主，数量要精简，质量要保证。三是要充分借助社会力量。考虑到各级政府自然资源统计方面的人员力量薄弱，建议通过政府统一购买服务的方式，发挥市场机制作用，充分借助社会中介力量开展相关调查。四是加大自然资源统计调查技术创新。

四 及时总结各地探索编制自然资源资产负债表的有益经验

各地在探索编制自然资源资产负债表试点过程中，形成了有效的探索编制工作模式，积累了丰富的探索编制实践经验。

一是注重加强组织领导。试点地区大都成立了以政府主管领导为组长，统计、国土、环保、林业、水利、矿产等自然资源资产有关部门领导为成员的自然资源资产核算评估领导小组，具体负责组织、协调、指导自然资源资产负债表的编制工作。领导小组大都下设有办公室，办公室一般设在统计部门（也有个别省市设在环保部门），负责组织自然资源资产负债表编制工作开展。

二是强化专业机构和专业岗位建设。由于资产负债表编制和应用是一项系统工程，涉及各类自然资源资产，工作量大，任务重，需要大量的人力物力，且不同的自然资源资产又分属于各个不同的职能部门，增加了该项工作开展的难度。自然资源资产负债表的编制工作必须统一部署，强力推进，组织人事部门应对负责自然资源资产负债表编制的部门予以支持，增设专门机构和专业岗位，增加相关人员，确保自然资源资产负债表的编制工作顺利进行。

三是强化资金保障。自然资源资产负债表编制工作是开展党政领导干部自然资源资产责任审计的技术基础，也是各地生态文明建设的重要内容，各级财政应针对重点工作中需要的资金进行有效保障，加大财政支持力度，并纳入年度部门预算，保证各项资金及时到位，确保负债表编制工作有序开展。

四是引入技术支撑团队。自然资源资产负债表编制是一项专业性极强的工作，既要表征自然资源资产的实物价值，又要体现自然资源资产的生态价值；既要反映自然资源资产现状，又要能客观反映生态环境管护工作实绩，应将第三方技术单位、相关领域专家作为技术支撑力量引入自然资源资产负债表工作小组或专家顾问，解决自然资源资产负债表编制过程中专业性、复杂性的技术难题，为负债表编制工作的顺利实施提供技术保障。

第 三 章

土地资源问题研究

第一节 土地资源的基本概念综述

一 土地资产定义

2003年11月1日我国实施的《土地基本术语》中规定，土地资产是被人占有、利用、支配和交易的土地。贺国英（2005）认为，土地资源资产是从土地的经济属性方面对土地内涵的一种界定，是指某一主体如企业所拥有的作为生产要素或者生产资料参与生产经营活动、能为拥有者带来收益的土地实物及土地权利。冯现学（2011）认为，土地资源资产除了贺国英指出的部分，还包括土地随社会经济发展带来的级差地租和增值预期。

目前，国际上对自然资源资产账户进行核算的标准体系有：SNA2008和 SEEA2012。SNA2008认为，资产是一种价值储备，反映经济所有者在一定时期内通过持有或使用该实体而产生的一次性经济利益或连续性经济利益。SNA将资产分为金融资产和非金融资产，非金融资产又进一步分为生产和非生产两类。非生产非金融资产有三类：自然资源，合约、租约和许可，外购商誉和营销资产。其中，土地资源资产属于自然资源类非生产非金融资产。土地被定义为地面本身，包括覆盖的土层和附属的地表水，所有者通过持有或使用它们可以对其行使所有权，并获取经济利益。在土地资源资产的价值上，坐落在该土地上或途经该土地的房屋或其他构筑物、培育的农作物、树木和动物、矿物和能源储备、非育得生物资源和地下水资源等内容不包括在土地的价值之中。而在土地资源资产的分类上，SNA 没有明确规定。SEEA2012 指出，土地资源资产是一种独特的环境资产，它描绘了经济活动和环境过程发生以及环境资产和经济资产定位的空间。对于给定区域，为了经济生产或环境功能的维持和修复，土地利用反映了从事的活动和正在实施的制度安排。土地利用账户包含了土地和内陆水域。

二 土地资产分类

对于土地资源资产的分类，SEEA2012 认为土地利用有 7 种主要分类：农业、林业、水产养殖、建筑、环境功能的维持和修复、其他、未利用土地；对于内陆水域，土地利用有 4 种主要分类：水产养殖或设备占用的内陆水域、环境维持和修复的内陆水域、其他、未利用内陆水域。

要对土地资源资产进行价值估计分析，首先必须明确土地资产的产权和土地资源的用途。后者通过土地资源分类反映。土地资源分类的目的是反映土地利用现状、分析土地利用问题和为科学管理土地提供依据。在我国，主要存在三种土地分类系统：土地自然分类系统、土地评价分类系统、土地利用分类系统。最早的土地利用分类规定是 1984 年全国农业区划委员会发布的《土地利用现状调查技术规程》中规定的《土地利用现状分类及含义》，将土地分成 8 个一级类和 46 个二级类。1989 年 9 月，原国家土地管理局发布的《城镇地籍调查规程》规定了《城镇土地分类及含义》，将城镇土地分为 10 个一级类和 24 个二级类。在以上两个分类标准的基础上，国土资源部于 2001 年 8 月 21 日下发了《关于印发试行〈土地分类〉的通知》，制定了城乡统一的全国土地分类体系，并于 2002 年 1 月 1 日起在全国试行。将土地分为农用地、建设用地、未利用地 3 个一级类、15 个二级类和 71 个三级类。2007 年 8 月 10 日，中华人民共和国国家质量监督检验检疫总局和中国国家标准化管理委员会发布的《土地利用现状分类》国家标准（标准号：GB/T 21010—2007）将土地分成了 12 个一级类和 56 个二级类，其中，一级类包括：耕地、园地、林地、草地、商服用地、工矿仓储用地、住宅用地、公共管理与公共服务用地、特殊用地、交通运输用地、水域及水利设施用地、其他土地。具体如表 3—1 所示。

表3-1 土地资源利用现状分类

土地利用现状分类

土地利用现状分类 GB/T 21010-2007		2007年8月10日 发布实施			
一级类		二级类		含义	三大类
类别编码	类别名称	类别编码	类别名称		
1	耕地	11	水田	指种植农作物的土地,包括熟地、新开发、复垦、整理地、休闲地(轮歇地、轮作地);以种植农作物(含蔬菜)为主,间有零星果树、桑树或其他树木的土地;平均每年能保证收获一季的已垦滩地和海涂。耕地中还包括南方宽度<1.0米、北方宽度<2.0米固定的沟、渠、路和地坎(埂);临时种植药材、草皮、花卉、苗木等的耕地,以及其他临时改变用途的耕地	农用地
				指用于种植水稻、莲藕等水生农作物的耕地。包括实行水生、旱生农作物轮种的耕地	
		12	水浇地	指有水源保证和灌溉设施,在一般年景能正常灌溉,种植旱农作物的耕地。包括种植蔬菜等的非工厂化的大棚用地	
		13	旱地	指无灌溉设施,主要靠天然降水种植旱生农作物的耕地。包括没有灌溉设施,仅靠引洪淤灌的耕地	
2	园地	21	果园	指种植以采集果、叶、根、茎、枝、汁等为主的集约经营的多年生木本和草本作物,覆盖度大于50%或每亩株数大于合理株数70%的土地	
		22	茶园	指种植果树的园地	
		23	其他园地	指种植茶树的园地	
				指种植桑树、橡胶、可可、咖啡、油棕、胡椒、药材等其他多年生作物的园地	

续表

土地利用现状分类

土地利用现状分类 GB/T 21010–2007		2007年8月10日发布实施		含义	三大类
一级类		二级类			
类别编码	类别名称	类别编码	类别名称		
3	林地	31	有林地	指生长乔木、竹类、灌木的土地，及沿海生长红树林的土地，包括迹地，不包括居民点内部的绿化林木用地，以及铁路、公路，征地范围内的林木，以及河流、沟渠的护堤林	
		32	灌木林地	指树木郁闭度≥0.2的乔木林地，包括红树林地和竹林地	
		33	其他林地	包括疏林地（指树木郁闭度≥0.1、<0.2的林地）、未成林地、迹地、苗圃等林地	
4	草地	41	天然牧草地	指生长草本植物为主的土地	
		42	人工牧草地	指以天然草本植物为主，用于放牧或割草的草地	
		43	其他草地	指树木郁闭度<0.1，表层为土质，生长草本植物为主，不用于畜牧业的草地	未利用地
5	商服用地	51	批发零售用地	指主要用于商业、服务业的土地	建设用地
		52	住宿餐饮用地	指主要用于商品批发、零售用地，包括商场、商店、超市、各类批发（零售）市场、加油站及其附属的小型仓库、车间、工场等用地	
				指主要用于提供住宿、餐饮服务的用地，包括宾馆、酒店、饭店、旅馆、招待所、度假村、餐厅、酒吧等	

续表

土地利用现状分类 GB/T 21010-2007　2007年8月10日发布实施

一级类		二级类		含义	三大类
类别编码	类别名称	类别编码	类别名称		
5	商服用地	53	商务金融用地	指企业、服务业等办公用地，以及经营性的办公场所用地，包括写字楼、商业性办公场所、金融活动场所和企业外独立的办公场所等用地	建设用地
		54	其他商服用地	指上述用地以外的其他商业、服务业用地，包括洗车场、洗染店、废旧物资回收站、维修网点、照相馆、理发美容店、洗浴场所等用地	
6	工矿仓储用地	61	工业用地	指主要用于工业生产、物资存放场所的土地	
		62	采矿用地	指采矿、采石、采砂（沙）场、盐田、砖瓦窑等地面生产用地及尾矿堆放地	
		63	仓储用地	指用于物资储备、中转的场所用地	
7	住宅用地	71	城镇住宅用地	指主要城镇用于人们生活居住的各类房屋用地及其附属设施用地，包括普通住宅、公寓、别墅等用地	
		72	农村宅基地	指农村用于生活居住的宅基地	
8	公共管理与公共服务用地	81	机关团体用地	指用于党政机关、新闻出版、科教文卫、风景名胜、公共设施等的土地	
		82	新闻出版用地	指用于广播电台、电视台、电影厂、报社、杂志社、通讯社、出版社等的用地	

续表

土地利用现状分类

土地利用现状分类 GB/T 21010-2007		2007年8月10日 发布实施		含义	三大类
一级类		二级类			
类别编码	类别名称	类别编码	类别名称		
8	公共管理与公共服务用地	83	科教用地	指用于各类教育、独立的科研、勘测、设计、技术推广、科普等的用地	
		84	医卫慈善用地	指用于医疗保健、卫生防疫、急救康复、医检药检、福利救助等的用地	
		85	文体娱乐用地	指用于各类文化、体育、娱乐类公共设施广场等的用地	
		86	公共设施用地	指用于城乡基础设施的用地，包括给排水、供电、供热、供气、邮政、电信、消防、环卫、公用设施维修等用地	
		87	公园与绿地	指城镇、村庄内部的公园、动物园、植物园、街心花园和用于休憩及美化环境的绿化用地	
		88	风景名胜设施用地	指风景名胜（包括名胜古迹、旅游景点、革命遗址等）景点及管理机构的建筑用地，景区内的其他用地按现状归入相应地类	
9	特殊用地	91	军事设施用地	指直接用于军事目的设施用地	
		92	使领馆用地	指用于外国政府及国际组织驻华使领馆、办事处等的用地	
		93	监教场所用地	指用于监狱、看守所、劳教所、戒毒所等的建筑用地	
		94	宗教用地	指专门用于宗教活动的庙宇、寺院、道观、教堂等宗教自用地	
		95	殡葬用地	指陵园、墓地、殡葬场所用地	

第三章 土地资源问题研究 / 55

续表

土地利用现状分类

土地利用现状分类 GB/T 21010-2007		2007年8月10日发布实施			
一级类		二级类		含义	三大类
类别编码	类别名称	类别编码	类别名称		
10	交通运输用地	101	铁路用地	指用于运输通行的地面线路、场站等的土地，包括民用机场、港口、码头、地面运输管道和各种道路用地	建设用地
		102	公路用地	指用于铁道线路、轻轨、场站的用地，包括设计内的路堤、路堑、道沟、桥梁、林木等用地	
		103	街巷用地	指用于国道、省道、县道和乡道的用地，包括设计内的路堤、路堑、道沟、桥梁、汽车停靠站、林木及直接为其服务的附属用地	
		104	农村道路	指用于城镇、村庄内部公用道路（含立交桥）及行道树的用地，包括公共停车场、汽车客货运输站点及停车场等用地	
				指公路用地以外的南方宽度≥1.0m，北方宽度≥2.0m的村间、田间道路（含机耕道）	农用地
		105	机场用地	指用于民用机场的用地	建设用地
		106	港口码头用地	指用于人工修建的客运、货运、捕捞及工作船舶停靠的场所及其相应附属建筑物的用地，不包括常水位以下部分	
		107	管道运输用地	指用于运输煤炭、石油、天然气等管道及其相应附属设施的地上部分用地	

续表

土地利用现状分类 GB/T 21010-2007　　2007年8月10日发布实施

一级类		二级类		含义	三大类
类别编码	类别名称	类别编码	类别名称		
11	水域及水利设施用地	111	河流水面	指天然形成或人工开挖河流常水位岸线之间的水面，不包括被堤坝拦截后形成的水库水面	未利用地
		112	湖泊水面	指天然形成的积水区常水位岸线所围成的水面	未利用地
		113	水库水面	指人工拦截汇积而成的总库容≥10万立方米的水库正常蓄水位岸线所围成的水面	建设用地
		114	坑塘水面	指人工开挖或天然形成的蓄水量<10万立方米的坑塘常水位岸线所围成的水面	农用地
		115	沿海滩涂	指沿海大潮高潮位与低潮位之间的潮浸地带，包括海岛的沿海滩涂，不包括已利用的滩涂	建设用地
		116	内陆滩涂	指河流、湖泊常水位至洪水位间的滩地；时令湖、河洪水位以下的滩地；水库、坑塘的正常蓄水位以下的滩地；包括海岛的内陆滩地，不包括已利用的滩地	建设用地
		117	沟渠	指人工修建，南方宽度≥1.0m，北方宽度≥2.0m用于引、排、灌的渠道，包括渠槽、渠堤、取土坑、护渠林	农用地
		118	水工建筑用地	指人工修建的闸、坝、堤路林、水电厂房、扬水站等常水位岸线以上的建筑物用地	建设用地
		119	冰川及永久积雪	指表层被冰雪常年覆盖的土地	未利用地

续表

土地利用现状分类

土地利用现状分类 GB/T 21010-2007			2007年8月10日发布实施		含义	三大类
一级类		二级类				
类别编码	类别名称	类别编码	类别名称	含义	三大类
12	其他土地	121	空闲地	指上述地类以外的其他类型的土地	
		122	设施农业用地	指直接用于经营性养殖的畜禽舍，工厂化作物栽培或水产养殖的生产设施用地及其相应附属用地，农村宅基地以外的晾晒场等农业设施用地	建设用地
		123	田坎	主要指耕地中南方宽度≥1.0m，北方宽度≥2.0m的地坎	农用地
		124	盐碱地	指表层盐碱聚集，生长天然耐盐植物的土地	未利用地
		125	沼泽地	指经常积水或渍水，一般生长沼生、湿生植物的土地	
		126	沙地	指表层为沙覆盖、基本无植被覆盖的土地。不包括滩涂中的沙漠	
		127	裸地	指表层为土质，基本无植被覆盖的土地；或表层为岩石、石砾，其覆盖面积≥70%的土地	

资料来源：笔者根据《土地利用现状分类》国家标准整理表得。

三 土地资产数量与质量

土地资产数量包括存量和流量两方面,存量是指不同种类的土地资源的利用现状,流量是两个时点间不同种类土地资源存量的变化情况,包括增加和减少两种过程,每个过程受自然和人为两种因素的影响。1953年,Dellogg, C. E. 提出了"土地质量"一词。Bennema认为,土地质量是指在影响特定土地利用适应性方面的复杂属性。Pieri 等认为,土地质量是指满足生产、保护、环境管理等目的的土地状况和性能,包括土壤、气候、生物等特性。在 Pieri 的基础上,Dumanski 认为,土地质量是指满足土地利用的土地状况,包括农业生产、环境保护等土地利用目的。1995年,世界银行、联合国粮食和农业组织、联合国开发计划署和联合国环境规划署建立的土地质量指标体系,对土地质量研究具有重大影响(王国强等,2011)。我国早期关于土地质量的研究主要是土地评价,如根据地力划分耕地等级。现有通行的土地质量等级研究是通过对土地外在环境(如地貌、地理位置、气候等)和少量内在因素(如土壤厚度)的量化分析来进行分级的,由于它的目的是对土地进行估价,而忽略了土地内在性质和生态效应(刘应平等,2010)。因此,生态方面的质量是土地质量不可缺失的一部分。如张露等(2004)认为,土地质量是与农业生产、林业生产、环境管理与保护等各种土地利用的需求相关的土地条件,应该包括生态环境质量、经济质量和管理质量三部分;朱永恒等(2005)指出,土地质量是指土地具有的一种能持续维持和发挥功能的能力,即生产功能、生态功能和承载功能的能力,与土地利用类型相关。现有较成熟的土地质量评价方法是土地质量地球化学分等定级方法,即以土地各组成要素(土壤、水、大气)和土地生态效应(大宗农产品安全性)的地球化学组成为依据,生态地球化学理论为指导,参照现行国家或行业相关规范标准,对土地质量进行量化等级划分。

土地资源的数量核算包括存量核算和流量核算两个方面。在存量核算上,需要摸清自然资源的物理属性(功能性属性或用途)、产权、质量分级等家底;在流量核算上,需要厘清数量变化的原因和流向。土地的分等定级是在对土地的经济和自然属性进行综合评价后而将土地等级化的过程，包括城镇土地分等定级和农用土地分等定级。不同类型的土地可选择相应的定级因素来进行，一般使用 Delphi 法、因素成对比较法和 AHP 法。使用土地定级因素，选定定级单元，从而划分不同土地的级别，最后确定土地级别界线。其中，城镇土地分等定级主要参照《城镇土地分等定级规程》（GB/T 18507 - 2014）和《城镇土地估价规程》（GB/T 18508 - 2014）国家技术标准进行；农用土地分等定级主要参照《农用地质量分等规程》（GB/T28407 - 2012）、《农用地定级规程》（GB/T28405 - 2012）和《农用地估价规程》（GB/T28406 - 2012）三项国家标准进行。目前各试点地区在编制自然资源资产负债表时，存在对土地资源资产分类定界的通行方法，即以国土资源部和农业部的统计数据为依托，综合使用现场小样本调查、监测点数据和遥感数据，对不同种类的土地资源进行数量核算和分等定级。根据数量核算和分等定级，就可以监测土地存量和流量的变化，形成土地核算情况见表3—2。通过基期和末期两个时点的土地存量核算，可以获得土地一级类和二级类的总规模；通过土地分等定级可以获得土地二级类的土地级别及相应的规模。通过基期和末期间的土地变更调查，可以获得土地流量变化的原因及相应规模。借助土地存量规模和分等定级变化情况、土地流量原因，可以综合评价干部任职期间对土地资产的利用和管理是否达到考核标准。

四 土地资产价值与负债

1999 年，联合国粮食和农业组织与联合国环境规划署指出，土地具有十大功能：生命环境功能、气候调节功能、水文功能、废物控制功能、污染控制功能、动植物生产功能、遗产功能、储藏功能、生活空间功能、空间联通功能。在不同的功能上，土地具有不同的价值。总体而言，土地主要具有经济价值、生态价值和社会效应价值。且受土地质量、土地利用规划、结构性调整等因素的影响。SEEA2012 认为，一般而言，土地的价值包括土地位置的价值、土地物理属性的价值以及土地上生产性资产的价值。但是，没有一个综合性的价格系统能够涵盖所有类型的土地。

表3-2 土地核算情况

土地分类 一级类	土地分类 二级类	基期存量	增加量 分等定级 级别	增加量 分等定级 规模	增加量 来源	增加量 规模	减少量 流向	减少量 规模	末期存量	末期存量 分等定级 级别	末期存量 分等定级 规模
耕地	水田		一等二等……		土地整治结构调整……		建设占用生态退耕……			一等二等……	
耕地	水浇地		一等二等……							一等二等……	
耕地	旱地		一等二等……							一等二等……	
园地等（参照耕地）			一等二等……		土地整治结构调整……		建设占用生态退耕……			一等二等……	
			一等二等……							一等二等……	
			一等二等……							一等二等……	
			一等二等……							一等二等……	

资料来源：笔者根据原国土资源部和原农业部土地分类核算情况拟制。

耕地资源作为一种在市场上可以交易的土地资源，根据分化的产权结构，其价值化的过程分为两部分：所有权的价值化和经营权的价值化。在所有权上，土地资源属于集体和国家所有，其价值化决定于国家规定的地块价格；在经营权上，土地资源属于产权获得者所有，其价值化决定于土地资源利用所获得的收益（袁惊柱，2017）。以耕地为例，按照SEEA2012的标准，一块耕地的价值等于耕地地块的价值、耕地物理属性的价值和耕地上生产性资产的价值。根据国家耕地占用补偿制度，耕地地块的价值是基于国家规定的征地补偿标准的，即每个等级的耕地都有一个对应的价格。用每个等级耕地规模乘以对应的价格，即为这个等级耕地的经济价值。耕地物理属性的价值包括经济种植价值、景观价值、生物多样性价值等。如2014年，经统计，北京都市型现代农业生态服务价值为3434.57亿元，其中直接经济价值为461.47亿元，在直接经济价值中，农林牧渔业总产值为420.07亿元；间接经济价值为1237.84亿元，其中，景观增值价值为602.41亿元；生态与环境价值为1735.26亿元，其中，生物多样性价值为666.02亿元。耕地上生产性资产的价值主要是经济林等的价值。在价值决定上，土地位置的价值由国家给定地块的价格决定；土地上生产性资产的价值由市场机制决定，定价方法包括影子价格法、边际机会成本法、资产定价法和地租定价法；而土地物理属性的价值确定还处于摸索阶段。由于土地物理属性的价值大都属于使用价值，没有进入市场进行交易，因而不存在市场价格。对于这些非市场价值的评估，目前使用的方法有：旅行成本法、享乐价格法、条件价值法和选择实验方法（袁惊柱，2017）。基本的原理都是想更客观地揭示消费者在这些物理属性上的支付意愿。虽然消费者不直接消费这些物理属性，但只要它们与消费者消费的其他物品相关，它们的价值就会附加在消费者消费的其他物品价格上。如公园和配套设施完善的地区房价会更贵。另外，政策的实施也会使物理属性的非市场价值转化为经济价值，如森林的固碳属性通过碳汇交易实现价值转化，这些估算出来的非市场价值，如要与经济价值进行比较，必须满足物理属性进入市场进行交易的前提，否则意义不大。因此，土地资产的价值很大程度上取决于估价方法的选择。

关于土地资产的负债，目前还没有一个明确的定义，正处于从不同角度进行探索的阶段。根据资产负债表的"资产＝负债＋所有者权益"平衡等式，资产和负债只有在市场机制将它们脱离所有者权益时，它们才具有市场价值或成本。对于经济资产的资产负债表，"资产""负债""所有者权益"三个会计账户的主体都是经济资产所有者。而对于自然资源、所有权和使用权分离的情况下，三个账户属于不同的主体。即市场化的价值和成本属于自然资源利用者，非市场化的价值和成本属于国家或集体这个产权所有对象。而生态环境，作为一种公共品，通常位于非市场化的行列之中，只会成为自然对人类利用自然资源的补贴（袁惊柱，2017），政府因此成了为生态环境买单的对象。因此，对于产权完整界定的经济资产，交易过程全部处于市场之中，编制的资产负债表满足"资产＝负债＋所有者权益"的平衡等式。但对于自然资源，产权界定的过程中发生了分化，且只有进入市场进行交易的自然资源才能实现资产化。所以，不可能遵守经济资产的平衡等式来编制自然资源资产负债表。对于干部离任审计，应该从干部任职基期和末期两个时点上来寻求存量与流量的平衡。对于土地资源，在数量和质量上，存在"干部任职基期土地存量＝干部任职末期土地存量＋干部任职期间土地增量－干部任职期间土地减量"的平衡等式；在价值上，对于用于农业生产经营的耕地资源，存在"耕地资源经营权价值＝经营收入－经营成本－获得经营权成本"的平衡等式。对于被征占的耕地资源，存在"耕地资源价值＝征占补偿＋耕地开垦费＋耕地占用税"的平衡等式。用于非农用途的土地价值则通过国有土地资产管理制度来实现；在生态环境影响上，存在"干部任职基期土地的生态环境质量＝干部任职末期土地的生态环境质量＋干部任职期间土地的生态环境保护－干部任职期间土地的生态环境破坏"的平衡等式。

第二节 土地资源的管理制度分析

一 土地资源管理制度的沿革

我国 2003 年 11 月 1 日实施的《土地基本术语》中规定，土地是地球陆地表明具有一定范围的地段,包含垂直于它上下的生物圈的所有属性,是由近地表气候、地貌、表层地质、水文、土壤、动植物以及过去和现在人类活动的结果相互作用而形成的物质系统。而土地资源是指在当前和可预见的将来的技术经济条件下,可为人类利用的土地。

对土地资源的管理,我国始于1950年6月中央人民政府颁布的《土地改革法》。截至目前,我国与土地管理有关的最主要法律法规有:《中华人民共和国土地管理法》《中华人民共和国土地管理法实施条例》《土地复垦规定》《中华人民共和国城市房地产管理法》《中华人民共和国水土保持法》及其实施细则、《中华人民共和国土地增值税暂行条例》及其实施细则、《中华人民共和国行政处罚法》《基本农田保护条例》《土地违法案件查处办法》以及《中华人民共和国森林法》《中华人民共和国草原法》和《中华人民共和国矿产资源法》,等等,再加上国家有关部门制订的土地管理方面的文件政策,已经基本形成一个相对完善的政策法规体系(见表3—3)。根据冯现学(2011)的研究,以稀缺性引发的紧约束为管理出发点,我国土地资源管理形成的管理制度有:土地用途管理制度、地籍管理制度、耕地保护与农地专用管理制度。其中,土地用途管理制度的管理工具是土地利用规划,地籍管理制度的管理工具是土地调查与监测[①],耕地保护与农地专用管理制度的管理工具是耕地占补平衡(专栏3—1)。

[①] 2008年实施的《土地调查条例》规定,土地调查采用全面调查的方法,综合运用实地调查统计、遥感监测等手段。调查的内容包括:土地利用现状及变化情况,包括地类、位置、面积、分布等状况;土地权属及变化情况,包括土地的所有权和使用权状况;土地条件,包括土地的自然条件、社会经济条件等状况。2009年,中华人民共和国国土资源部令第45号文《土地调查条例实施方法》指出,土地调查是指对土地的地类、位置、面积、分布等自然属性和土地权属等社会属性及其变化情况,以及基本农田状况进行的调查、监测、统计、分析的活动。包括全国土地调查、土地变更调查和土地专项调查。其中,全国土地调查,是指国家根据国民经济和社会发展需要,对全国城乡各类土地进行的全面调查。土地变更调查,是指在全国土地调查的基础上,根据城乡土地利用现状及权属变化情况,随时进行城镇和村庄地籍变更调查和土地利用变更调查,并定期进行汇总统计。土地专项调查,是指根据国土资源管理需要,在特定范围、特定时间内对特定对象进行的专门调查,包括耕地后备资源调查、土地利用动态遥感监测和勘测定界等。

表3—3 土地资源管理政策法规体系

主要时期	核心内容
"一五"时期	1950年6月,中央人民政府颁布《土地改革法》,对土地的所有权也做了相应的规定:"大森林、大水利工程、大荒地、大荒山、大盐田及矿山、湖、沼、河港为国家所有。"1953年,政务院公布了《国家建设用地征用土地办法》,这一行政法规规定,"国家建设征用土地,必须贯彻节约用地的原则。"1957年,农业部颁发了《关于帮助农业生产合作社进行土地规划的通知》,规定中央和地方各级人民政府农业部门应当帮助农业生产合作社做好土地利用规划,正确安排农、林、牧、渔的用地问题。1957年,国务院颁布了《水土保持暂行纲要》,对水土保持工作的管理,水土保持的措施、方法,水土保持的规划以及违反规定者的法律责任等做出了较为详细的规定
"二五"时期	1959年,农业部颁布了《关于加强人民公社土地利用规划工作的通知》。该《通知》规定:"土地利用规划工作是合理利用土地……的一项重要措施","在丘陵地区,安排农、林、牧、副、渔用地,坡改梯、水土保持"等是规划的内容和要求。1960年,农业部颁布了《关于善始善终地完成土壤普查进一步开展土地利用规划的通知》
"五五"时期	1979年,国务院批转了国家农委等呈交的《关于开展农业自然资源和农业区划研究的报告》。这一《报告》提出,成立全国农业自然资源和农业区划委员会,在全国开展农业区划研究,为合理开发利用农业自然资源,因地制宜地制订生产规划和指导生产,促进农、林、牧、副、渔业的全面发展,早日实现农业现代化提供科学依据
"六五"时期	1982年的《宪法》规定:"国家保障自然资源的合理利用……禁止任何组织或者个人用任何手段侵占或者破坏自然资源。"同时规定:"一切使用土地的组织和个人,必须合理利用土地。"1982年,国务院颁布了《国家建设征用土地条例》。该条例对国家建设征用土地的原则、办法、征用土地的审批程序等都做出了规定,《土地管理法》公布实施后,该条例废止。1982年,国务院颁布了《水土保持工作条例》,对水土保持工作的管理、办法和措施做出了规定

续表

主要时期	核心内容
"七五"时期	1986年，全国人大通过了《土地管理法》，1988年进行了修改。它对保护土地、利用土地的原则、方针做出了详细的规定，确立了土地用途管制制度，"国家编制土地利用总体规划，规定土地用途，将土地分为农用地、建设用地和未利用地"。"严格限制农用地转为建设用地，控制建设用地总量，"并要求非农业建设经批准占用耕地的，按照"占多少、垦多少"的原则实行占用耕地补偿制度。1986年，全国人大通过了《矿产资源法》，该法对防止采矿引起土地破坏和矿区土地的复垦等都做出了规定。1988年，国务院颁布了《土地复垦规定》。同年12月29日，第七届全国人民代表大会常务委员会通过《中华人民共和国土地管理法》
"九五"时期	1998年8月29日，第九届全国人大常务委员会第四次会议通过了《中华人民共和国土地管理法（修订案）》。1999年1月1日起开始施行的《中华人民共和国土地管理法》，同年4月，《全国土地利用总体规划纲要（1997—2010年）》经国务院批准实施
"十五"时期	2001年，需国务院审批的31个省、自治区、直辖市和81个城市的土地利用总体规划全部批准实施。其他地方各级土地利用总体规划，也已由省级人民政府或授权的市（自治州）人民政府陆续批准实施。2002年，国土资源部通过了《招标拍卖挂牌出让国有建设用地使用权的规定》，从而建立了我国国有建设用地的"招拍挂"制度。2003年，《全国土地开发整理规划》批准实施，地方各级土地开发整理专项规划的编制和审批工作也正抓紧进行。为适应形势发展的需要，《土地管理法》修订再次被提上议程，进入实质性操作，这项工作的开展，必将有力推动和加强新时期的土地管理和规划工作。2004年，出台《关于停止经营性项目国有土地使用权协议出让的补充规定》。10月21日，国务院出台国发〔2004〕28号文《国务院关于深化改革严格土地管理的决定》，实行最严格的土地管理制度。2005年1月1日起开始执行《进一步加强新增建设用地土地有偿使用费征收使用管理的通知》（以下简称《通知》），对土地将实行有偿使用费先缴后分的原则

续表

主要时期	核心内容
"十一五"时期	2006年，国务院总理温家宝主持召开国务院常务会议，会上提出了促进房地产业健康发展的六项措施（国六条），在土地方面要求科学确定房地产开发土地供应规模，加强土地使用监管，制止囤积土地行为；国务院办公厅下发《关于调整住房供应结构稳定住房价格的意见》（九部委十五条意见），对"国六条"进一步细化，在土地方面要求保证中低价位、中小套型普通商品住房土地供应，及加大对闲置土地的处置力度；建设部颁发165号文件《关于落实新建住房结构比例要求的若干意见》，其中提出年度土地供应计划中已明确用于中低价位、中小套型普通商品住房用地和依法收回土地使用权的居住用地，应当主要用于安排90平方米以下的住房建设；国土资源部制定的《招标拍卖挂牌出让国有土地使用权规范》和《协议出让国有土地使用权规范》正式施行，规范对招标拍卖挂牌或协议出让国有土地使用权的范围作了细化，并建立国有土地出让的协调决策机构和价格争议裁决机制；《全国土地利用总体纲要》提出，到2010年，全国耕地总量保持在18亿亩的规模，"十一五"期间每年减少耕地280万亩用作新增建设用地。而国务院领导则指出，18亿亩的耕地保有量至少要保持到2020年而不是2010年。国务院常务会议为此批评500万亩的建设用地指标"没有体现集约、节约的原则"；《国务院关于加强土地调控有关问题的通知》把调控矛头直指工业用地，规定工业用地出让最低价标准不得低于土地取得成本、土地前期开发成本和按规定收取的相关费用之和。工业用地必须采用招标拍卖挂牌方式出让；《土地出让金收支管理办法（草案）》（以下简称"办法"）初步规定，建设用地城镇土地使用税提高两倍，新增建设用地有偿使用费和耕地占用税各提高一倍；制定协议出让最低地价和改进征地补偿标准；北京推出第一个限价房地块。2007年，国土资源部第39号令，"831"大限，《关于继续开展经营性土地使用权招标拍卖挂牌出让情况执法监察工作的通知》（71号文），即在地产圈中掀起轩然大波的"831"大限，工业用地一律招拍挂；提高土地"一费两税"征收标准；《土地储备管理办法》出台；《土地储备资金财务管理暂行办法》出台；《土地登记办法》出台。2008年，国土资发〔2008〕138号文《城乡建设用地增减挂钩试点管理办法》出台，依据土地利用总体规划，将若干拟整理复垦为耕地的农村建设用地块（即拆旧地块）和拟用于城镇建设的地块（即建新地块）等面积共同组成建新拆旧项目区（以下简称项目区），通过建新拆旧和土地整理复垦等措施，在保证项目区内各类土地面积平衡的基础上，最终实现增加耕地有效面积，提高耕地质量，节约集约利用建设用地，城乡用地布局更合理的目标；《土地调查条例》《中华人民共和国耕地占用税暂行条例》实施。2009年中华人民共和国国土资源部令第43号文《土地利用总体规划编制审查办法》、第45号文《土地调查条例实施办法》开始实施

续表

主要时期	核心内容
"十二五"时期	2011年,《土地复垦条例》指出,对生产建设活动和自然灾害损毁的土地,采取整治措施,使其达到可供利用状态的活动。2012年5月22日,《闲置土地处置办法》指出,有效处置和充分利用闲置土地,规范土地市场行为,促进节约集约用地。2012年12月,《土地复垦条例实施办法》指出,生产建设活动造成耕地损毁的,能够复垦为耕地的,应当优先复垦为耕地。2014年5月22日,《节约集约利用土地》指出,要通过规模引导、布局优化、标准控制、市场配置、盘活利用等手段,达到节约土地、减量用地、提升用地强度、促进低效废弃地再利用、优化土地利用结构和布局、提高土地利用效率的各项行为与活动。同年,《中共中央办公厅国务院办公厅印发〈关于农村土地征收、集体经营性建设用地入市、宅基地制度改革试点工作的意见〉的通知》实施。2015年,《全国人民代表大会常务委员会关于授权国务院在北京市大兴区等三十三个试点县(市、区)行政区域暂时调整实施有关法律规定的决定》《国土资源部关于印发农村土地征收、集体经营性建设用地入市和宅基地制度改革试点实施细则的通知》出台
"十三五"时期	2016年5月12日,中华人民共和国国土资源部令第66号《土地利用年度计划管理办法》出台,明确了国家对计划年度内新增建设用地量、土地整治补充耕地量和耕地保有量的具体安排原则和指标。5月13日,银监会联合国土资源部制定了《农村集体经营性建设用地使用权抵押贷款管理暂行办法》,在全国15个地区进行试点

资料来源:笔者根据中国各时期土地资源管理政策法规文件整理获得。

专栏3—1:我国耕地保护制度

1986年后,我国实行严格耕地保护政策,相继出台了"基本农田保护条例""耕地总量动态平衡政策""耕地占补平衡制度""土地用途管制制度"等。1990年,国务院《关于进一步加强环境保护工作的规定》中提出了"谁利用谁补偿"的方针,首次确定了生态补偿政策。1996年,国务院颁布《关于环境保护若干问题的决定》,规定"污染者付费,利用者补偿,开发者保护,破坏者恢复"的责任原则。1999年,国务院颁布《全国生态环境建设规划》,提出了"谁收益、谁补偿,谁经营、谁恢复"的原则,建立生态补偿制度。同年,开始试点退耕还林还草政策。2000年出台了《国务院关于进一步做好退耕还林还草试点工作的若干意见》。2001年,国家环境保护总局颁发的《关于在西部大开发中加强建设项目环境保护管理的若干意见》(环发〔2001〕4号)规定,对重要生态用地要求"占一补一"。2003年实施《退耕还林条例》。2008年《环境保护部关于加强土壤污染防治工作的意见》指出,政府应建立污染土壤修复制度,监督污染场地土壤治理和修复,能够明确责任的,被污染的土壤由造成污染的单位和个人负责修复和治理;对于不能够明确责任的,被污染的土壤由有关人民政府依法负责修复和治理。目前,我国的生态补偿方式主要有三种:一是采取减免税收、信用担保贷款、财政转移支付等形式的资金补偿;二是劳力、土地等实物补偿;三是政策补偿。《国务院关于进一步完善退耕还林政策措施的若干意见》明确规定了国家向退耕户无偿提供粮食和现金补助的标准:长江流域及南方地区,每亩退耕地每年补助粮食(原粮)150千克;黄河流域及北方地区,每亩退耕地每年补助粮食(原粮)100千克。每亩退耕地每年补助现金20元。在补助年限上,还草的粮食和现金补助为2年,还经济林的为5年,还生态林的为8年。在财政转移支付上,我国生态补偿以纵向转移支付为主,区域之间的横向转移支付几乎没有。我国《土地管理法》也明确规定,占用耕地以及非农业建设批准占用耕地的,占用多少需要开垦同样数量和质量的耕地,或者可以缴纳耕地开垦费,用于新耕地开垦。目前,我国煤炭开发生态补偿模式有:企业出资且复垦模式、企业出资地方政府复垦模式、企业与地方政府联合出资复垦模式、国家出资政府组织复垦模式、招商引资政府组织复垦模式。

二 土地资源资产管理制度的沿革

为了解决土地资源管理中的国有土地资产流失和集体土地资产价值实现问题,土地资产管理越来越被重视。国有土地资源资产管理包括存量土地管理和增量土地管理两部分。在存量土地上,实行收购储备制度,土地实行有偿使用制度,收益全部留于地方政府;在增量土地上,实行划拨使用和有偿使用制度,收益30%上缴中央财政,70%留于地方政府。

在土地有偿使用上，主要存在出让、租赁和作价出资（入股）三种方式，其中，出让主要包括协议和招标、拍卖、挂牌（欧阳平等，2010）。有专家分析认为，国有土地资产管理制度主要经历了四个阶段的变化：承认土地具有商品属性、国有土地行政划拨阶段、国有土地有偿使用制度发展阶段、土地市场配置制度完善阶段（冯现学，2011）。具体如表3—4所示。

表3—4　　　　　　　　国有土地资产管理制度的沿革

时间	阶段特点	说明
1949—1954年	承认土地具有商品属性，但土地资产属性相对弱化阶段	此阶段尽管价格机制的功能十分弱化，市场的作用十分有限，但在制度上，国有土地仍然是作为资产来管理的
1955—1987年	初期属于国有土地行政划拨阶段，其实质是土地资源的计划配置制度，土地资源属性管理明显。后期探索有偿使用制度	1954年以后，我国建立了高度集中统一的计划经济体制。与此相适应，有关文件规定：国营企业、国家机关、部队、学校、团体及公私合营企业使用国有土地时，应一律由政府无偿拨给使用，均不再缴纳租金。随着改革开放进展，从1982年开始，在北京、上海、抚顺、成都等城市，相继开展了土地商品属性的探索。1987年11月，国务院批准确定在深圳、上海、天津、广州、厦门等地进行土地使用制度改革试点
1988—2000年	国有土地有偿使用制度的确立和发展阶段。土地资源、资产管理制度并存	《宪法》修正案及相关法律法规的出台，确立了国有土地有偿使用制度。此阶段在制度格局上是划拨制度与有偿使用制度并存，且划拨制度的覆盖面大于有偿使用制度。国土资发〔1999〕433号文"关于加强土地资产管理促进国有企业改革和发展的若干意见"指出，遵循"明晰产权、显化资产、区分类型、合理处置、规范管理、促进发展"的原则，进一步加大土地资产管理力度，完善土地资产配置体系，加强土地资产运营监管

续表

时间	阶段特点	说明
2001年至今	土地市场配置制度的建立和完善阶段。划拨制度与以出让为主的土地有偿使用制度并存，有偿使用制度的覆盖面逐步超过划拨。各地开始探索实践相关土地资本管理	市场配置制度体系得以确立和完善。国务院《关于加强土地资产管理的通知》（国发〔2001〕15号）成为市场配置土地资源的纲领性文件。2007年10月实施的《物权法》明确了建设用地使用权作为物权，具有财产和资产的基本属性

资料来源：冯现学：《城乡统筹中的土地资源、资产、资本综合管理初探——以四川成都地区为例》，中国建筑工业出版社、复旦规划建筑设计研究院：《城乡规划：城乡统筹（2）》，中国建筑工业出版社2011年版，第6页。

根据冯现学（2011）的研究，土地资源资产管理是以产权主体对于收益的诉求及分配调节为出发点的，形成的管理制度有：国有土地有偿使用制度、集体建设用地使用制度、土地储备制度、地籍管理制度和土地税收制度。其中，国有土地有偿使用制度的管理工具包括：协议出让、招标、拍卖、挂牌、租赁、作价出资（入股）、国有企业改制中的土地资产管理；集体建设用地使用制度的管理工具是集体建设用地流转制度；土地储备制度的管理工具是土地收回和收购；地籍管理制度的管理工具是土地确权与登记、土地定级与估价；土地税收制度的管理工具是土地使用税（费）等。目前土地储备制度是我国土地资产经营管理主要采用的方法（苏云波，2015）。1996年，我国在借鉴香港土地储备经验基础上首先在上海建立城市土地储备制度；1997年，杭州成立了土地储备中心；截至2002年年底，全国已有1002个市、县建立了城市土地储备制度。2006年，国务院以通知的形式明确要求加强国有土地储备管理，建立土地储备资金财务会计核算制度，2007年，国家出台《土地储备管理办法》，至此土地储备制度正式确立。

土地资源核算是土地资产管理的重要环节，包括两方面的内容：实物量核算与价值量核算。实物量核算要求对土地进行严格的分类定界和精确量算，是土地资源的核算；价值量核算是对各类用地的价值水平进行合理评估，从而核算土地的价值量（周贵荣等，1997），是土地资源资产的估值或核算。而最有难度的是进行价值估值的方法。

我国从20世纪80年代开始，开始探索自然资源核算理论和方法，取得了一些成果，但并没有形成正式的法律法规或核算机制[①]。在核算方法上，国外常用的资源核算方法有：市场法、收益法、成本法，已经形成了SNA2008[②]、SEEA2012[③]等标准的核算体系。国内的自然资源核算理论方法还未统一，还未形成标准的核算体系，但已经有了"先实物量再价值量、先存量再流量、先分类再综合"的核算方法共识（孔含笑等，2016）。2013年11月12日，在中国共产党十八届三中全会上，《中共中央关于全面深化改革若干重大问题的决定》提出了"探索编制自然资源资产负债表、对领导干部实行自然资源资产离任审计、建立生态环境损害责任终身追究制"的要求。两年后，《编制自然资源资产负债表试点方案》和《开展领导干部自然资源资产离任审计试点方案》出台。自然资源资产负债表试点坚持整体设计的原则，要求将自然资源资产负债表编制纳入生态文明制度体系，与资源环境生态红线管控、自然资源资产产权和用途管制、领导干部自然资源资产离任审计、生态环境损害责任追究等重大制度相衔接。核算内容主要包括土地资源、林木资源和水资源。

---

① 2001年，国家统计局以重庆为试点开展资源环境核算；2003年，国家统计局试编了《全国自然资源实物量表》，涵盖土地自然资源。2013年5月，国家统计局和林业局联合启动了中国森林资源核算及绿色经济评价体系研究，对全国林地林木资源价值进行了核算。

② SNA2008指出，记录在资产负债表之自然资源下的土地价值，不包括土地改良的价值以及土地之上建筑物的价值。土地的现期市场价值会因为其位置不同以及用途不同而有明显区别，因此，需要识别每一块土地的位置和用途或土地的地域范围，然后予以估价。对于其上有建筑物的土地，有时市场可以直接提供土地价值的数据。但最常见的情况是无法获得这些数据，此时较通用的方法是，根据价值评估报告计算场地价值与建筑物价值的比率，然后利用建筑物的重置成本或土地和建筑物的合并市场价值，推算出土地的价值。如果土地价值不能与其上的建筑物、构筑物、种植园、葡萄园等分开，该复合资产应当划入价值较大的那一类资产中去。类似地，如果土地改良价值（包括为建筑物施工或农作物种植而进行的场地清理和准备）无法与自然状态的土地价值分开，土地的价值也要根据价值较大的那一部分而归入相应类别的资产当中。

③ SEEA2012依据土地利用和土地覆被方式的改变来描述土地实物型账户，对于土壤这一影响土地质量的重要因素，SEEA没有将其作为土地的一部分，而是看作一项单独的资源进行价值核算。SEEA2012认为，一般而言，土地的市场价值包括土地位置的价值、土地物理属性的价值以及土地上生产性资产的价值。但是，没有一个综合性的价格系统能够涵盖所有类型的土地。

核算期间为每个公历年度 1 月 1 日至 12 月 31 日，遵守的基本平衡关系是：期初存量 + 本期增加量 - 本期减少量 = 期末存量；核算期间自然资源变化的主要影响因素有两类：人为因素、自然因素。目前，浙江湖州和海南三亚已经完成了地级市自然资源资产负债表的编制，其他几个试点地区也在持续推动本地自然资源资产负债表的编制工作。领导干部自然资源资产离任审计涉及的审计重点领域包括土地资源、水资源、森林资源以及矿山生态环境治理、大气污染防治等领域。并选择 2015—2017 年分阶段实施审计试点，即 2015—2016 年由审计署组织实施审计试点，2017 年由审计署统一组织全国审计机关开展审计试点。2018 年建立经常性审计制度。目前，内蒙古、湖北、福建等地都已开始推进领导干部自然资源资产离任审计工作。

三　土地资源管理制度的现存问题

自 1986 年《中华人民共和国土地管理法》颁布以来，我国土地管理虽然初步实现了由多头分散管理向集中统一管理，由单一行政管理向法律、经济、行政相结合的综合管理，由单纯控制用地向开发与控制并重，由单一土地资源管理向土地资源与土地资产并重管理的转变，但还存在许多突出性问题（傅应铨，1997）。

（一）土地行政管理体制问题突出，低估了土地资源资产价值

在现行土地管理实行"块块为主"的领导体制下，土地管理部门受同级政府领导，成为他们的办事机构，而上下级土地管理部门之间只存在业务指导关系，不能约束同级政府的土地违法行为，造成我国耕地保护中有法不依、有法难依、执法不严等问题。如黄花（2010）指出，我国现行农村土地管理制度存在以下问题：农地细碎化经营不利于生产力的发展；农村土地产权混乱不利于土地投资积极性的激发；农村土地管理不规范不利于耕地的保护；农村土地征用制度不利于农民利益的保护（黄花，2010）。另外，农村集体所有的土地由于模糊产权主体使得大量集体土地资源被侵占或贱卖。这种以土地产权主体缺位、土地征用权滥用为特征的基本制度缺陷是土地资源配置效率低下的主要原因之一（曲福田等，2005）。同时，土地市场被现有的行政区划分割，使得土地市场

"地方化"，规划难以统一，难以形成统一的全国市场或区域性市场，导致土地市场发展畸形（刘国臻，2003）。如欧阳平等（2010）指出，我国土地资源资产管理存在两种机制，即土地有偿使用管理制度和土地划拨使用管理制度。由于两种制度的不协调，使得土地资源资产管理存在很多问题：隐形交易大量存在，土地资源资产流失严重；诱发土地寻租行为，造成土地市场的腐败；引发各地土地市场的恶性竞争；不利于企业间平等竞争和现代企业制度的建立；政府调控土地市场乏力（欧阳平等，2010）。在土地一级市场中，国有土地使用权出让主要以协议的方式进行，低于公开招标方式出让的地价，致使巨大规模的国有土地资产流失；城市中绝大多数的存量土地仍为行政划拨，导致土地经济关系严重扭曲，国有土地资产流失；增量土地供应过量，致使存量土地利用率低下，影响国有土地资产的经济实现；土地优惠政策的土地划拨不考虑区位因素，以及我国没有一套完善的土地资产增值税收制度，使得国有土地资产流失（苑韶峰等，2004）。由于缺少明确的、全面的、详尽的法律规定和核算制度，土地二级市场还未形成良性竞争交易（徐春光等，2014）。土地收购储备制度也存在法律依据不够完善、资金来源面窄且风险防范机制不完善、土地收购储备规模缺乏规范、机构设置不全面且责权关系不明确（程立艳等，2015）、政府定位不清、收储范围扩张、资金筹措困难、土地一级市场未完全垄断、土地储备中的补偿标准较低（张惠，2015）等问题。

（二）土地资源管理制度建设滞后问题严重，不利于土地资源数量核算与价值评估

在管理制度建设上，我国土地资源管理理论发展落后于实践，导致实践的盲目性；土地资源管理缺少科学规划，致使土地利用过于分散，难以实现土地的集约管理；土地资源管理人员没有高度重视土地规划，项目制约土地规划的现象频繁发生，导致土地管理规划矛盾突出；在土地规划、调查和土地资源档案管理中，仍沿用传统的管理技术，管理方式比较落后；违法用地现象仍普遍存在，不能准确实施对土地资源利用存量和流量的核算及质量和价值的评估；土地规划管理与城乡规划实施的协调性矛盾突出，影响土地资源的有效利用（杨丽娜，2016；汪文忠，

2016）。中央政府与地方政府在土地资源配置上的非合作博弈为特征的政府治理缺陷是土地资源配置效率低下的主要成因之一，如政府角色定位与利益关系处置上的偏误会导致严重的农地过度性损失（曲福田等，2005）。同时，对工业用地和对商业、住宅用地的价格管理不当，使得工业企业粗放型用地行为泛滥，房地产市场投机行为盛行（张林山，2011）。

（三）土地政策执行重经济价值、轻土地质量和生态价值等非经济价值

我国的土地政策执行通过推进土地改革和保障用地满足了工业化发展需求，在土地利用成本低成为中国工业化快速发展的主要"红利"之一的同时，也导致了大量的土地利用问题（赵崔莉等，2012）。如为了便于工业化和城镇化发展，实施"占一补一"和"耕地总量动态平衡"政策，更多的后备土地资源被超前开发和进行了土地复垦，使得耕地土壤生态质量明显下降（侯东明，2003；张林山，2011）。同时，土地利用规划一直以实现土地的经济价值为首要目标，忽略了土地质量、土地生态价值、土地社会效益价值等方面的问题。如土地质量可以通过影响温室气体排放而改善生态环境；土地置换所带来的结构性调整往往忽略了土地的生态价值，造成土地污染等后果。另外，土地政策的执行往往因为国家战略而出现力度欠妥的问题。如为了实现国家粮食安全战略目标，划定过高比例的基本农田，造成地方用地困难；"占一补一"政策不仅针对非农用地占用耕地，而且还针对农业结构调整的耕地减少。

第三节　有关土地资源资产价值核算的研究

要对土地资源资产进行价值评估，除了明确土地资产的用途，还要界定清楚土地资产的产权。我国 2003 年 11 月 1 日实施的《土地基本术语》中规定，土地制度是指在一定社会制度下，为制约人们利用土地所形成的经济关系和法律关系而设定的行为规范。而土地产权制度是指为制约人们占有、使用、支配和处理其土地财产权利的方式而设定的行为规范。事实上，所有权分为法律所有权和经济所有权。土地资源资产的

法律所有者，是指在法律上有权并能持续获得土地资源资产经济利益的机构单位。土地资源资产的经济所有者，是指由于承担了相关风险而有权享有土地资源资产在经济活动期间内运作带来的经济利益的机构单位。

1982年《中华人民共和国宪法》规定，我国土地制度由国家所有和集体所有两种形式的土地公有制组成。"农村和城市郊区的土地，除由法律规定属于国家所有的以外，属于集体所有，宅基地和自留地也属于集体所有。"《土地管理法》第10条规定："集体所有的土地依照法律属于村农民集体所有，由村集体经济组织或者村民委员会经营、管理。"但无论是村民小组还是村委会都不可能成为农村集体土地的所有者。《土地管理法》和《农村土地承包法》规定，承包户享有农地的承包经营权。《物权法》明确规定，土地承包经营权为用益物权。

1949—2010年，我国农村土地产权制度变迁经历了三个时间段、四个进程（见表3—5）。

表3—5　　中国农村土地产权制度变迁进程（1949—2010年）

时间—进程		土地所有权形态	经营权形态
1953—1958年	初级社	农民个体所有	初级社内劳动群众集体统一经营
	高级社	劳动群众集体所有	高级社内劳动群众集体统一经营
1958—1983年	人民公社	先后经历公社—大队—生产队三级所有	先后经历公社—大队—生产队三级劳动群众集体统一经营
1983—2009年	后人民公社时代	村农民集体所有	村集体经济组织或者村民委员会经营、管理
		村内两个以上农村集体经济组织的农民集体所有	分别属于村，由村内各农村集体经济组织或者村民小组经营、管理
		乡（镇）农民集体所有	乡（镇）农村集体经济组织经营管理

资料来源：程雪阳：《公法视角下的中国农村土地产权制度变迁：1921—2010年》，《甘肃行政学院学报》2010年第1期，第112—128页。

建设用地使用权：1982年的宪法规定，国营企业可以无偿、无限期使用建设用地。1988年，宪法修订后规定："土地的使用权可以依照法律的规定转让。"同年修改《土地管理法》"国有土地和集体土地的土地使用权可以依法转让，国家依法实行国有土地有偿使用制度"。1990年颁布的《城镇国有土地使用权出让和转让暂行条例》，1994年颁布的《城市房地产管理法》，建立正式的城市国有土地使用权交易市场。

宅基地使用权：1982年的宪法规定土地国有后，宅基地的所有权归国家，单位或个人只有宅基地使用权。2007年的物权法将城镇宅基地使用权并入城市国有土地的建设用地使用权。农村宅基地使用权为本集体经济组织成员所有，只有占有、使用权，没有处分和收益权，不能出租和买卖，且一户只能有一处符合省定面积标准的宅基地。

土地抵押权：1995年颁布了《中华人民共和国担保法》，但并没有明确抵押权的物权性质，虽然2007年《物权法》明确了担保、抵押的物权性质，但仅限国有土地的建设用地使用权和有偿取得的荒地等土地的承包经营权，耕地、宅基地、自留地等农村土地使用权仍不能抵押（郑振源，2016）。

土地估价又称为土地评估、地产评估，一般指对土地出卖价格的评定，其实质是对土地产出力的综合经济评估[①]。土地价值评估就是估价人员依据土地估价的原则、理论和方法，在充分掌握土地市场交易资料的基础上，根据土地的经济和自然属性，按地产的质量、等级及其在现实经济活动中的一般收益状况，充分考虑社会经济发展、土地利用方式、土地预期收益和土地利用政策等因素对土地收益的影响，综合评定出某块土地或多块土地在某一权利状态下某一时点的价格的过程。

我国土地估价的目的是保证国家土地所有权在经济上的实现以及利用经济手段强化土地资产管理，为促进土地使用制度改革，有偿出让、转让国有土地使用权，加强国家对土地市场的管理，为促进正常交易，全面、科学、合理地使用土地提供依据。由于土地的不可再生性、相对稀缺性、位置固定性等特性的存在，使得土地价格具有不同于一般商品

---

① 在西方经济学家看来，不动产估价（土地估价）就是为某项不动产（或称物业）估计出一个公开市值，即为某项物业之权益于估价之日在下列情况下出售时可取得的合理的最高价。

的特性。地价是地租的资本化，土地不完全是劳动的产物，因此地价并不是土地的购买价格，而是地租的资本化（Michael，2000）。梳理相关文献，我国对土地资产的评估大体可分为两类，即国有城市土地的资产评估和农村集体土地资产的资产评估。

一 城市土地资产评估

根据土地的不同使用用途，城市土地可以分为商业用地、住宅用地和工业用地。土地使用权出让的最高年限分别为 40 年、50 年、70 年。《城镇土地分等定级规程》（GB/T 18507-2014）和《城镇土地估价规程》（GB/T 18508-2014）国家技术标准已经公开发布，于 2014 年 12 月 1 日起实施。张波、阎弘文（2001）以济南市城区基准地价[①]为基础，对级别价格[②]与商业、工业、住宅区片地价对比分析。讨论了城市土地资产评估的结果，指出不同方法得出的土地总资产价值差异不大。

我国土地估价的实践起源于城镇土地基准地价的评估。原国家土地管理局于 1990 年、1993 年颁布了《城市土地定级规程（试行）》和《城市土地估价规程（试行）》两个文件，确立了以"土地定级为基础，土地实际交易价格为参考、土地收益为依据"的城市土地价值评估原则和技术体系。两个文件的出台不仅确定了我国土地市场由级别综合基准地价和以住宅、工业和商业为划分的分用途基准地价构成的城镇基准地价体系，在评估方法上的选择上提高市场方法的重要性，评估结果在较大程度上比之前更能真实地反映我国土地市场的实际价格。之后的土地价值评估，主要集中在基准地价的评估、应用与更新上。

自 2000 年开始，国土资源部修订了《城镇土地估价规程》，在土地评估途径与宗地地价评估中有了很大的改善，从而提高了我国城镇土地评估的方法体系。现行城镇国有土地估价方法主要有市场比较法、基准

[①] 基准地价是按不同的土地级别，不同的地段分别评估和测算的商业、工业、住宅等各类用地某一估价时点内单位面积土地使用权的平均价格。

[②] 土地级别是指根据影响土地质量的自然、经济、社会和生态环境条件，建立土地定级评价因素因子体系，采用定性与定量相结合的方法，评判土地质量的作用强度和空间变化，据此界定不同区位、不同地段土地质量的差异性和一致性，划分土地等级。

地价（修正）法、收益还原法、成本核算法等。

（一）市场比较法

市场比较法又称交易实例比较法、买卖实例比较法、市场资料比较法、现行市价法等。市场比较法的理论依据是替代原理。在求取一宗待评估土地的价格时，根据替代原理，将待评估土地与较近时期已经发生交易的类似土地交易实例进行对照比较，并依据后者已知的价格，修正得出待估土地最可能实现的合理价格。表达式为：待估土地价格＝交易实例价格×交易情况修正系数×交易日期修正系数×区域因素修正系数×个别因素修正系数×年期修正系数。计算公式为：

$$P = P' \times A \times B \times C \times D \times 容积率修正系数 \times 土地使用年期修正系数$$

其中，P 为待估土地价格，P′为可比交易实地价格，A 为交易情况修正系数，B 为交易日期修正系数，C 为区域因素修正系数，D 为个别因素修正系数；

市场比较法是不动产估价中最重要、最常用的方法之一，也是国际上通用的经典估价法之一。运用市场比较法所求取的价格跟市场价格最为吻合。

（二）基准地价法

基准地价是按不同的土地用途分别制定出不同的基准地价。基准地价法是以基准地价和基准地价修正系数表为估价依据，按照替代原则对待评估宗地的区域条件和个别条件等开展诊断，并对照基准地价修正系数表选取相应的修正系数对基准地价进行修正，进而求取待评估宗地的价格。

基准地价在政府划分的规划区范围内，按照土地开发的不同用途，分别对某一估价期日法定最高出让年期土地使用权的区域平均价格进行评估的过程。基准地价是单位面积价格的平均值，计算公式如下：

$$A_j = \sum X_i \times P_j (j = 1,2,3)$$

X_i 为每一级别土地的面积，单位为平方米，P_j 为商业、工业、住宅与每一级地所对应的基准地价，单位为元/平方米，A_j 代表三类用途各自的总价格，单位为元。例如，张波、阎弘文（2001）采用土地级别基准地价法对济南市城区土地资产进行了评估。

由基准地价衍生出来的基准地价修正系数评估方法是在各土地级别基准地价的基础上,以政府部门公布的分级的城镇基准地价内涵和基准地价系数修正表等资料和数据,将评估对象的区域因素和其他个别因素与其所在区位的基准地价进行比较,之后以基准地价修正系数表为依据,分别确定个别因素和区域因素的修正系数,从而达到单块土地对平均水平下的基准地价的修正,最后综合尽可能多的因素修正估算具体某块宗地的地价。

(三) 收益还原法

收益还原法是将房地产未来预期各年的收益以适当的还原利率[①]折现求和,从而求取待估房地产在一定时点、一定产权状态下价格的一种估价方法。其基本思路是:基于土地具有位置的固定性、面积的有限性和利用的永续性等特征,使得土地的拥有者能持续从土地获得纯利益。将不断取得的纯收益,以一定的适当报酬率折算为现在价值的总额,既是该地产的实质价值,又是适当的客观交换价值。因此,确定适当的还原利率,是准确计算房地产价格的关键问题。还原利率是用以将持续纯收益还原为某时刻价格的利率。还原利率会直接引起土地估价的差异。一般采取纯收益与售价的比率计算还原利率。

收益还原法是房地产价格评估的基本方法之一,在国内外房地产价格评估中应用很广。一般公式为:土地价格 = 纯收益/土地还原利率。即:

$$P = \frac{A}{R}$$

其中,P 为土地价格,A 为纯收益[②],A_1,A_2,A_3,…An 分别为未来各年的纯收益,R 为资本化率,R_1,R_2,R_3,…Rn 分别为未来各年的资本化率;N 为收益年期。

---

① 还原利率,是指用以将房地产纯收益还原成为房地产价格的比率。

② 土地纯收益,通常由总收益扣除总费用求得。总收益是指以收益为目的的土地及与此相关的设施、劳动及经营三者要素相结合产生的总收益;总费用指直接必要的资本费与管理费。

(四) 成本核算法

成本核算法是以开发土地所耗费的各项费用之和为主要依据，附加一定的利润、利息、应缴纳的税金和土地增值收益来推算土地价格的方法，该方法多用于新开发土地的估价。

成本法的估价步骤如下：①判断待估土地是否适应本法；②收集估价相关资料；③用直接、间接方式求取购置土地费、开发土地标准费用、土地重新建造原价、减价修正因素及额度、土地开发商正常利润；④按公式求取土地价格。

土地估价的倒算模型。将房地产售价减去房屋建筑造价和正常利润，将剩余部分直接作为该块土地的总价值。表达式为 $LP(t) = HSP(t) - BC(t) - CT(t) - I(t) - P(t)$。式中 $HSP(t)$ 为房屋卖价，$BC(t)$ 为建筑费用，$CT(t)$ 为各项费税，$I(t)$ 为利息，$P(t)$ 为利润。

表3—6对土地资产的评估方法进行了比较，主要分析几种不同资产评估方法的优、缺点及其适用对象情况。

表3—6　　　　　　　　土地资产评估方法的比较

评估方法	优点	缺点	适用对象
市场比较法	能够客观反映土地市场目前的市场情况，其评估结果易于被各方面理解和接受	依赖所获资料的多少和质量，以及评估人员的专业素养和职业能力。选取参照交易的实例恰当与否，直接影响比较法评估的结果	房地产市场较为发达的地区，也就是要在同一地区或同一供求范围内的类似地区中，存在较多的与估价对象房地产相类似房地产的交易实例
收益还原法	收益还原法有较强的理论基础，能够比较真实准确地评估土地价值，应用收益还原法得出的土地价值较容易被买卖双方所接受	由于土地纯收益的预测和还原利率的确定有一定难度，估价结果受主观判断和未来收益不可预见因素的影响较大，不能公平地反映不同地块的地价	适用于有收益或有潜在收益的土地、建筑物、和房地产的估价，尤其是房屋租赁的估价

续表

评估方法	优点	缺点	适用对象
基准地价法	评估结果在较大程度上更能真实地反映土地市场的实际价格	精度与修正体系的精度密切相关,同时,基准地价对政府地价政策不敏感,在实际交易过程中极易造成对土地实际价值的低估	适用于已公布基准地价的城市的宗地价评估。土地出让底价、土地抵押价格、课税地价和国有企业兼并等行为中的土地资产评估
成本核算法	适用范围较广	实际交易的土地价格很大程度上由土地的效用决定,而不是成本	适用于新开发土地的价值评估,特别是在无法使用市场比较法的土地如土地市场尚未发育、土地成交案例缺乏的土地

资料来源：笔者收集整理获得。

二 农村土地价值评估

众多学者从加强土地资源保护的角度，探讨了农村土地资产补偿价值的形成机理，提出农村土地价值应分为三部分：经济生产价值、社会价值和生态价值[①]。农村土地的经济价值，主要是指农地所提供的粮食、纤维等农副产品及农业资料的价值。农村土地的社会价值主要指农地社会保障价值和农地社会稳定价值[②]。农村土地的生态价值是指农村土地调节气候、净化环境、维持生物多样性、提供开敞空间等方面的价值。也有学者将农村土地的生态价值、社会价值等称为土地的非市场价值。中国目前所称的农村土地估价一般是指对农用地经济价值的评价和计量（赵淑琴等，2003）。农村宅基地作为农村集体建设用地的重要组成部分，目前这类评估研究最常用的是宅基地补偿和旧房补偿相结合的

[①] 也有学者将土地的生态价值和社会价值等称为土地的非市场价值。
[②] 社会保障价值指农村土地本身具有的养育功能、承载功能、蓄积和增值资产功能可以转化为农民的养老保障、就业保障、医疗保障和财产继承的可靠手段。社会稳定价值是指农村土地为社会提供粮食安全作用而产生的社会稳定功能的价值。

方法。例如，丁蒙等（2011）对北京市农村宅基地拆迁补偿下存在的问题进行了相关研究，认为应该提高对农户的拆迁补偿，特别是要明晰补偿中的重置成新价和区位补偿等要素。胡银根（2013）以商丘市为研究对象，对商丘市的农村宅基地拆迁补偿价值进行了研究，采用经济适用法和廉租房补偿两种不同的模式对商丘市的农村宅基地退出价值进行测算。

地价比照法。地价比照法是评估农村土地常用的一种方法，主要适用于农村耕地和园地的评估。基本步骤是，首先依据土地评价因子计算土地综合质量分值，划分土地等级；然后在各等级内选取标准田，并采用一定的估价方法估算标准田的地价；将同等级内各地块的综合质量分值与标准田比较，从而推算其地价。

由于地价比照法是在农用土地定级的基础上进行的，既考虑了农业生产的经济收益状况，也兼顾了具体地块的质量差异，一定程度消除了主观因素对农用土地经济收益的影响，被认为是能够比较准确测算农用土地价值的一种方法。

农用地土地基准地价法。一般采用"先定级后估价"的途径，即在农用地定级的基础上，采用投入产出和市场交易资料计算样点地价，然后对样点地价进行平均化处理评估出基准地价，但也有学者认为应该是先有地价后有级别。中国农地定级估价试点工作刚完成，已建立农地基准地价及其修正系数体系的县域还很少，因此基准地价系数修正法在大多数县域仍无法适用（专栏3—2）。赵丹煦等（2011）结合区域农用地实际情况，提出农用地定级与估价综合模型，将农用地级别划分和价格评估统一起来，建立了定级估价数据资料共享机制。

第四节　土地资源价值评估——以北京市为例

一　北京市土地资源现状

北京市地域总面积为164.11万公顷，其中山区面积约占61%，平原面积约占39%。据北京市国土局资料显示，2015年，北京市土地利用情况为：耕地219326.49公顷，园地134857.89公顷，林地737078.88公顷，草地85066.77公顷，城镇村及工矿用地304393.05公顷，交通运输地47062.78公顷，水域及水利设施用地78304.28公顷，其他土地34525.92公顷。每个区的土地资源利用情况如表3—7所示。

根据《全国土地利用总体规划纲要（2006—2020年）》，北京市将以实现城乡和谐发展、节约集约用地为目标，着力加强耕地保护特别是基本农田保护，着力加强生态安全网络建设，着力优化土地利用结构和空间布局，着力促进城乡区域统筹发展，全面促进土地节约集约利用，促进"三圈九田多中心"土地利用总格局的形成，为将北京建设成为"国家首都、国际城市、文化名城、宜居城市"提供土地资源保障。具体目标为：

切实保护耕地和基本农田。规划到2010年和2020年耕地保有量分别保持在2260平方千米（339万亩）和2147平方千米（322万亩）。确保1867平方千米（280万亩）基本农田数量不减少、质量不降低。其中，规划近期（2006—2010年）本市新增建设占用耕地控制在20万亩以内，确保新增建设占用耕地实现占补平衡。

保障首都经济社会发展必需的建设用地。规划到2020年，建设用地总规模为3817平方千米，其中城乡建设用地总量控制在2700平方千米以内，城镇建设用地总量控制在1650平方千米以内。继续加大存量建设用地挖潜力度，有效控制新增建设用地规模，不断提高节约集约用地水平。

构筑"三圈九田多中心"的土地利用空间格局。"三圈"指完善围绕城市中心区的三个"绿圈"，即以第二道绿化隔离带为主体的城市绿化隔离圈，以"九田"为基础的平原农田生态圈和精心保护以燕山、太行山山系为依托的山区生态屏障圈；"九田"指积极建设位于大兴、通州、顺义、房山、延庆等区县内的九片基本农田集中分布区；"多中心"指针对中心城、平原地区、山区三个圈层土地利用功能、特点和利用方向，高效率地建设和发展中心城及通州等11个新城，以及其他服务全国、面向世界的重要城市节点。

表3—7　2015年度北京市土地利用现状汇总

单位：公顷

行政区域	耕地(01)	园地(02)	林地(03)	草地(04)	城镇村及工矿用地(20)	交通运输用地(10)	水域及水利设施用地(11)	其他土地(12)
北京市	219326.49	134857.89	737078.88	85066.77	304393.05	47062.78	78304.28	34525.92
东城区					4182.04			
西城区					5033.13			
朝阳区	2528.58	658.99	3442.55	12.1	34140.49	2235.02	2088.94	371.45
丰台区	2127.05	756.73	4198.46	78.47	19231.37	2737.71	1227.65	195.19
石景山区	66.58	65.45	2362.27	6.8	5390.69	221.19	308.87	16.36
海淀区	2014.38	2527.93	10349.47	47.06	24480.12	1559.35	1664.35	434.21
门头沟区	877.71	5173.17	100441.28	22977.86	8172.17	1467.19	1457.34	4218.44
房山区	24919.73	15678.74	60574.8	45527.05	31165.9	5169.18	6979.7	9457.57
通州区	33528.9	3450.26	7807.49	120.37	30281.35	4812.59	8577.86	2000.39
顺义区	33598.84	4924.11	15169.12	1739.09	28607.57	7235.6	7621.69	3054.61
昌平区	11601.44	12565.16	63249.54	1440.37	34218.18	5141.34	4137.55	1893.16
大兴区	40561.33	8062.42	6404.52	327.45	34884.42	4163.36	6600.76	2629.4
怀柔区	10030.46	17661.82	162666.7	1643.35	10587.03	2936.93	4821.48	1934.56
平谷区	11707	23389.8	34859.61	6115.73	10495.74	2578	4040.22	1637.94
密云区	17447.8	29307.08	130058.26	2295.34	14053.99	3263.51	22368.5	3797.66
延庆区	28316.69	10636.23	135494.81	2735.73	9468.86	3541.81	6409.37	2884.98

资料来源：北京市国土资源局。

二 北京市建设用地资产价值评估

根据《城镇土地估价规程》，估价方法的选择应按照地价评估的政策法规，充分考虑待估宗地所在土地市场的发育情况并结合本次评估的评估目的和估价对象的具体特点等，选择最为适当的土地估价方法。

北京市人民政府1993年5月18日颁布了《北京市实施中华人民共和国城镇国有土地使用权出让和转让暂行条例办法》（京政发〔1993〕6号），使北京市国有土地有偿使用工作进入了一个有法可依的阶段。与之相配套，1993年7月6日，颁布了《北京市人民政府发布北京市出让国有土地使用权基准地价的通知》（京政发〔1993〕34号），之后又颁布了《北京市人民政府关于调整本市出让国有土地使用权基准地价的通知》（京政发〔2002〕32号）、《北京市人民政府关于更新出让国有建设用地使用权基准地价的通知》（京政发〔2014〕26号）。

出让国有土地使用权基准地价（以下简称基准地价），是根据本市土地不同的使用类别、区位及基础设施配套、土地开发情况分别评估、测算的各类用地的平均价格，不等于宗地交易价格。市人民政府审定和发布基准地价的目的，是对本市地产交易市场进行调控，限制过低价格的交易，并为宗地地价评估或地产商投资进行可行性研究提供测算基础。

根据《中华人民共和国房地产管理法》《北京市实施〈中华人民共和国城镇国有土地使用权出让和转让暂行条例〉办法》和国土资源部关于城市基准地价更新工作的部署，北京市对国有建设用地使用权基准地价。北京市土地资产价值的评估主要参考《北京市人民政府关于更新出让国有建设用地使用权基准地价的通知》（京政发〔2014〕26号）。

《北京市基准地价更新成果》包括基准底价表、基准地价使用说明、基准地价级别（区片）范围说明及示意图、应用基准地价测算种地价格方法和修正系数。级别基准地价是在正常市场条件下各土地级别内，土地开发程度为宗地外通路、通电、通信、通上水、通下水、通燃气、通热及宗地内平整（简称"七通一平"）或宗地外通路、通电、通信、通上水、通下水及宗地内平整（简称"五通一平"），在平均容积率条件下，各土地用途的法定最高出让年限条件下完整的国有建设用地使用权的平均价格（表3—8）。

表3—8　　　　　　　　北京市级别基准地价　　　　单位：元/平方米

土地级别	地价类型	商业	办公	居住	工业
一级	平均熟地价	29980	29080	28720	11600
二级	平均熟地价	25350	24780	24520	8330
三级	平均熟地价	20920	20570	20390	5660
四级	平均熟地价	16660	16450	16330	3870
五级	平均熟地价	13020	12890	12810	2670
六级	平均熟地价	10160	10070	10010	1870
七级	平均熟地价	7420	7350	7300	1330
八级	平均熟地价	5150	5090	5050	970
九级	平均熟地价	3480	3430	3400	730
十级	平均熟地价	2270	2230	2200	560
十一级	平均熟地价	1430	1400	1380	440
十二级	平均熟地价	900	870	850	350

资料来源：北京市基准地价更新成果，基准期日：2014年1月1日。

区片基准地价是在正常市场条件下各土地区片内，土地开发程度为宗地外通路、通电、通信、通上水、通下水、通燃气、通热及宗地内平整（简称"七通一平"）或宗地外通路、通电、通信、通上水、通下水及宗地内平整（简称"五通一平"），在平均容积率条件下，各土地用途的法定最高出让年限条件下完整的国有建设用地使用权的平均价格。

基准地价的表示形式为楼面熟地价。楼面熟地价是指各土地级别（区片）内，完成通平的土地在平均容积率条件下，每建筑面积分摊的完整的国有建设用地使用权的平均价格。

基准地价土地用途划分为商业、办公、居住、工业四类。

（一）商业类

包括批发零售用地（指主要用于商品批发、零售的用地，包括商场、商店、超市、各类批发（零售）市场、加油站等及其附属的小型仓库、车间、工场等）；住宿餐饮用地（指主要用于提供住宿、餐饮服务的用地，包括宾馆、酒店、饭店、旅馆、招待所、度假村、餐厅、酒吧等）；商务金融用地（指金融、证券、通信、保险等营业网点用地）；其他商服用地（指上述用地以外的其他商业、服务业用地，包括洗车场、洗染店、废旧物资回收站、维修网点、照相馆、理发美容店、洗浴场所、俱乐部、康乐中心、歌舞厅、赛车场、影视基地、影剧院、邮政、电信营业网点等）；殡葬用地等特殊用地。

（二）办公类

包括商务金融用地（指企业、服务业等办公用地，以及经营性的办公场所用地，包括写字楼、商业性办公场所、金融活动场所和企业厂区外独立的办公场所等用地）；其他商服用地（指展览馆、会展中心、停车场、停车楼等用地）；机场航站楼用地；科教用地（指用于各类教育，独立的科研、勘测、设计、技术推广、科普等的用地）；机关团体用地（指用于党政机关、社会团体、群众自治组织等的用地）；新闻出版用地（指用于广播电台、电视台、电影厂、报社、杂志社、通讯社、出版社等的用地）；医卫慈善用地（指用于医疗保健、卫生防疫、急救康复、医检药检、福利救助、养老设施等的用地）；文体娱乐用地（指用于各类文化、体育、娱乐及公共广场等的用地）；产业用地（指高新技术产业研发与展示中心等产业用地）。

（三）居住类

包括一类居住用地（地上容积率＜1）和二类居住用地（地上容积率≥1）。

（四）工业类

包括工业用地（指工业生产及直接为工业生产服务的附属设施用地）；采矿用地［指采矿、采石、采砂（沙）场，盐田，砖瓦窑等地面生产设施及尾矿堆放地］；仓储用地（指用于物资储备、中转的物流仓储场所等用地）。

公共设施用地（指用于城乡基础设施的用地，包括给排水、供电、供热、供气、邮政、电信、消防、环卫、公用设施维修等用地）和交通用地（指铁路用地、公路用地、机场用地、管道运输用地等，包括铁路、公路、机场、管道运输的地面线路、站场等用地以及城市道路、车站及其相应附属设施用地）参照工业用途确定。

其他未列入上述范围的用地，其用途类别可参照相关或相近（或其土地利用效益相近）用地的用途类别，由国土资源行政主管部门核定。

根据不同用途土地的特点及相应地价水平，全市范围按用途划分为十二个级别，在级别范围内对中心城和规划新城区域内外分别划分区片。其中：商业用途划分260个区片，办公用途划分258区片，居住用途划分257个区片，工业用途划分237个区片。

农村集体建设用地：农村集体建设用地包括集体经营性建设用地、宅基地和部分特交水用地。2015年2月，全国人民代表大会常务委员会通过了《关于授权国务院在北京市大兴区等三十三个试点县（市、区）行政区域暂时调整实施有关法律规定的决定》，提出："在符合规划、用途管制和依法取得的前提下，允许存量农村集体经营性建设用地使用权出让、租赁、入股，实行与国有建设用地使用权同等入市、同权同价。"（郝晓明、郑宇、童冠萍，2016）

三 北京市农用地资产价值评估

在农村土地流转评估方法的选择上，学者们认为农地自然质量价格或者说农地生产收益权价值的评估比较清晰。伍育鹏（2006）认为若能建立起农用地的质量与经济指标的规范关系，便可弥补收益还原法中的缺陷。而农地的社会保障价格的评估方法还没有形成定论，学者们大多是用政府对城镇社保投入来估算农村土地的社会保障价值。如高艳梅（2013）等将单位土地上政府对城镇居民和农村人口的社会保险费用支出的差额作为衡量社会保障价值的基础，再通过转让年限和还原利率来计算农村土地流转中的社会保障价值。杨再贵等（2004）按照每2亩耕地和园地可分别带来2个和1个劳动就业机会，然后通过每个下岗工人最低生活保障费来核算农村土地的社会保障价值。

由于迄今为止中国农村土地交易市场尚未建立，不具备应用市场比较法评估农村土地价格的条件。单胜道（2000）等力求通过延伸市场比较法概念，探讨了市场替代法和市场假想法①，并认为在农地存在一定市场时，首先选择的评估方法应当是市场比较法。

在公开有形的农用地市场未形成之前，通常认为中国农用地价格可以采用征地补偿标准。《土地管理法》规定补偿标准由土地补偿费、安置补助费和地上附着物及青苗补偿费三部分组成，以被征地前三年平均年产值的法定倍数表示。实际上土地补偿更是对农地功能损失的补偿，安置补助类似于一种社会保障，而附着物及青苗补偿是对短期投资损失的弥补。2006年以前的征地补偿标准是在城乡土地市场尚不完善、客观的农用地估价体系尚未建立的前提下制订的，体现出明显的农用地二元价格思想与社会主义保障制度精神。

如果按照征地补偿标准计算，北京市农用地共1770.1275万亩，按照每亩10万元征地补偿价格计算，北京市农用地资产估计为1.77万亿元（见表3—9）。

表3—9　　　　　　　　北京市农用地资产估计

地类	面积（亩）	征地价格（万元/亩）	资产估计（亿元）
耕地	3317550		3318
园地	2033565	10	2034
林地	11069940		11070
草地	1280220		1280
合计	17701275	—	17702

资料来源：笔者收集整理计算得出相关数据。

已有比较认可的估算方法是依据国土局数据库，利用数据软件，将全市每一块集体经营性建设用地和宅基地与其相应区位基准地价对应，求出其土地总价值。

---

① 市场替代法的内涵是当评估对象本身没有市场价格来直接衡量时，可以寻找替代物的市场价格来衡量。市场假想法是指在替代市场都找不到的情况下，只能人为地创造假想的市场来评估农地价格的方法。

专栏 3—2：农用地土地基准地价案例分析

  青海省农用地分等与县级定级估价试点成果通过国土资源部专家组的验收，并受到了高度评价。这项由省国土资源厅主持，农业、气象等多部门专家广泛参与完成的成果填补了青海省无系统的耕地质量调查及评价资料的空白。为进一步摸清全省农用地数量、质量和价值状况，提高农用地管理水平和利用效益，青海省自2006年5月启动了农用地分等定级估价工作。由省国土资源厅统一组织实施，各州地市及县国土部门协助配合，广泛邀请省内外农业、土壤、肥料、气象专家及大学教授参与或进行指导和质量把关，采用计算机技术、地理信息技术等先进的现代化处理方式，组织各县市和作业单位先后多次召开成果自检及反馈意见会，及时对成果进行完善，保证了项目的进度和质量，最终形成了全省20个县（市）的农用地分等及湟中、尖扎、互助土族自治县、德令哈4个县（市）的农用地定级估价试点工作，汇总形成了1∶50万省级农用地分等成果，建立了国家级、省级、县级三级标准样地体系和属性数据库。农用地分等、定级和估价是新一轮国土资源大调查的主要内容之一，是继"土地详查"搞清农用地数量和权属后，对农用地质量、价格的又一次大调查。也是进一步摸清农用地资源资产家底，建立城乡统一土地市场，发挥社会主义市场机制，有效配置土地资源的国土资源管理基础工程。全国已有23个省基本完成了这项工作，青海是今年继上海之后通过此项工作验收的第二个省份。

第五节 研究结论及对策建议

  本章在回顾我国土地资源管理制度沿革的基础上，认为我国土地资源管理制度还存在以下问题：土地行政管理体制问题突出，低估了土地资源资产价值；土地资源管理制度建设滞后问题严重，不利于土地资源数量核算与价值评估；土地政策执行重经济价值、轻土地质量和生态价值等非经济价值。在比较SNA2008和SEEA2012的基础上，本章对土地资产的定义、分类、数量与质量进行了梳理和分析，分析认为，在不同的功能上，土地具有不同的价值。总体而言，土地主要具有经济价值、生态价值和社会效应价值。在价值决定上，土地位置的价值由国家给定地块的价格决定；土地上生产性资产的价值由市场机制决定，定价方法包括影子价格法、边际机会成本法、资产定价法和地租定价法；而土地物理属性的价值确定还处于摸索阶段。由于土地物理属性的价值大都属于使用价值，没有进入市场进行交易，因而不存在市场价格。对于这些非市场价值的评估，目前使用的方法有：旅行成本法、享乐价格法、条件价值法和选择实验方法。基本的原理都是想更客观地揭示消费者在这些物理属性上的支付意愿。这些估算出来的非市场价值，如要与经济价值进行比较，必须满足物理属性进入市场进行交易的前提，否则意义不大。对于产权完整界定的经济资产，交易过程全部处于市场之中，编制的资产负债表满足"资产＝负债＋所有者权益"的平衡等式。但对于自然资源，产权界定的过程中发生了分化，且只有进入市场进行交易的自然资源才能实现资产化。所以，不可能遵守经济资产的平衡等式来编制自然资源资产负债表。对于干部离任审计，应该从干部任职基期和末期两个时点上来寻求存量与流量的平衡。对于土地资源，在数量和质量上，存在"干部任职基期土地存量＝干部任职末期土地存量＋干部任职期间土地增量－干部任职期间土地减量"的平衡等式；在价值上，对于用于农业生产经营的耕地资源，存在"耕地资源经营权价值＝经营收入－经营成本－获得经营权成本"的平衡等式。对于被征占的耕地资源，存在"耕地资源价值＝征占补偿＋耕地开垦费＋耕地占用税"的平衡等式。用于非农用途的土地价值则通过国有土地资产管理制度来实现；在生态环境影响上，存在"干部任职基期土地的生态环境质量＝干部任职末期土地的生态环境质量＋干部任职期间土地的生态环境保护－干部任职期间土地的生态环境破坏"的平衡等式。

本章的理论分析认为，土地资产价值的评估取决于估价方法的选择以及不同类别土地资源的数量核算为了更科学地进行土地资源资产负债表的编制，至少存在四个方面的对策建议：

（1）改变原有的土地行政管理体制中存在的"块块为主"的问题，促进形成由专职部门组成的土地行政管理体制，其他部门不再干涉。加强对农村集体土地产权主体的界定和管理，完善土地征用等集体土地资源使用的管理制度，并促使土地有偿使用管理制度与土地划拨使用管理制度协调。不论是国有土地使用权，还是集体土地使用权，都必须在市场价格的基础上进行交易。另外，在土地交易方面，促使形成相关的法律法规和核算制度，使土地交易规范化。

（2）加强土地资源管理制度建设，促进土地资源管理理论和实践的发展，制定科学的土地利用规划，实行土地的集约化管理。同时，在土地规划、调查和土地资源档案管理中，学习和使用先行的先进技术。

（3）在土地资源管理中，不仅要重视土地资源资产的经济价值，还需要注重土地资源资产的生态价值等非经济价值。在新的发展阶段，必须结合新阶段的发展需求进行土地资源管理的调整。当前形势下，土地资源管理还要重视土地资源的生态价值。

（4）建立分类土地资源的长期跟踪系统，监测不同类别土地资源规模和质量的变化情况，根据特定类别土地资源的市场价格进行价值估计。对于没有市场价格的，选择具有替代属性的相关价格进行估计，估计不做加总处理。

第四章

水资源问题研究

党的十八届三中全会通过的《中共中央关于全面深化改革若干重大问题的决定》中明确提出,"探索编制自然资源资产负债表,对领导干部实行自然资源资产离任审计",之后自然资源资产负债表的编制成为公众关注的热点话题。水资源是自然资源的一种重要类型,水资源资产负债表(BSW)和其他自然资源资产负债表一起构成自然资源资产负债表。基于水资源对人类社会发展的重要性,学术界对水资源资产负债表进行了大量的研究,积累了较多的研究成果。下面本章将从水资源资产相关概念、分类、产权制度和管理体制机制等方面进行回顾,并进行相应的评价。

第一节 水资源相关研究进展及评述

一 水资源资产负债表的相关概念

(一) 水资源资产的概念

厘清水资源资产的概念,对于确认水资源资产并对其进行分类、计量以及编制水资源资产负债表都具有非常重要的意义。

在《大不列颠大百科全书》中,水资源被定义为"全部自然界任何形态的水,包括气态水、液态水和固态水"。可以说,这是水资源的广义概念。由于该书的知名度和权威性,这一定义被广泛引用。1977年联合国教科文组织(UNESCO)和世界气象组织(WMO)在《水资源评价活动:国家评价手册》中指出:"水资源应指可资利用或有可能被利用的水源,这些水源应具有足够的数量和可用的质量,并能在某一地点为满足某种用途所利用"。其对水资源资产的定义突出了水的使用价值，即有用性。耿建新（2015）认为水资源资产是从本国领土淡水、地表苦咸水和地下水体中发现的，可在目前或将来以原材料形式直接使用，但由于人类使用可能会耗尽的水。沈菊琴（2003）认为水资源资产是由水利工程供给的、能够为人们使用，或由水利工程调控将能够被人们使用，或者通过处理改善水质后能够被使用的这部分水资源。

但是，在会计学中资源和资产是不同却又相互联系的两个概念。会计中资产的确认需要满足可定义性、相关性、可靠性和可计量的标准。水资源和水资源资产的关系也是如此。结合会计中资产需满足的标准以及水资源的特性，对水资源资产的定义应注意以下几点：首先，水资源资产是由谁所拥有和控制？对这个问题的回答，涉及水资源会计主体问题，即要解决水资源核算的空间问题。杨世忠（2016）认为政府管辖权范围内的水资源及其权益增减变动的知情权，应由政府来掌控并加以落实。其次，水资源资产是能够用现代科学技术大规模有效取得的。因此，在目前阶段，由于水处理还存在技术上的限制或者经济上的不合理性，不是所有的水资源都能形成资产，如洪水、劣五类水、海洋水和大气水等。最后，水资源资产必须具有用性，并且其有用性与其数量、质量以及人们对水的需求程度密切相关。

根据 SEEA（2012），本书界定的水资源范围及分类包括地表水、地下水和土壤水，其中，地表水又可细分为：人工水库、湖泊、河流及冰川、雪和冰。在理论上虽然可以将土壤水与地下水和地表水分开，但是在实际中很难直接计量，也没有相应的统计数据，一般忽略不计。在实际操作过程中，可以根据统计指标进行调整。

（二）水负债的概念

SNA2008 曾明确指出，非金融性资产（包括自然资源）不存在负债项。对国家资产负债表的现有研究基本都是将自然资源作为国家或地区资产的一部分，放到国家资产负债表之中，形成包含自然资源的资产负债表，并不涉及负债项。这给自然资源资产负债表的研究和编制设置了一个必须首先攻克的难题（甘泓，2014）。但刘汗、张岚（2015）认为，符合负债定义并且义务的履行会导致报告主体水资源资产的减少或另一项水负债的增加、能可靠计量时确认为水资源负债。焦若静（2015）在类比资产的定义后，认为自然资源负债可以理解为由国家拥有或控制的、预期会使经济利益流出的负债。

无论是国家资产负债表、自然资源资产负债表还是水资源资产负债表，都应该将负债涵盖在内的，否则，资产负债表的称呼就名存实亡。而且，从我国目前严峻的水环境和水生态恶化的局面以及人们对水质、水量等最低程度的用水需求情况来看，水负债也是一项必须核算的内容。世界环境与发展委员会（WCED）在1987年所发表的《我们共同的未来》报告中对可持续发展定义为："能满足当代人的需要，又不对后代人满足其需要的能力构成危害的发展"。因此，对水资源资产负债表乃至于自然资源资产负债表的编制，应坚持可持续发展理念，就是"既要考虑当前发展的需要，又要考虑未来发展的需要，不要以牺牲后代人的利益为代价来满足当代人的利益"。如果对水资源进行过度开采，或者由于现有污染使水体丧失自净能力，以至于国家在未来需要花费一定的成本来治理，从而导致预期国家经济利益的流出，对这些污染水体的水质恢复就应该进行价值估算，并反映在水资源资产负债表中的负债项目中去。因此，对水资源来讲，对劣V类水、污水等的净化和处理等成本就形成了这一区域用水主体和社会的环境恢复与补偿义务，即水负债。水负债是由于人们过去的社会和经济活动所形成的现实义务，该义务的履行会造成一国或某一地区经济利益的流出。因此，厘清水负债的概念并在水资源资产负债表中对其加以确认，也是十分必要且非常重要的。

（三）水权的概念

水资源资产负债表中的水资源净资产（也称所有者权益）是资产减去负债（焦若静，2015）。朱友干（2015）认为水资产的来源可看成是几千年来先祖遗留、世代相传的资源，被该流域广大人民所享有，并主张将水资源权益界定为所有者权益。

我国《水法》规定了水资源属于国家所有，国务院代表国家行使国家所有权，但并没有规定国务院授权具体由哪级政府行使，这就导致产权主体虚置，出现责任不清、协调不力等问题。杨艳昭（2015）认为，按照行政区划，而不是按然资源分布的整体特性进行划分，有可能造成不同行政区域间对利益的追逐和责任的推诿，也可能造成同一自然资源的重复核算或者核算标准不统一等问题。沈菊琴（2003）认为水市场中的水权应有以下特征：一是具有开发权、分配权、经营权和使用权等权属类型；二是水权主体；三是水权数量；四是水权年限；五是水质。杨世忠（2016）通过解释环境会计主体阐明了水权的相关问题。他认为我国水资源的所有权属于全体人民，由政府代为行使其管辖权。

二　水资源资产的分类与计量

（一）水资源资产的分类

其他自然资源比如矿产资源、森林资源等在自然界中的变化非常缓慢，而水资源处于持续不断的运动中，它存在于降水、蒸发、径流、渗透和流向江河湖海的过程中。联合国公布的 SEEA（2012）和 SEEAW（2007）对水资源资产分为三类，分别是地表水、地下水和土壤水，其中，地表水又可细分为：人工水库、湖泊、河川溪流和冰川、雪和冰四小类，如表4—1所示。

表4—1　　　　　　　　　水资源资产的分类

类别	说明
1 地表水	由地表上流淌或蓄存的所有水组成
1.1 人工水库	专门建造的水库，用来储存、管理和控制水资源
1.2 湖泊	一般指占据地表洼地的大型水体
1.3 河流	在水道内持续或者周期性流淌的水体
1.4 冰川、雪和冰	在陆地上长期缓慢移动的积雪、永久性和季节性雪层和冰层中的水
2 地下水	蓄积于地下多孔岩层（又称含水层）的水
3 土壤水	由土壤最上层或近地面包气带中悬浮的水分组成

资料来源：笔者根据联合国网络披露的 SEEA（2012）和 SEEAW（2007）整理获得。

（二）水资源资产的计量

世界各国和国际组织对水资源的统计、核算及管理给予了极大的关注，其中最为大家所熟悉的属联合国等国际组织颁布的环境经济核算体系（System of Environmental and Economic Accounting，SEEA）及水资源环境经济核算体系（SEEA for Water，SEEAW）。现阶段 SEEA 系列主要从统计方法的角度，对以实物量和价值量衡量的自然资源报表（账户）进行了规范，而 SEEAW 则为水资源的综合统筹管理提供了概念框架，是 SEEA 系列有关水资源内容的细化。

水资源核算主要包括以体积为单位的实物量核算、以货币为单位的价值量核算以及以水质反映的质量的核算（SEEAW）。焦若静（2015）认为，与水资源的价值量计量不同，水资源的物理计量不需要太多的经济学理论和估价模型。朱友干（2015）认为水资源价值量是体现水资源权益价值信息的重要环节，应以水资源给人类带来的收益折现确定水资源价值。沈菊琴（2003）认为水价包括资源水价、工程水价和环境水价三个部分，后两部分是与相应的成本有关。

SEEA（2012）指出，以价值计量水资产尤为困难。主要原因在于，一直以来水作为公共产品常常可以免费使用，或以低于生产成本的价格供应，或以定额费用供应，因此并没有体现它的稀缺性。因此，水资产的价值量往往与汲取水和输送水的固定基础设施如管道等成本有关，而与变化幅度可能相当大的实际用水量关系并不大。这种情况下，环境资产的标准估价方法，如净现值方法就行不通，因为根据标准定义测算出的资源租金是负值。当取水量的销售收入不及配送水所需的维护成本时，得出资源租金就为负。因此，长期以来水资源本身的价值被认为等于零。

第二节　水资源基本情况

一　水资源在经济社会发展中的地位与作用

水资源在经济社会发展、人们生产生活中具有举足轻重的作用。首先，水资源是支持经济发展的关键。经济发展一般是以当地的总产出量为重要目标的，而总产出量与当地资源总量密切相关。因此，作为自然资源的水资源必然会影响经济增长。水资源短缺时，经济系统因受经济系统和资源系统耦合作用的影响，会迫使全区根据水资源的变化做出种种经济调整，从而影响整个经济系统的可持续发展。其次，水资源也会对经济结构和产业布局产生影响。产业结构是指各产业的构成及各产业之间的联系和比例关系,包括农轻重之间,第一、第二、第三产业之间等的比例关系,或者某几种比例关系的综合。从水资源对总产出的影响分析可知,当水资源发生短缺时,要保持一定的经济发展速度,途径之一便是重新分配各种投入资源对经济增长的贡献,这会引起区域经济系统产业结构的改变。如果把经济系统限于物质生产部门,则其结构的改变包括工农业结构的改变以及农业内部种植业结构、工业内部产业结构的调整。最后,水资源对社会事业发展也会产生一定影响。水资源除了作为一种生产要素在工农业生产中起重要的作用以外,它还是一种生活要素,对社会的发展发挥着不可替代的作用。水资源对社会发展的影响主要体现在水资源对城市发展的影响和水资源对人民生活的影响两方面。水是支撑城市发展的重要基础,是城市存在和发展的基本条件,水资源对城市的产生、发展有很大的影响。世界上的大中城市,大都分布在江河的两岸。随着生产力的发展,自然因素对社会发展的影响有弱化的趋势,人们可以通过技术来弥补某些自然环境的不足,但是,水作为一种不可替代的资源,对城市发展的作用并没有减弱。水的开发、治理、利用与保护已渗透到了社会的各个领域,缺水已成为城市发展的重要制约因素。水是基本的生活资源,既是生活必需品也是满足享受需求和发展需求的重要产品。人民的生活水平与生活质量与人均生活用水量有很大的关系。人们的可支配收入中用于与水有关的消费的比例在不断提高,而且用水方式也在不断变化。水资源是国民经济发展必不可少的要素,通过增加水资源,一方面可以促进工农业及第三产业的发展,带动人民生活水平的提高,另一方面,也会增加人民对生活用水的需求。反过来,人们生活用水消费量的多少也受人们收入水平的影响。

二 水资源基本情况分析

(一) 中国水资源

从水资源总量及分布来看,2015年全国水资源总量为27962.6亿立方米,比常年值偏多0.9%。地下水与地表水资源不重复量为1061.8亿立方米,占地下水资源量的13.6%(地下水资源量的86.4%与地表水资源量重复)。北方6区水资源总量4733.5亿立方米,比常年值偏少10.1%,占全国的16.9%;南方4区水资源总量为23229.1亿立方米,比常年值偏多3.5%,占全国的83.1%。全国水资源总量占降水总量44.7%,平均单位面积产水量为29.5万立方米/平方千米,详见表4—2。2015年,从国境外流入我国境内的水量213.6亿立方米,从我国流出国境的水量5139.7亿立方米,流入界河的水量1061.2亿立方米;全国入海水量17600.9亿立方米。

表4—2　　　　2015年各水资源一级区水资源量　　　单位:亿立方米

水资源一级区	降水量	地表水资源量	地下水资源量	地下水与地表水资源不重复量	水资源总量
全国	62569.4	26900.8	7797.0	1061.8	27962.6
北方六区	19553.6	3836.2	2357.8	897.3	4733.5
南方四区	43015.8	23064.6	5439.2	164.5	23229.1
松花江区	4721.2	1275.8	473.6	204.4	1480.2
辽河区	1504.1	226.4	162.7	77.2	303.6
海河区	1653.3	108.4	213.6	152.0	260.3
黄河区	3273.6	435.0	337.3	106.1	541.0
淮河区	2678.1	607.3	374.2	247.0	854.2
长江区	20223.2	10190.0	2546.0	139.7	10329.7
其中:太湖流域	599.1	311.6	59.3	30.7	342.4
东南诸河区	4281.7	2536.9	554.3	11.3	2548.2
珠江区	10088.3	5323.4	1162.5	13.6	5337.0
西南诸河区	8422.5	5014.3	1176.4	0.0	5014.3
西北诸河区	5723.3	1183.3	796.4	110.7	1294.0

资料来源:《中国水资源公报(2015)》。

从水质情况来看,2015年,全年Ⅰ类水河长占评价河长的8.1%,Ⅱ类水河长占44.3%,Ⅲ类水河长占21.8%,Ⅳ类水河长占9.9%;Ⅴ类水河长占4.2%,劣Ⅴ类水河长占11.7%。从水资源分区看,Ⅰ—Ⅲ类水河长占评价河长比例为:西北诸河区、西南诸河区在97%以上;长江区、东南诸河区、珠江区为 79%—85%；黄河区、松花江区为 66%—70%；辽河区、淮河区、海河区分别为 52%、45% 和 34%。全年总体水质为 Ⅰ—Ⅲ 类的湖泊有 29 个，Ⅳ—Ⅴ 类湖泊 60 个，劣 Ⅴ 类湖泊 27 个，分别占评价湖泊总数的 25.0%、51.7% 和 23.3%。全年总体水质为 Ⅰ—Ⅲ 类的水库有 596 座，Ⅳ—Ⅴ 类水库 104 座，劣 Ⅴ 类水库 36 座，分别占评价水库总数的 81.0%、14.1% 和 4.9%。2015 年全国评价水功能区 5909 个，满足水域功能目标的 3257 个，占评价水功能区总数的 55.1%。全国 530 个重要省界断面中 Ⅰ—Ⅲ 类、Ⅳ—Ⅴ 类、劣 Ⅴ 类水质断面比例分别为 66.0%、16.5% 和 17.5%。各水资源一级区中，西南诸河区、珠江区为优，松花江区、东南诸河区、长江区为良，黄河区、辽河区、淮河区为差，海河区为劣。地下水水质方面，松辽平原、黄淮海平原、山西及西北地区盆地和平原、江汉平原重点区域的 2103 眼地下水水质综合评价结果总体较差。水质优良、良好、较好、较差和极差的测站比例分别为 0.6%、19.8%、0.0%、48.4% 和 31.2%。"三氮"污染较重，部分地区存在一定程度的重金属和有毒有机物污染。

从水资源开发利用情况来看（见表 4—3），2015 年全国总用水量 6103.2 亿立方米。其中，生活用水占总用水量的 13.0%；工业用水占 21.9%；农业用水占 63.1%；人工生态环境补水（仅包括人为措施供给的城镇环境用水和部分河湖、湿地补水）占 2.0%。按水资源分区统计，南方 4 区用水量 3341.0 亿立方米，占全国总用水量的 54.7%，其中生活用水、工业用水、农业用水、人工生态环境补水分别占全国同类用水的 66.9%、77.9%、45.0%、31.0%；北方 6 区用水量 2762.2 亿立方米，占全国总用水量的 45.3%，其中生活用水、工业用水、农业用水、人工生态环境补水分别占全国同类用水的 33.1%、22.1%、55.0%、69.0%。2015 年全国用水消耗总量 3217.0 亿立方米，耗水率（消耗总量占用水总量的百分比）52.7%。各类用户耗水率差别较大，农业为 64.3%，工业为 23.2%，生活为 41.9%，人工生态环境补水为 80.8%。

第四章 水资源问题研究

表4-3　2015年各水资源一级区供用水量

单位：亿立方米

水资源一级区	供水量 地表水	供水量 地下水	供水量 其他	总供水量	用水量 生活	用水量 工业	其中：直流火（核）电	用水量 农业	用水量 人工生态环境	总用水量
全国	4969.5	1069.2	64.5	6103.2	793.5	1334.8	480.5	3852.2	122.7	6103.2
北方六区	1762.1	954.1	46.0	2762.2	262.8	294.9	25.8	2119.9	84.6	2762.2
南方四区	3207.4	115.1	18.5	3341.0	530.7	1039.9	454.7	1732.3	38.1	3341.0
松花江区	293.0	206.9	1.6	501.5	28.3	45.9	13.6	412.4	15.0	501.6
辽河区	96.3	102.6	4.4	203.3	30.7	30.7	0.0	134.4	7.6	203.4
海河区	141.3	208.1	19.1	368.5	60.6	49.3	0.1	236.7	22.0	368.6
黄河区	262.9	123.9	8.7	395.5	44.2	57.0	0.0	281.5	12.9	395.6
淮河区	438.0	159.0	10.1	607.1	82.4	92.5	12.1	420.1	12.1	607.1
长江区	1970.3	71.6	12.8	2054.7	301.3	734.6	383.8	997.7	21.0	2054.6
其中：太湖流域	336.3	0.3	4.8	341.4	53.7	208.8	166.8	76.6	2.3	341.4
东南诸河区	318.2	7.0	1.3	326.5	64.4	107.2	13.0	147.2	7.7	326.5
珠江区	820.2	32.7	4.3	857.2	155.9	189.0	57.8	503.7	8.6	857.2
西南诸河区	98.6	3.7	0.3	102.6	9.1	9.1	0.0	83.6	0.8	102.6
西北诸河区	530.6	153.7	1.9	686.2	16.7	19.5	0.0	634.9	15.1	686.2

注：人工生态环境补水不包括太湖的引江济太调水9.6亿立方米，浙江的环境配水25.5亿立方米和新疆的塔里木河向大西海子以下河道输送生态水、阿勒泰地区向乌伦古湖及科克苏湿地补水10.2亿立方米。

资料来源：《中国水资源公报（2015）》。

(二) 北京水资源

2015年全市平均降水量为583毫米，比2014年降水量439毫米多33%，与多年平均值585毫米基本持平。全市地表水资源量为9.32亿立方米，地下水资源量为17.44亿立方米，水资源总量为26.76亿立方米，比多年平均值37.39亿立方米少28%（见表4—4）。全市入境水量为4.49亿立方米，比多年平均值21.08亿立方米少79%；出境水量为14.32亿立方米，比多年平均值19.54亿立方米少27%；南水北调中线工程全年入境水量8.81亿立方米。

表4—4　　　　　　　　2015年全市各流域水资源总量表

流域分区	面积（平方千米）	年降水量（亿立方米）	地表水资源量（亿立方米）	地下水资源量（亿立方米）	水资源总量（亿立方米）
全市	16410	95.67	9.32	17.44	26.76
蓟运河	1300	8.62	0.69	2.43	3.12
潮白河	5510	33.23	2.85	2.97	5.82
北运河	4250	24.44	2.90	5.90	8.80
永定河	3210	17.14	1.84	2.86	4.70
大清河	2140	12.24	1.04	3.28	4.32

资料来源：《北京市水资源公报（2015）》。

全市18座大、中型水库年末蓄水总量为16.23亿立方米，可利用来水量为4.34亿立方米（含南水北调输水0.53亿立方米）。官厅、密云两大水库年末蓄水量为13.64亿立方米，可利用来水量为4.09亿立方米（含南水北调输水0.53亿立方米）。

全市平原区年末地下水平均埋深为25.75米，地下水位比2014年年末下降0.09米，地下水储量相应减少0.5亿立方米，比1998年年末减少71.1亿立方米，比1980年年末减少94.8亿立方米，比1960年减少115.6亿立方米。

2015年全市总供水量38.2亿立方米，比2014年的37.5亿立方米增加0.7亿立方米。其中地表水为2.9亿立方米，占总供水量的8%；地下水18.2亿立方米，占总供水量的47%；再生水9.5亿立方米，占总供水量的25%；南水北调水7.6亿立方米，占总供水量的20%。2015年全市总用水量为38.2亿立方米，其中生活用水17.5亿立方米，环境用水10.4亿立方米，工业用水3.8亿立方米，农业用水6.5亿立方米（如图4—1所示）。

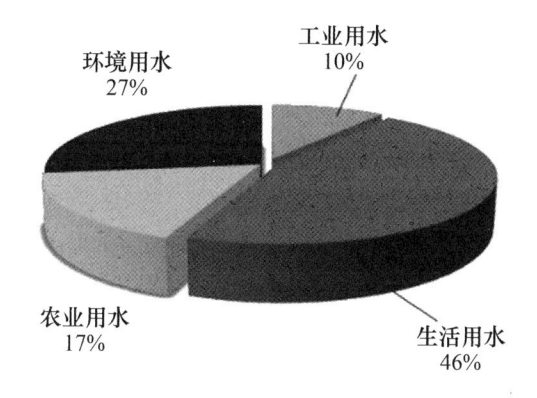

图4—1　北京市用水情况（2015）

资料来源：《北京市水资源公报（2015）》。

2015年地表水监测总河长2545.6千米，其中有水河长2325.9千米。有水河长中符合Ⅱ类水质标准河长998.5千米；符合Ⅲ类水质标准河长195.2千米；符合Ⅳ类水质标准河长154.8千米；符合Ⅴ类水质标准河长53.5千米；劣于Ⅴ类水质标准河长923.9千米。18座大中型水库除官厅水库水质为Ⅳ类外，其他均符合Ⅱ—Ⅲ类水质标准。监测湖泊面积719.6公顷，符合Ⅱ—Ⅲ类水质标准的面积571.6公顷；符合Ⅳ—Ⅴ类水质标准的面积148.0公顷；达标面积625.6公顷。浅层地下水水质（评价区面积为6400平方千米）符合Ⅱ—Ⅲ类水质标准的面积3530平方千米，符合Ⅳ—Ⅴ类水质标准的面积为2870平方千米。深层地下水水质（评价区面积为3435平方千米）明显好于浅层地下水，符合Ⅱ—Ⅲ类水质标准的面积为2729平方千米，符合Ⅳ—Ⅴ类水质标准的面积为706平方千米。

第三节 水资源管理体制机制分析

一 水资源管理体制机制分析

我国水权制度建设与世界上许多国家不同，源于计划经济体制、农业占大头的传统社会、工业化城市化快速发展阶段，有其自身的特点。在坚持社会主义市场经济根本制度前提下，我国水权改革和制度建设的主要特点是：坚持水资源国有和集体所有的公有制度，实行政府主导、总量控制、先占优先、区域协调为主的管理制度，并通过试点等渐进式改革，加快市场化进程，发挥市场机制优化水资源配置的作用。

（一）水资源所有权实行国家所有

水权包括所有权和使用权。现代水权制度按所有权性质划分为两类：一类是私有水权制度，即水的所有权属于个人所有；另一类是公有水权制度，即水的所有权属于国家、州或全民所有。所有权是水权的根本。我国实行水资源国有和集体所有的公有制度。

我国《水法》第三条规定："水资源属于国家所有。水资源的所有权由国务院代表国家行使。农村集体经济组织的水塘和由农村集体经济组织修建管理的水库中的水，归该农村集体经济组织使用。"第四十八条规定："直接从江河、湖泊或者地下取用水资源的单位和个人，应当按照国家取水许可制度和水资源有偿使用制度的规定，向水行政主管部门或者流域管理机构申请领取取水许可证，并缴纳水资源费，取得取水权。"《水法》确立了国家对水资源的所有权的主体地位，确立了我国水资源所有权为国家所有和农村集体所有的公有性质。

我国《水法》明确赋予国家在水资源规划，水资源开发利用，水资源、水域和水工程的保护，水资源配置和节约使用，水事纠纷处理与执法监督检查，法律责任等领域，全方位行驶管理的主体地位，第十二条规定："国务院水行政主管部门负责全国水资源的统一管理和监督工作。"第十四条规定："国家制定全国水资源战略规划。"第四十四条规定："国家发展计划主管部门和国务院水行政主管部门负责全国水资源的宏观调配。"所有权、宏观管理权、初始配置权等方面的规定，是我国水权公有制度的具体落实和体现，也有学者据此认为我国水权是公共水权。但国际上一般认为公共水权指：由于水具有公共物品属性，因此，生态环境用水、科学研究用水、航运和渔业用水等外部性、公共性、公共利益突出的用水，应由政府从公共利益出发给予保障和无偿取得，政府在初始水权分配中，应保留一部分公共水权留给这些领域，以确保公共用水和公共利益。公共水权在世界各国水权制度中的地位越来越突出。

我国《水法》规定我国实行国家所有和分级管理体制，流域管理与区域管理结合的体制，总量控制和定额管理结合的体制。第十二条规定："国家对水资源实行流域管理与行政区域管理相结合的管理体制。国务院水行政主管部门负责全国水资源的统一管理和监督工作。国务院水行政主管部门在国家确定的重要江河、湖泊设立的流域管理机构（以下简称流域管理机构），在所管辖的范围内行使法律、行政法规规定的和国务院水行政主管部门授予的水资源管理和监督职责。县级以上地方人民政府水行政主管部门按照规定的权限，负责本行政区域内水资源的统一管理和监督工作。"第四十七条规定："国家对用水实行总量控制和定额管理相结合的制度。"

（二）水资源使用权实行行政分配权和先占优先权

使用权是水权制度操作和研究最有意义的层面。我国水权改革实质上讨论的是使用权问题。

按水权（这里指"水资源使用权"）的取得和分配，一般细分为五类：河岸权、先占权、行政分配权、比例分配权、可交易水权。①河岸权（Riparian Water Right）。又称河岸所有权、滨岸所有权、沿岸所有权。规定水权使用权属于沿岸的土地所有者，并且依附于地权，当地权发生转移时，水权也随之转移。对于大多数国家或地区而言，随着社会发展和人口的增长，非沿岸区域水需求的矛盾也日益迫切，而传统的河岸权限制了非毗邻水源土地的用水需求，影响了水资源配置的效率和经济的发展，大多数实行河岸权的国家和地区转向了其他水权制度。②先占优先权（Priority Water Right），简称"先占权"，又称优先占用权（简称"优先权"）、优先专用权、先用优先权（简称"先用权"），即先占者优先拥有该水权（使用权），也就是说，最先利用该水域的使用者拥有该使用权。有的国家规定如果连续一段时间不用者，其水权自动放弃，一般在水资源短缺的国家和地区实施。也有国家将上述两种制度交叉使用，称为"混合水权"（Mixed Water Right）。③行政分配权（Administrative Allocation Water Right）。行政分配水权包括三方面内容，一是所有权与使用权分离，即水资源属于国家所有，但个人和单位可以拥有水资源的使用权；二是水资源的开发和利用必须服从国家的经济计划和发展规划；三是水资源的配置和水量的分配特别是初始水权，一般通过行政手段进行。④比例分配权（Proportional Allocation Water Right）：比例分配权又称平等使用权，是按照一定认可的比例和体现公平的原则，将河道或渠道里的水分配给所有相关的用水户。其在先占权即先占者优先的基础上，取消了地权与水权的联系，同时又取消了优先权水权之间的高低等级之分，是智利和墨西哥在确认初始水权中运用的主要方法。⑤可交易水权（Tradable Water Rights）。"可交易水权"指在该国水权制度中水权可以交易（对应的是水权不可交易的制度），这个术语翻译为"水权可交易"或许更加贴切。水权可以交易在现代水权制度中已成为各国水权制度的发展趋势。可交易水权在我国水权改革中还特指经过有关水部门监测、认定、审批后的水量和水权，有的省市还规定：生活用水不可交易。

我国初始水权分配（初始水量分配）由国家主导，是行政分配权制度；而且，水量分配的原则是"现状为主、兼顾发展"，这事实上是保护既得利益的先占者优先拥有水权的"先占者优先权"（先占权）制度。初始水权是使用权的关键内容，一般由国家主导分配和无偿分配，但有学者，如广东学者提出初始水权可以适当采取竞争性配置的制度。

（三）总量管控而非行业管控制度

我国水权制度的又一个特点是总量管控制度（而不是行业管控制度），国家对省级行政区的水量管理设定总量指标并严格管控不得突破（三条红线之一），并未规定不能突破行业指标。省级政府采取同样制度在省域内层层分解国家分配的总量指标，也未规定不能突破行业指标。也就是说，各行政区可在不突破总量指标的前提下，允许行业之间进行水权转换，比如，允许新增工业用水通过减少农业用水获得。这个制度为各行政区增加发展用水留下较大余地，而且有利于激励水资源向高效率使用行业配置。农业节水转向工业和城镇配置因而成为水权试点最普遍的水权交易模式。有的地方如广东省，过去曾实行总量管控与行业管控并存的制度，对省内各市县同时下达总量指标和行业指标，均不得突破，也就是说，新增工业用水一般不能通过减少农业用水来转换，水权试点后也实行与全国相同的制度：总量控制制度，工业新增用水指标可以通过农业节水获得，其目的是激励农业节水，广东农业用水占一半左右，且用水效率较低，节水潜力很大，农业用水转让给工业用水潜力明显。当然，农业用水转换给工业用水的前提是：不能损害农业的必要需水。

（四）水权制度与水量控制并存

水权交易动力因水情不同而有差异，一般来说，缺水区域有较强动力，从而使水权模式也有差异，缺水区域对水权拥有更强烈的先占控制愿望。美国西海岸水资源紧缺，保护先开发先使用者既得利益的"先占权"成为主要模式，而丰水的东海岸则以"河岸权"为主。

我国在整体上全国所有区域都必须实行"三条红线"规定的总量控制制度，但各地对于水权交易制度喜好则有差异。缺水地区特别是北方、黄河流域、西北三条内陆河流域，推进水权改革的动力较强，因为通过有偿方式是获得水权的较好通道，但在丰水区域如南方，额外花钱去获取水权的动力不强，因此，丰水地区水资源管理更注重"三条红线"分配水量控制制度。其实，这种现象在近几年西北地区雨水较多时也可看到，风调雨顺时农户水权交易愿望减弱。

我国区域差异大，水权制度必须因地制宜，水量管制也是水权制度的组成部分，我国水权制度现在甚至在很长时期，将是水量控制与水权交易并存的水权制度。当然，水权水市场发展势在必行，是大趋势，但在我国将是一个渐进式的改革进程，多种制度并存符合中国水情。

（五）政府主导并发挥市场优化资源配置的作用

我国水权制度的又一个特点是，行政权力特别是中央政府在水资源管理和水权制度中具有极强力量。第一，根据《水法》赋予的权力，中央政府实施省级行政区初始水权分配和调整，实践中的体现是：执行省级行政区域初始水量分配的流域委员会是中央政府或其派出机构（而不是流域各省市联合机构或协商机构），分配结果以国务院名义颁发。各省区内的情况与此相同，执行省区内各市县水量分配的机构是省政府。第二，《水法》赋予国家水资源管理的主导权，实践中的体现是：中央集权为主要特征的水资源管理权和水权制度，省级政府权力较小，不存在一些国家实施的水资源管理分权制度和协商制度。第三，市场配置资源的作用逐步加强，但总体看，市场配置资源的作用还主要是作为提高水资源使用效率的手段得到重视，优化资源配置的基础作用还有待突破。第四，如前所述，初始水权分配及调整是水权制度的重要基础，我国实行国家主导初始水权分配和调整的制度，表明我国水权制度还具有行政分配水权的属性，是行政分配水权与市场交易水权相结合的水权制度。这种制度安排的优势是，既发挥国家在公共利益、重大事项、区域协调的主导作用，又发挥市场机制激励高效用水优化配置的作用，避免纯行政或纯市场制度下发生"政府失灵"或"市场失灵"的问题。一方面，水资源具有公共性、外部性、相邻性、战略性等特点，需要国家行政干预；另一方面，我国水权制度改革脱胎于计划经济体制，还需更加注意避免过度行政干预的弊端，促进市场在资源配置中发挥作用。

二 水资源管理制度的现存问题

改革开放 40 年来，我国水资源管理取得重大进展，但与科学发展观的要求相比，还存在一些突出的矛盾和问题，特别是体制机制方面的矛盾与问题较多。

（一）区域与流域管理事权划分不够明确

一是流域管理立法相对滞后。据反映，新水法在立法上赋予流域机构"行政主体"地位，但未明确与行政区域管理的关系、流域管理的原则和基本管理制度、促进流域综合开发的政策措施、流域管理机构的执法权力等重要内容。近年来，一些省市加大了水资源管理立法力度，流域管理立法滞后于地方管理立法。

二是规划的约束力有待加强。流域统一规划基本做到了，但规划的约束力不够，规划管理需要加强；水资源承载能力和水环境承载能力作为经济社会发展的控制要素的作用体现还不太充分；涉水其他行业的规划与水利规划相协调、相衔接不够。

三是取水许可审批权限有待完善。流域机构建议尽快完善流域机构取水许可管理审批权限，全面掌握取水项目的审批情况，以更好地落实流域取水总量控制；而地方水行政主管部门则认为流域机构应着重宏观管理，不要过多关注微观管理，具体行政审批管理事项应以地方为主、流域机构监督为辅。个别地区取水许可越权审批现象仍比较严重。

（二）水资源保护的部门间协调机制亟待建立

水资源保护工作涉及水利、环保、建设等多个部门，各部门往往各自依据相关的法律法规和职能实施管理。特别是水资源保护和水污染防治工作分属水利、环保两个部门，部门职责交叉，关系不顺，建立部门间协商协调机制十分必要。

一是限制排污总量意见难以落实。环保部门是水污染防治工作的主管部门，限制排污总量意见由水利部门提出，由环保部门具体实施，但两者尚未很好衔接，限制排污总量意见未能作为水污染防治规划、实施污染物总量控制的依据。

二是流域水资源、水环境监测信息共享机制尚未建立。同一流域内，水利、环保等部门对主要河流、省际边界、重要供水水源地等均布设有地表水资源水环境监测站网，监测站点和监测内容多有重复，时间安排也未能统一，部门之间的信息共享机制尚未完全建立，水质监测能力建设亟待加强。

（三）总量控制与定额管理制度有待进一步落实

一是节水机构薄弱。地方反映，节水工作任务较重，但没有单独的编制和节水办公室，只能由日常业务繁忙的水资源处室工作人员承担，难以为节水管理工作提供有力支撑。

二是节水相关的配套政策法规尚待健全。节水型社会建设不能仅依靠行政手段，而是要通过综合节水途径，特别是水价等经济手段。但是，目前在污水回用、循环利用等方面的激励机制尚未建立，相关配套政策法规有待健全。

（四）水务体制改革进程与目标还有较大差距

在管理体制方面，一些水务局成立后职能未能作相应调整理顺，离真正实现涉水事务一体化管理的改革目标差距较大,政企、政事不分的问题较为普遍;在运行机制方面,水务局新增职能的财政资金难以落实,多元化、市场化的投资渠道尚未形成;在法规标准方面,现有的法规标准不适应新体制的要求,水务管理技术标准和规范体系有待建立和完善;各地对水务管理缺乏经验,迫切企盼得到上级部门的更多支持与指导。

第四节 水资源资产定价理论与方法分析

一 水资源资产定价理论与方法

(一) 水资源价值理论

资源有广义和狭义之分,本书中的资源是指狭义的资源,即自然资源。按照党的十八届三中全会文件解读,自然资源是指天然存在、有使用价值、可提高人类当前和未来福利的自然环境因素的总和。自然资源资产是指其中具有稀缺性、有用性(包括经济效益、社会效益、生态效益)及产权明确的自然资源。水资源作为重要的一类自然资源,有关资源价值的定价理论与方法同样适合于水资源资产定价。

关于资源的价值问题,经济学一直争议颇多。其中,劳动价值论认为,人类的抽象劳动是价值的唯一源泉,价值来源于社会必要劳动,资源在生产和再生产过程中往往伴随着大量的人类劳动,而价值量的大小取决于生产和再生产过程中投入的社会必要劳动时间,即劳动决定资源的价值和价格;边际效用价值论则认为,效用是价值的源泉,商品的价值由效用和稀缺性最终决定,而边际效用是衡量价值量的尺度,因此效用决定资源的价值和价格;要素价值论认为,商品的生产就是效用的创造,人的劳动和生产要素(土地、资本)共同参与了商品的生产,创造了价值,因此,劳动和效用共同决定资源的价值和价格;均衡价格理论吸收了要素价值论和边际效用价值论的某些观点,认为商品的价值决定于供给价格和需求价格相等之点,即需求与供给的均衡点,因此生产成本和边际效用均衡时的"内在价格"决定了资源的价值和价格。还有一些观点认为,资源的价值还应包括资源的非使用价值(或存在价值),即能够满足人类精神文化需要的价值,如美学价值。但是,由于非使用价值一般基于人的行为和理念,并没有较为完整的价值理论支撑,仅仅是人们在计算资源价值的价值量时区分出来的一个概念,尚无客观的价值计算标准。

综合上述各观点,本书认为,水资源价值(V)应当包括以下三个部分:①水资源的劳动价值(L),是指人类在开发利用水资源时投入的劳动所形成的价值;②水资源的效用价值(U),是指水资源的有用性使得其成为自然资产,产权一般由国家所有,要获得水资源的使用权就必须支付相应的水资源使用费;③水资源的生态环境价值(E),是指在水资源的开发利用过程中不可避免会带来一些生态破坏和环境污染问题,水资源开发利用方必须对其破坏生态环境的行为进行补偿,以降低污染和改善环境。因此,水资源的价值(V)可用下面一个简单的公式来表示:

$$V = L + U + E \tag{4.1}$$

(二)水资源定价方法

所谓水资源定价,是根据价格理论确定水资源价格。基于对水资源价值理论的认识,目前价格理论主要有两种:马克思主义的价格理论和市场经济价格理论。前者的核心是劳动价值论,该理论认为价格是价值的表现形态,价值是价格的基础,制定价格必须以价值为基础,而价值量的大小决定于所消耗的社会必要劳动时间的多寡。任何商品的价格都可用下式表示:

$$P = C + V + M \tag{4.2}$$

式(4.2)中:P为价格,C为已消耗的生产资料价值,为劳动者为自己的劳动所创造的价值,M为劳动者为社会所创造的价值。

市场经济价格理论的核心则是效用价值论。该理论认为在市场经济中,决定市场价格的是供给和需求。任何商品的实际的市场价格是均衡价格,即供给和需求相等时的价格。

现今各个国家和地区对水资源定价基于不同水资源条件和历史原因,采用了不同的定价方法。主要有影子价格法、均衡价格法、边际机会成本法、服务成本核算法、市场估价法、成本核算定价法等。这些定价模型各有优缺点,其应用情况也存在一定差别。

1. 影子价格法

影子价格指从资源有限性出发，以资源合理分配并有效利用为核心，以获得最大经济效益的一种测算价格，是对资源使用价值的定量估计。影子价格是反映资源获得最优配置的一种理论价格。1954 年，荷兰经济学家詹恩·丁伯根将影子价格定义为"在均衡价格的意义上表示生产要素或产品内在的或真正的价格"，即影子价格是反映资源得到合理配置的预测价格。苏联的列维康托洛维奇也提出用线性规划计算的"最优计划价格"。在丁伯根研究的基础上，萨缪尔森从三个方面对影子价格作了补充：(1) 影子价格是以线性规划为计算方法的计算价格；(2) 影子价格是一种资源价格；(3) 影子价格以边际生产力为基础。同时，萨缪尔森把商品的边际成本称为影子价格，具体计算公式为：

目标函数： $$Z_{max} = \sum_{j=1}^{n} c_j x_j \quad (4.3)$$

约束条件：$a_{i1} x_1 + a_{i2} x_2 + \cdots + a_{ij} x_j + a_{mn} x_n \leqslant b_i$

式中：$i = 1,2,\cdots,m$；$j = 1,2,\cdots,n$；c_j 为各类水资源单位数量收益系数；x_j 为各类水资源数量；a_{ij} 为约束系数；z 为目标值（生态、经济效益等）；b_i 为水资源总量。

可利用该规划的对偶规划求解水资源影子价格 u_i，具体如下式所示：

目标函数： $$Y_{min} = \sum_{i=1}^{m} b_i u_i \quad (4.4)$$

约束条件：$a_{1j} u_1 + a_{2j} u_2 + \cdots + a_{ij} u_i + a_{mj} u_m \geqslant c_j \ (u_i \geqslant 0)$

式中：$i = 1,2,\cdots,m$；Y 为生产总成本；u_i 为决策变量即影子价格。

可见，从数学规划角度看，影子价格是线性对偶规划的最优解。其经济含义为：在资源得到最优配置，使社会总效益最大时，该资源投入量每增加一个单位所带来社会总收益的增加量。

影子价格的高低取决于水资源的稀缺程度和供求关系。例如，对于数量（足够）充裕的资源，影子价格为零，而相对稀缺资源的影子价格则较高。理想的影子价格，如果是静态离散的，可用最优线性规划的对偶求得；如果是动态连续的，可用拉格朗日乘数计算。影子价格的优越性在于能够反映出资源的稀缺程度，符合资源定价的经济学基本准则，为资源的合理配置及有效利用提供了可靠的价格信号和计量尺度。

尽管水资源的影子价格可以根据上述理论和方法进行测算，但是这定价模型也有一些缺点。比较突出的问题是，测算某种水资源影子交个所需数据量大，计算复杂，实际操作存在很大困难。另外，影子价格本质上是一种静态的资源最优配置价格，只反映某种水资源的稀缺程度以及水资源与总体经济效益之间的关系，无法表现水资源在不同时期动态配置时的最优价格。且一般地，影子价格只包含开采成本、利润和一定的税金，不能代表水资源本身的价值，与生产价格、市场价格差别较大。

2. 均衡价格法

根据微观经济学理论，"供求决定论"是指理性经济人以追求最大利益为目标，以成本效益原则为基础，对成本与收益进行边际分析，以形成需求及供给曲线，再通过市场供给和需求曲线图中的供给需求曲线的交点推出市场均衡价格。

在市场经济条件下，供求决定论主要通过动态供需均衡模型（又称蛛网理论）来分析商品价格的形成过程。动态供需平衡模型一直是经济学重要的理论和方法。早在1930年，美国的舒尔茨、荷兰的丁伯根和意大利的里西分别提出了动态供需均衡模型，之后英国的卡尔多和美国的伊齐基尔通过进一步分析和研究扩展了动态供需均衡理论。运用动态供需均衡理论可以有效解释商品价格、市场供给与市场需求的变动关系。根据基础理论，产品供给和需求数量会随着价格的变化而变化，动态供需均衡模型以此作为研究的出发点，即把供给与需求变量定义为被解释变量，把价格变量定义为解释变量，产品的供给和需求会根据价格的变化而变化，并最终通过市场机制的影响使市场供给和市场需求达到平衡状态，从而得到均衡价格。

根据均衡价格理论，供给和需求是水资源价格水平形成的两个最终决定因素，其他因素，要么影响供给，要么影响需求，进而影响价格。均衡价格法应用市场经济的一般均衡理论，分析水资源供给与需求达到均衡时的资源价格。

均衡价格法既反映了市场机制的相互作用，又突出了部门间的经济联系，克服了投入产出模型忽略市场作用的弊端。从应用范围来看，该模型能有效应用于包括水资源和环境在内的各种商品价格的计算，也可以用来研究和计算某一区域的经济，在均衡条件下各部门商品的相对价格，以及在均衡条件下的各部门的生产和消费情况。

然而，运用均衡价格法对水资源进行定价，不仅需处理的数据量非常庞大，而且面临许多障碍。其中，最突出的问题是在我国目前的经济统计体系中，尚未把各类水资源及其开发状况作为一个单独的部门来处理，因而，无法把资源性商品纳入模型，直接计算水资源产品的相对价格。

鉴于均衡价格模型的局限性，在实际操作过程中，需要进行一些假设和调整。目前，较常见的运用均衡价格模型来进行水资源定价的方法为可计算一般均衡模型（Computable General Equilibrium Model，也称CGE模型）。CGE模型应用广泛，当用于资源定价时，它是一种宏观经济的水资源价格计算模型。这一模型是运用市场经济的一般均衡理论，分析水资源供需达到均衡时的资源价格或水资源边际贡献。CGE模型源于瓦尔拉斯的一般均衡理论，但又不同于一般均衡理论。它放弃了完全竞争的必要性假定，把政策干预引入了模型，使之更加符合当今许多国家经济运行的实际情况。因此，CGE模型使一般均衡理论更接近经济现实。作为一种建模技术，CGE模型吸收了投入产出、线性规划等方法的优点，既体现出部门间的联系，同时又克服了投入产出模型忽略市场作用等弊端，把要素市场、产品市场，通过价格信号有机地联系在一起，不仅反映了市场机制的相互作用，而且突出了部门间的经济联系。CGE模型20世纪60年代末开始出现于宏观政策分析和数量经济领域，随着经济理论不断丰富、计算技巧逐步完善，CGE模型的研究和应用日渐广泛，能够应用于包括水资源和环境在内的各种商品价格的计算。

由于CGE模型能有效地模拟宏观经济的运行情况，因此，它能用来研究和计算某一区域的经济在均衡条件下各部门商品的相对价格，以及在均衡条件下的各部门的生产和消费情况。值得注意的是，CGE模型应用同样存在一些技术问题。CGE模型应用于水资源商品价格的研究，不仅需处理的数据量非常巨大，更大的障碍仍然来自中国现行的统计体系。由于尚未把各类资源及开发状况作为一个单独的部门处理，因而无法把资源商品纳入模型，直接计算资源产品的相对价格。在这种情况下，较为现实的技术处理方法是，首先建立宏观经济的投入占用水资源模型。通过可供资源量的变化。推求 GDP 的变化值。然后，确定 GDP 变化值中由于水资源量变化的贡献量，进而推算出水资源的边际价格。这种处理方法只需在现有的 CGE 模型中加入水资源条件变化的方程，实际操作比较方便[①]。

3. 边际机会成本法

机会成本的概念是新古典经济学派提出的，是指在其他条件相同时，把一定的资源用于某种用途时所放弃的另一用途的效益。或是指在其他条件相同时，利用一定的资源获得某种收入时所放弃的另一种收入。假如被放弃的产品价值或收入有许多种的话，其中最高的一种即为其机会成本。显然，机会成本中不仅包括财务成本，还包括生产者在尽可能有效地利用资源时所能够得到的利润。

运用机会成本的概念确定水资源价格，一方面，意味着将一部分资源开发利润计入成本；另一方面，由于水资源（特别是质量和开采条件都比较好的水资源）具有实施意义上的稀缺性，现在使用资源，就意味着丧失了今后利用同一资源获取纯收益的机会。因此，机会成本测算必须将未来所牺牲的收益计入成本。在无市场价格的情况下，资源使用的成本可以用所牺牲的替代用途的收入来估算。例如，保护国家公园，禁止砍伐树木的价值，就可用为了保护资源而牺牲的最大的替代选择的价值来衡量。用机会成本法来间接计算无市场价格资源的效益，是一个可行的方法。它不仅能反映水资源现时成本和利润，还包括了未来的收益，再加上机会成本法在间接估算无市场资源价格方面的优势。鉴于其可行性，机会成本理论被广泛地用于水资源定价。其中边际机会成本定价模型就是较为先进和流行的一种。边际机会成本定价法是基于机会成本法的一种社会机会成本定价法。

边际机会成本（MOC）理论认为：水资源的消耗使用应包括三种成

[①] 沈大军和李善同等曾分别采用这一思路和方法，计算出邯郸市的水价，研究了我国的污染限制政策（污染排放税率合理确定）问题。

本：(1) 边际生产成本（MPC），它是指为了获得资源，必须投入的直接费用；(2) 边际使用者成本（MUC），即将来使用该资源的人所放弃的净效益；(3) 边际外部成本（MEC），外部成本主要指在资源开发利用过程中对外部环境所造成的损失，这种损失包括现在或者未来的损失。上述三项可以用下式来表示：

$$MOC = MPC + MUC + MEC \qquad (4.5)$$

式（4.5）表示，MOC 是由社会所承担的消耗一种水资源的全部费用，在理论上应是使用者为资源消耗行为所付出的价格 P，即：

$$P = MOC \qquad (4.6)$$

当 $P < MOC$ 时则会刺激资源过度使用，$P > MOC$ 时会抑制正常的资源消费。

边际机会成本定价模型将资源与环境结合起来，从经济学的角度度量使用资源所付出的全部代价。这一定价模型弥补了传统资源经济学中忽视资源使用所付出的环境代价以及后代人或者利益相关者受损的缺陷，既可以作为决策的有效依据，也可用来判别有关资源环境保护的政策措施是否合理，包括投资、管理、租税、补贴以及水资源的控制价格等。

边际机会成本定价模型应用于水资源价格测算也不可避免存在一些缺陷，主要表现为：一是应用较困难，在公式（4.5）中，MPC 的获取比较容易，而 MUC、MEC 的获取则比较困难；二是缺乏可比性，由于同一资源在不同地区 MUC、MEC 的计算的内容和方法不同，往往导致 MOC 缺乏可比性，难以进行时空分析和从宏观上把握资源价格的变化。

4. 服务成本核算法

服务成本定价法根据供水服务所要求的资本成本、行政管理成本和运行与维修成本来确定水资源的价格。它是最常见的垄断部门的定价方法。我国现行城市的自来水水价、水利工程水价等大多数商品水的水价是按照这种理论制定。但对于天然水资源的管理和保护的成本，国家没有进行过成本核算，应对天然水资源探讨以服务成本为基础构成的水资源价格。

5. 市场估价法

市场估价模型定价的基本思路是，基于人们对水资源的开发利用，既会给人类带来经济正效应，也会造成环境负效应的认识，依据水资源在市场上的价值表现，将两种效应进行换算，通过直接或间接的市场价格，来估算水资源的经济价值。

市场估价法由一系列以市场为依据的价值评估方法组成。根据市场信息完备与否，可分为直接市场方法（收益现值法、生产率变动法、疾病成本法和人力资本法、重置成本法、预防支出法等）、间接市场法（后果阻止法、保护费用法、旅行费用法、工资差额法等）以及以调查为主的主观性较强的模拟市场方法（直接询问调查法、间接询问调查法、德尔菲法等）。除了模拟市场法采用问卷调查外，直接市场法和间接市场法的每种定价方法都有其特定的经验模型或具体模型。其中较为常用的模型有：收益现值模型、疾病成本法和人力资本模型、旅行费用模型、资产价值模型等。

(1) 收益现值模型。资源价值的收益现值模型是通过估算资产未来预期收益并折算成现值，来确定资产价值的方法。其基本原理为：应用收益现值法评估的资产，其价值大小不是由该资产形成过程中的成本所决定，而是由该资产未来的收益所决定的，其资产评估值则是该资产未来获利能力的货币表现。这种资产必须具有获得预期收益能力，而且收益可以用货币表示，可以被预测。

具体的计算公式为：

$$P = \sum_{i=1}^{n} \frac{P_i}{(1+r)^i} \tag{4.7}$$

式中：P 为水资源价格，P_i 为未来第 i 年的资源预期收益额（$i = 1, 2, \cdots, n$）；n 为收益年限；r 为折现率。当 $n \to$ 无穷大时，即资源部门无限期收益时，则上式可表示为：$P = p/r$。

(2) 人力资本模型。人力资本理论用于资源定价的思路是用收入的损失，估算由于环境污染引起的过早死亡的成本，进而推算出环境资源的价值。根据边际生产力理论，人失去寿命或工作时间的价值等于这段时间中个人的劳动价值，一个人的劳动价值是在考虑年龄、性别、教育程度等因素的情况下，每个人的未来收益经贴现折算成的现值。假设一个人在正常情况下，可以活到 t 年，由于环境污染而于 T 年过早死亡，则该个过早死亡的人所损失的劳动力的价值可描述为：

$$L_T = \sum_{t=T}^{\infty} Y_t P_T^t (1+r)^{-(t-T)} \quad (4.8)$$

式中：L_T 为一个年龄为 T 的人未来收入的贴现值；Y_t 为预期个人在第 t 年内所得到的总收入扣除他拥有的非人力资本的收入；P_T^t 为个人在第 T 年活到第 t 年的概率；r 为预计到第 t 年有效的社会贴现率。

（3）旅行费用法①。旅行费用法的定价思路是以游客的支付意愿（旅行费用）作为替代物来衡量旅游景点的价值。以单景点旅游为例，消费者对该景点的支付意愿（W_i）即该景点对消费者 i 的价值为：

$$W_i = \int_0^{\infty} F(p,z) dp \quad (4.9)$$

式中：p 为从出发点到景点的旅行费用，z 为人口的一组社会经济特性。由于有许多消费者参观景点，该景点的总价值等于不同消费者支付意愿之和：

$$W = \sum_{i=1}^{n} W_i \quad (4.10)$$

市场估价模型以资源使用的市场价值为基础进行定价，比较直观；定价的具体方法众多，在实际定价中，无论在计算资源性商品价值还是计算资源性服务价值方面，都有广泛的应用。不论从其基本原理还是其应用，市场估价模型的局限性也是显而易见的。首先，无论直接市场法还间接市场法，都要对有关商品和劳务的市场价格进行计算，但许多资源没有相应的市场和价格，有的资源即使有，市场价格也多是扭曲的，无法真实反映消费者的真实支付意愿，因而不能充分衡量水资源开发的全部成本。因而，必须把扭曲价格修正为有效价格，但这实际操作中往往又很困难。其次，模拟市场法主观性较强，每种方法的使用都有严格的前提和限制，调查结果也存在产生各种偏差的可能性。

---

① 严格意义上讲，旅行费用法虽然也是间接市场估价法的一种，但通常这种方法被称为替代市场价值法或假想市场法。前者是当研究对象本省无法获取市场价格直接衡量时，可以寻找替代物的市场价格。而后者则是指连替代市场都难以找到的情况下，只能人为地创造假想的市场来估算研究对象的价值，因此这种方法又称为市场创建法（market creation techniques）。

6. 成本核算定价法

成本核算的定价方法其实质是成本加利润,这是垄断部门为其产品定价时常常采用的方法之一。其定价基础是估计的平均成本以及社会的平均利润率。而成本估计的基础是历史数据,历史数据不一定能够很好地反映将来市场价值的变化,这是此方法的最大误差来源。

二 水资源资产定价方法选择——以北京市为例

我国现行的城市自来水价格、水利工程向城市供水水价大多是成本核算定价方法确定的。国务院1985年颁布的《水利工程水费核定、计收和管理办法》规定水费标准应在核算供水成本的基础上,根据国家产业政策和水资源状况,对各类用水分别核定。

2003年国家发展和改革委员会、水利部联合发布的《水利工程供水价格管理办法》指出,水利工程供水价格由供水生产成本、费用、利润和税金构成。供水生产成本是指正常供水生产过程中发生的直接工资、直接材料费、其他直接支出以及固定资产折旧费、修理费、水资源费等制造费用。供水生产费用是指为组织和管理供水生产经营而发生的合理销售费用、管理费用和财务费用。利润是指供水经营者从事正常供水生产经营获得的合理收益,按净资产利润率核定。税金是指供水经营者按国家税法规定应该缴纳并可计入水价的税金。水利工程供水价格采取统一政策、分级管理方式,区分不同情况实行政府指导价或政府定价。根据国家经济政策以及用水户的承受能力,水利工程供水实行分类定价。水利工程供水价格按供水对象分为农业用水价格和非农业用水价格。农业用水价格按补偿供水生产成本、费用的原则核定,不计利润和税金。非农业用水价格在补偿供水生产成本、费用和依法计税的基础上,按供水净资产计提利润,利润率按国内商业银行长期贷款利率加2—3个百分点确定。

2014年,北京市发展改革委《关于北京市居民用水实行阶梯水价的通知》中,将居民用水价格标准进行了调整,第一阶梯用水量不超过180立方米,水价为每立方米5元;第二阶梯用水量在181—260立方米,水价为每立方米7元;第三阶梯用水量为260立方米以上,水价为每立方米

9元。

2016年4月,北京市发展改革委与北京市财政局联合发布《关于调整北京市非居民用水价格的通知》(京发改〔2016〕612号)明确指出,除特殊行业用户外,本市城六区非居民用水价格调整为9.5元/立方米,其中,自来水供水水费调整为4.2元/立方米,水资源费调整为2.3元/立方米;自备井供水水费调整为2.2元/立方米,水资源费调整为4.3元/立方米。其他区域非居民用水价格调整为9元/立方米,其中,自来水供水水费调整为4.2元/立方米,水资源费调整为1.8元/立方米;自备井供水水费调整为2.2元/立方米,水资源费调整为3.8元/立方米。污水处理费均为3元/立方米。自来水供水水费中包含的水利工程水价调整为1.3元/立方米。北京市洗车业、洗浴业、纯净水业、高尔夫球场、滑雪场用水户为特殊行业用户,水价为160元/立方米。

三 水资源相关环境成本估值研究——以北京市为例

水资源相关环境成本估算可以用污水处理成本来进行近似估算。一般来说污水处理成本可采用以下几种方法进行估算。

第一,边际成本定价法。根据福利经济学的基本理论,只有当价格等于边际成本时社会总福利才最大。因此,为了在资源配置中实现帕累托效率,达到促进社会分配效率目标,就要求按照边际成本决定管制价格水平。这种以边际成本水平决定管制价格的定价方式,称为边际成本定价。从规范的角度讲,边际成本定价方式是最优的定价方式。但在自然垄断产业,由于规模经济的作用,成本是产出的减函数,以致若采用边际成本定价会使企业出现亏损,而且企业产出越大,亏损额也越大。因此,如果政府以边际成本制定管制价格,必须同时以税收补贴企业的亏损,并使企业有一定的利润。但是这会诱使企业把精力较多地用于争取政府补贴上,增加了"政府管制俘虏"问题的可能性。

第二,平均成本定价法。边际成本定价虽然会使消费者剩余最大,但会使企业亏损。因此,价格管制应寻求一种既不使企业出现亏损,也不至于获得超额利润的收支平衡的定价方式,这种定价思想就是平均成本定价。其基本含义就是在保证企业收支平衡的约束条件下,寻找一种价格使社会总收益扣除社会总支出后的余额（社会福利）最大。在报酬递增及盈亏平衡约束条件下，平均成本定价是最优的定价方法，其理由是在企业规模报酬递增的条件下，高于平均成本的价格肯定要高于边际成本。因此，一旦价格超过平均成本，则在保证企业盈亏平衡的条件下，调低价格将提高福利水平。这样，要求企业按照平均成本来定价就一定是最优的。但是由于平均成本定价偏离了边际成本，平均成本定价将不可避免地形成一定的福利损失。

第三，两部制定价法。两部定价是定额价格和从量价格相结合的一种价格管制方式。两部定价所形成的价格由两部分组成：一是与消费量无关的基本费，二是根据消费量收取的从量费。两部定价经常用于自然垄断产业中，消费者在为其每单位的消费量付费的同时，每月（或季度、年）还要另外交一笔固定费用。在两部定价的情况下，企业可以把按边际成本定价形成的亏损额（它等于按平均成本定价形成的固定费用总额）作为基本（固定）费收取，如果不会因为固定费用的收取而赶走消费者的话，两部定价既维持了边际成本定价时的产量又保证了企业不会亏损。但是由于两部定价与边际成本定价相比多出了固定费用，这势必引起再分配效应，将消费者剩余转化成生产者剩余，而且，如果消费者因为收取固定费用而退出市场，则会导致福利损失。

第四，高峰负荷定价法。由于市场对于某些产品（如电力）的需求在不同的季节（1年中）以及不同的时间段（1天中）的需求是不一样的——存在巨大的波动。也就是说，可以将需求明显地分为两种：高峰需求和低峰需求。同时，这些产品又具有一个重要特征：存储的成本非常高或者根本无法存储，需求的波动不能通过存货的调整来进行调整。因此，在价格管制上，就要设计一种刺激机制，以提高负荷率，高峰负荷定价就是适应这一要求的一种价格管制制度。其基本方法就是对高峰需求制定高价，以抑制消费，对非高峰需求制定低价，以鼓励消费。通过这种价格差异促使消费者在消费过程中对消费量与价格的关系做出一定反应，从而降低消费高峰和低谷的"落差"，提高负荷率进而提高自然垄断产业固定资产的利用率。但是，"高峰负荷定价的实施需要依据对需求的计量作出判断和怎样确定价格不变的期限。也就是说，人们需要认识到，价格瞬息万变是不可行的，消费者也不愿意对这种特定持续变化的价格做出反应，在短时间内进行消费计量的成本是很高的"。

第五，投资回报率管制法。投资回报率管制是要求被管制企业按照合理的资本投资回报率作为定价标准的价格管制政策。实践中的通常做法是，自然垄断企业向政府管制机构提出要求提高价格（或投资回报率）的申请，政府管制机构经过一段考察期，根据影响价格的因素变化情况，对企业提出的价格（或投资回报率）水平做出必要调整，最后确定企业的投资回报率，作为企业在某一特定时期内定价的依据。投资回报率管制有利于鼓励企业投资，但也存在明显的缺陷，企业缺乏降低成本的激励机制，允许企业以合理的资本投资回报率作为定价标准，从而不可避免会产生以下问题：什么是合理的投资回报率？怎样确定投资回报率的资本基数？企业是否会通过投资决策影响和企业定价与利润直接相关的资本基数，从而产生低效的投资结果？尤其突出的是，这种价格管制方式使企业面临一个扭曲的要素价格比率，这一比率会引发企业尽可能地扩大资本基数，从而达到在确定的投资回报率下，得到尽可能多的绝对利润，即发生所谓阿弗奇—约翰逊效应（简称 A－J 效应）。在美国和其他西方国家，这被认为是自然垄断企业运营效率低下的主要原因。

第六，价格上限管制法。价格上限管制是为了合理控制垄断企业价格、节约管制费用，促使被管制企业提高内部效率的一种价格管制方法。价格上限管制一般采取英国 RPI－X 模型，其优点是一定时期内固定价格的上涨幅度，能够刺激企业只有通过降低成本才能取得较多的利润。企业在给定的最高限价下，有利润最大化的自由，企业可以通过优化生产要素组合，技术创新等手段降低成本，取得更多利润。但也存在一些缺陷：①如果一家公司的业绩高于监管机构所设的基准水平，它就能在下次监管审查之前保留其所获得额外收益。因此，公司就自然会指望着下一个"控制期"内的基准越松越好。所以，企业不得不极力影响管理监管机构对未来业绩水平的期望值。②监管机构对下一个"控制期"内的价格设置有相当独立的决策权，因此，审查的结果难以预测。从市场的角度来看，这种不确定性构成了一种监管风险，需要相当高的监管成本。③RPI 一直在鼓励公用事业企业降低其运营成本，并提供一种与客户共享利益的机制。但随着公用事业企业成本业绩的不断改善,要进一步提高效率只有从资本投资入手,无法对资本效率起到激励作用。④企业在一味地追求降低运营成本的同时,往往影响到服务质量。

2014年,北京市发展改革委《关于调整北京市再生水价格的通知》中规定,再生水价格由政府定价管理调整为政府最高指导价管理,每立方米价格不超过3.5元,鼓励社会单位广泛使用再生水,即采用价格上限管制法。

四 水资源价值管理现存的主要问题

在我国水利改革的进程中,随着水法、2011年中央一号文件等法律法规及政策的颁布实施,已经明确了水资源有偿使用制度,在定价原则、价格构成、征收方式及罚则等宏观层面上做出了明确规定,但是在水资源价值理论、水资源定价方法、水资源定价标准等技术层面上还有许多亟待完善的地方,主要表现在以下几方面。

(一)尚未形成完善的水资源价值理论体系

目前国内外学者基于劳动价值论、地租论、效用价值论等理论在水资源价值方面开展了广泛的研究,得出了水资源具有价值的结论,同时提出了水的劳动价值、产权价值、使用价值等部分价值属性。可以发现,现有的研究中大都是针对水资源某些方面的特性来分析其价值,确定其价值属性,但缺乏对水资源价值内涵的系统梳理,尚未形成完善的水资源价值理论体系。

(二)水资源定价理论和方法有待完善

目前常用的定价方法中,一般都是针对供给方或需求方中的一方来评价水资源价格没有反映供需平衡条件下的水资源市场价格,在实践中一般是基于成本来定价,对需求方的承受能力和支付意愿考虑不足;水资源费的确定缺乏科学、合理的方法,主要通过专家决策方法确定,没有根据水资源稀缺性和供需特点进行科学测算,依据不充分;价格是价值的外在体现,但目前水价制定过程中,对水资源价值考量不足。

(三)水资源定价标准总体偏低

目前中国的水价构成基本依据水资源费、工程成本和环境成本水价三重构成理论，但是总体价格水平偏低。水价构成中没有充分体现供水成本费用，给供水企业的生产和经营造成了沉重负担，使得企业缺乏活力；水资源费受经济、社会、资源、环境等多方面的影响，属于资源调节价格，在水资源短缺地区应在水价中得到体现，以反映产权收益和资源的稀缺性，但目前由于评价方法欠缺，导致水价构成中水资源费考虑不足；排污费制定依据不明晰，没有体现排污费的内涵和作用，部分地区排污费标准不合理。

（四）水资源价格形成机制尚待完善

目前关于水价构成已经基本形成定论，即应当包含资源水价、工程水价和环境水价，但是水价各部分构成的价格决策主体界定不明晰，没有根据各部分价格所体现的作用明确是实行市场定价还是政府指导价；定价模式一般都是以成本测算为基础，需求方的承受能力和水资源稀缺性没有有效得到体现；水价制定和调整程序模糊不清，尚未形成有效的水资源定价机制和价格调整机制，导致民主性未能在实施过程中充分体现。

第五节　研究结论及对策建议

编报水资源资产负债表需要理论和研究方法上的突破，它在我国并没有先例可供参考。本书按照"水资源的含义、分类和计量方法——水资源构成要素及其核算办法"这条研究思路展开，通过文献梳理、理论分析和经验借鉴，提出如下对策。

（一）准确界定水资源概念，提炼其特征，加强水资源会计计量方法的系统研究

目前我国水资源资产负债表的编制还处在理论探讨和经验借鉴阶段。国内不少学者从不同角度对水资源资产负债表进行了探索和研究，形成了丰硕的成果。但是，就现状而言，理论界并未对水资源的概念达成共识。因此，为了今后更好地推广应用水资源资产负债表，首先要加强水资源资产负债表的理论与实务研究，对水资源进行准确定义，分析其特征，并探讨水资源的会计计量模式与方法。

（二）对水资源资产负债表的构成要素进行系统研究，并探讨借鉴会计平衡等式的可能性

如前所述，目前理论界并未对水资源资产、水资源负债和水资源净资产等概念进行准确的定义，也没有提出可操作的水资源会计计量方法，这导致水资源资产负债表的构成要素在计量时缺乏统一的标准。因此，有必要结合水资源的特征和实际情况，对水资源资产负债表的构成要素进行深入研究，并探讨借鉴会计平衡等式的可能性，提出切实可行的应用对策，这也是今后水资源资产负债表研究的重点方向。

（三）借鉴国外经验，研究水资源资产负债表的合理呈报方式

目前，探索编制水资源资产负债表已经成为全球趋势。在国外，这方面的研究已经很深入。例如，澳大利亚、英国、加拿大、日本等国已开始编制和呈报水资源资产负债表，其模式和方法可供我们借鉴。

（四）加强会计人员的后续专业教育，提升水资源资产负债表的编报水平

遵照国办发〔2015〕82号文件的要求，我国部分地区已经开始探索编制水资源资产负债表，这必将对我国广大财会人员的业务能力提出新的要求。为此，应加强财会人员的后续专业教育，不断强化财会人员编报水资源资产负债表的专业胜任能力，其要素包括知识、技能和职业价值观（IFAC，2003），以更好地满足水资源资产负债表的编报需要。

第五章

森林资源问题研究

第一节　国内外研究现状

各国对于森林资源价值的研究也分别体现为三种形式：以薪材和原木利用为中心的限于对资源实物量的计量研究；从对资源实物量的研究转向其生态效益和社会效益评价方法的研究；在可持续发展思想引导下的森林经理思想多样内涵演变，对森林资源（含环境资源）的估价研究、可持续发展研究、综合估价的研究。

森林资源价格问题研究的起源是研究林地、林分、森林买卖、征用时的补偿等经济行为的林价算法，以后逐步发展成为一种研究和森林评价方法有关的计算技术的实用性学科——森林评价学（井上由扶，1982）。20世纪70年代以后，随着森林破坏引发的生态问题日益严重，森林生态效益逐步代替经济效益成为森林的主要功能，以生态补偿和环境核算为主要目的森林生态环境评价成为森林评价研究的重点；而传统的森林经济评价则随着森林资源资产化管理实践和研究的深入而发展成为相对独立的森林资源资产评估科学。

一　森林评价的研究与进展

（一）森林经济评价的研究与发展

工业革命前，人类坚信资源"取之不尽"这一与生俱来的概念，获取生活必需品只需举手之劳，一个地方的资源耗尽以后便转移到另一个地方，这一时期，人们对森林资源的评价，大致限于对资源的实物量的计测研究（罗明灿，马焕成，1996）。虽然在16世纪后期已经出现森林经济研究，但当时处于封建社会，一般不准买卖森林，除木材商品交易外，对森林评价的必要性是很少考虑的。到19世纪，受亚当·史密斯的自由经济思想的影响，在德国开始对国有林实行买卖，并撤销对私有林买卖的限制。这就更加需要对森林加以客观的评价，因而促使了森林价格测算方法的研究和森林评价学的形成。

德国最初的林木评价法是Cotta（1804）所倡导的由营造森林所需要的费用加上按单利计算利息作为林木价值的生产费用价法，Hundeshagen（1826）在Cotta的生产费用基础上，把森林生产费用与木材收获对比，提出了纯收获的概念，形成了林木期望价的雏形。从1830年开始，由于追求利益的思潮普遍化，复利计算导入林价算法，先后提出了费用价和期望价等用于林木、林地买卖的评价方法。其中Faustmann提出了林木费用价式和林地期望价评价方法；Pressler所提出的林业收益理论是以最大的土地纯收益作为经营原则，为土地纯收益理论奠定基础；Endres（1895）所完成的林价算法教科书，被誉为19世纪为止古典学说的名著。到19世纪末已经形成体系的林价算法，在计算技术上需要货币收获表，并按主观性大的林业利率计算复利，缺乏实用性（井上由扶，1982）。

进入20世纪后，以Glaser（1912）为代表的学者从许多现实资料中导出了多种不包括利率的实用简易评价公式，包括格拉泽式、格拉泽修正式、马丁艾特式、弗赖伊式、年龄价值曲线法、年龄价值系数法、林木价表法等。另外，随着经营学的发展，林业经营经济的研究盛行，Eberbach（1923）等学者先后提出了贴现采伐价法等实用的林价计算方法。于是Reinhold（1931）和Dieterich（1939）等人把林价算法及林业较利学从经营学观点吸收到林业经济学的体系中来，使得林价算法转变到具有实际意义的近代森林评价法的轨道上去。第二次世界大战后，Dieterich（1950）等学者在林业盈亏计算方面对森林评价进行了研究，Tromp（1946）、Hohl（1952）、Speer（1959）、Wobst（1960）、Speidel（1967）等学者提出相关理论，并对林业成本计算进行了研究，但对近代森林评价进行新的研究仍不多，只是Mantel（1954）的著作有一定的实用意义（井上由扶，1982）。

日本的森林评价法是从 19 世纪 80 年代的古典林价算法开始的，多属于德国体系，所经历的发展过程大体上与德国相同，而关于评价理论的研究则比较少，对于林地、林木、森林买卖、交换、补偿等资产交易以及税务等其他实际工作中所必需的评价方式，大多沿用德国的评价法，正如井上由扶在 1975 年他的《森林评价》一书前言所讲，森林评价的研究"主要集中在林业成果的计算上，对森林评价方法的研究，从林价算法以来，并无多大进展"。美国的森林评价是 20 世纪初才从德国引进的，不过由于美国林业经营学的发展，森林评价在林业经营学中用作经营计算技术或管理会计，并进一步还向市场预测、价格形成、森林的社会公益效用评价等方向发展。

20 世纪中期以后，森林的生态环境功能得到全社会的广泛关注，森林作为"陆地生态系统主体"逐步超越其"重要的可再生自然资源"成为森林资源概念中的首要地位，森林资源生态环境评价和价值核算得到迅速发展。森林生态环境评价（也称森林外部性评价）成为森林评价的主要研究内容。

(二) 森林生态环境评价的研究进展

森林生态环境评价最先产生于对森林游憩价值的评价。美国学者 M. Clawson (1959) 利用消费者剩余理论提出了根据旅行费用来评价森林游憩价值的旅行费用法 (TCM)；Davis (1964) 提出了条件价值法 (CVM)，并运用于缅因州森林游憩价值的评价。

20 世纪中期以后，生态环境问题逐渐成为人们关注的焦点，以经济学家 Krutilla 在 1967 年 9 月在《美国经济评论》上发表了《自然保护的再认识》一文为标志，环境与资源经济学开始创立，并得到快速发展（马中，1999），以环境与资源经济学为理论基础的森林生态环境评价成为森林评价领域的研究热点。

20 世纪 70 年代，日本林业厅通过"森林公益效能计量调查"项目，采用替代法对全日本森林的社会生态效益做了全面评价，并提出了费用分担的新模式，在世界林学界引起了强烈反应。瑞典从 1992 年开始组成了"自然资源与环境经济"研究课题组，其主要研究内容包括：森林及环境资源评价、生物多样性保护等问题，目前研究的主要方法是随机评估法,这种方法已进行了大量具体资源问题案例研究,并取得了一些较有影响的成果(孔繁文,1995)。1998年美国林务局启动了一个研究综合监测森林可持续经营项目,研究和验证森林可持续经营的标准与指标,来评价森林的生态、社会和经济效益。

我国森林资源生态环境评价虽然起步较晚,但迅速成为学术界的研究热点,其中孔繁文(1994)对我国沿海防护林体系、辽宁东部水源涵养林及吉林三湖自然保护区水源涵养林的生态环境效益进行了核算研究;侯元兆等(1998)对我国森林资源涵养水源、保育土壤和固碳供氧三个方面的价值进行了估算;张建国等(1999)对福建省森林综合效益进行了评价,结果表明福建省森林的生态和社会效益为119亿元,与经济效益之比为4:1。这些研究推动了我国森林生态环境评价方面的研究,涌现了《森林环境资源核算与政策》(孔繁文、戴广翠,1994)、《中国森林资源核算研究》(侯元兆,1995)、《森林多效益经济评价》(张建国、周晓峰,1999)、《森林环境价值核算》(侯元兆,2002)、《绿色核算》(张颖,2001)、《绿色财富:森林社会效益评价与核算》(张颖,2007)等一系列研究森林生态环境效益的著作,这些对森林生态环境效益的研究成果和专著构建了我国森林生态环境评价的理论和方法基础。

在我国长期森林生态环境效益评价方面的理论研究和实践成果的基础上,2008年4月,国家林业局批准发布了我国森林生态环境效益评价的林业行业标准——《森林生态系统服务功能评估规范》(LY/T1721-2008)。该标准将森林的生态服务功能划分为涵养水源、保育土壤、固碳制氧、积累营养物质、净化大气环境、森林防护、保护生物多样性、森林游憩8个方面,提出了由这8个指标类别和相对应的14个具体指标组成的评估指标体系,并对每个指标给出了适用的计算公式和参数设置,这些评价方法包括市场价值法、费用支出法、碳税法、替代费用法、影子工程法、条件价值法等。《森林生态系统服务功能评估规范》作为我国行业标准的正式发布,标志着森林生态环境评价理论和方法体系的形成,森林生态环境评价成为森林评价的主要内容。

二 森林资源资产评估的研究与发展

(一) 森林资源资产评估的发展

我国的森林资源资产评估是在传统的森林评价学基础上，结合现代资产管理和评估科学而发展起来的一门科学。

20世纪80年代以前，由于受到计划经济体制的束缚和对传统政治经济学理论的教条理解，自然资源无价论占据统治地位，森林资源被普遍认为是无价的。20世纪80年代，国内林业经济学者（廖士义、王长富、张建国、陈泰山、任恒祺等）以马克思劳动价值论为基础，研究了森林资源的价值理论，并分别提出了多个成本法林价计算公式，推动了我国的森林资源的价值理论和林价算法的研究，收到积极的效果，1986年出版的《中国林业经济论文选》比较系统地总结了我国林价制度的研究成果；林学家于政中教授1984翻译出版了井上由扶的《森林评价》一书，将森林评价（经济评价）引进国内。由于当时森林资源是不允许流转的，这些研究成果主要用于木材成本核算、国民经济核算和森林资源经营管理，构成了我国的森林经济评价体系。

20世纪90年代，当森林生态环境效益评价逐渐成为森林评价的主要研究内容时，伴随我国市场经济体制改革的不断深入，生产要素市场、资本市场的起步和发展，资产评估业得到了快速发展。1991年11月，国务院第91号令发布了《国有资产评估管理办法》，国家国有资产管理局也先后于1992年和1995年发布了《国有资产评估管理办法施行细则》和《资产评估操作规范意见（试行）》等资产评估业务方面的法律法规。

随着我国市场经济的和林业经济体制改革的深入，森林资源作为生产要素的资产属性得到政府和社会认可，森林资源资产的交易开始活跃。1992年，福建永安森工集团对森林资源进行评估折价入股，成立林业股份有限公司，并成功在深圳证券交易所上市。

以此为开端，国内学者对林价的研究重点转向服务森林资产流转和产权交易，森林资源资产评估的理论和方法研究取得了诸多成果，其中比较有代表性的有：《用材林资产评估初探》（陈平留、林杰等，1994）、《关于森林资源资产化和林地评估的意见》（于政中、刘建国、亢新刚，

1995)、《试论林木资产评估》（张卫民，1995）、《人工用材林资产评估》（李永吉，1994）、《森林价格评估方法初探》（刘伟平，1995）等，森林资源资产评估的理论研究和我国森林资源管理改革实践推动了传统的森林经济评价向森林资源资产评估的发展。

1996年，国家国有资产管理局和林业部发布了《森林资源资产评估技术规范（试行）》（以下简称《技术规范》）。《技术规范》对森林资源资产评估的概念和评估对象进行了界定，对森林资源资产评估的原则、程序进行了规定，对评估前对实物量核查的内容和标准提出了要求。关于森林资源资产评估的技术方法，《技术规范》分别针对林木资产评估、林地资产评估、森林景观资产评估介绍了具体的评估方法，其中也沿用了传统的林价计算公式如林木和林地期望价法（国家国有资产管理局、林业部，1996）。《技术规范》系统总结了当时我国森林资源资产评估理论和实践成果，对森林资源资产评估业的发展起到了积极的推动作用，也标志着森林资源资产评估从传统森林评价中分离出来，成为资产评估科学体系中一个相对独立的分支。

（二）森林资源资产评估的研究动态

《技术规范》发布后，国家国有资产管理局、林业部又于1997年发布了《关于加强森林资源资产评估管理工作若干问题的通知》，对森林资源资产评估的管理工作进行了进一步的规范，规定森林资源资产占有单位在发生森林资源资产的出让或转让、以森林资源资产作价出资举办中外合资或者合作经营企业、以森林资源资产作价出资进行股份经营或联营等8种情形时应进行资产评估，同时对森林资源资产评估的管理部门、评估机构的从业资格条件、对评估机构的业务检查和指导等方面也都做出了具体的规定（国家国有资产管理局、林业部，1997）。2004年2月，财政部发布了《资产评估准则——基本准则》和《资产评估职业道德准则——基本准则》。根据资产评估基本准则，中国资产评估协会2007年11月发布了《资产评估准则——评估报告》《资产评估准则——评估程序》《资产评估准则——业务约定书》《资产评估准则——工作底稿》《资产评估准则——机器设备》《资产评估准则——不动产》和《资产评估价值类型指导意见》七项资产评估准则，资产评估准则体系的建立标志着资产评估的管理体系日趋完善。目前，中国资产评估协会正在组织制定森林资源资产的评估准则。

根据《技术规范》及评估实践，罗江滨等（2002）编写出版了《森林资源资产评估》，介绍了森林资源资产相关的基础知识，森林资源资产核查，林木资产、林地资产、森林景观资产和整体森林资源资产的评估，森林资源资产评估管理及相关的法规，评估案例等，突出了知识性、实用性和可操作性。陈平留、刘健（2002）编写出版的《森林资源资产评估运作技巧》则对评估的质量控制和风险防范，林木、林地、森林景观、整体资产评估中的运作技巧，结合评估案例进行了探讨。这些对森林资源资产评估的研究成果主要体现在依托《技术规范》的应用性研究方面。

魏远竹（2002）从森林资源资产化管理的视角研究了森林资源的价值理论和森林资源资产评估的管理，田明华等（2003）讨论了以马克思的劳动价值论解释森林资源价值的有关问题，为解决商品林森林资源市场化管理和运行提供理论依据；郑德祥（2006）从森林资源资产经营的视角研究了林地流转价格和林地使用费的计算方法以及它们对森林资源资产经营的影响。

黄和亮（2006）根据林地资源的分类利用和林地权利转让的内涵及林地管理的不同，按林地资源分类价格体系、林地资源产权价格体系和林地资源管理价格体系三类价格体系构建林地资源价格体系。孔令娇（2008）对林地价值体系和价值类型进行分析探讨，同时结合林地资产评估的特点和方法，对林地资产评估评估方法的选择进行了讨论，并对林地评估政策方面进行探讨。李萍（2007）、杨志格（2008）在借鉴农业行业基准地价研究的基础上，结合了林地资产评估的理论方法，探索建立林地基准价格，编制基准价格表的思路和方法。江玲（2009）采用灰色关联分析等方法对人工用材林评估的市场比较法在应用过程中影响因素权重的确定、参照物的选择、修正系数的确定等问题进行了分析研究。

除了森林资源资产评估理论及方法研究外，林业工作者也开始关注林地征用这一特殊类型的资产交易，研究内容包括征占用林地的制度及管理问题（何美成、吴满员，2004；徐秀英、郑晓平，2005；左宗贵，2005），征占用林地征收森林资源恢复费的问题（张少根、余松柏，

2005；许正亮、余泓，2007）以及征占用林地补偿标准的问题（张连金等，2007）。

总体来说，与森林资源生态环境评价研究相比较，森林资源资产评估研究相对较弱。虽然国家有关管理部门发布了《森林资源资产评估技术规范（试行）》和其他的评估管理规定，但都是集中在评估技术操作层面和评估管理层面的成果。有关森林资源资产评估的学术研究也主要集中在技术操作层面，缺乏系统的理论研究；对评估方法中涉及的技术经济参数也缺乏深入研究；对征占用林地这类特殊类型资产交易的补偿及价格问题研究刚刚起步，对于补偿的理论、补偿的内容和补偿的价格水平还没有系统的研究。

第二节 森林资源资产价格评估相关概念辨析

本部分以森林及其功能分析为切入点，在对森林资源的概念、内涵和特征进行分析的基础上，界定森林资源资产的概念，分析森林资源资产与森林资源的区别，并对森林资源资产评估等相关概念进行辨析。

一 森林资源的概念和内涵

（一）森林及其功能

通俗地讲，以乔木为主体所组成的连片林木与其所在林地的集合称为"森林"。森林的定义各种各样，目前还没有一个可以达成共识，全面概括森林属性、功能及含义的定义。世界各国对于森林的定义的立足点不同，一片森林也许是一个经营管理单位，一种土地利用类型，或者一种土地覆盖类型（Turner and Meyer，1994），大多数的定义是基于土地利用或土地覆盖来确定的（H Gyde Lund，2002）。一般较为普遍的定义是，森林指在一定面积上，以乔木为主体，并包括下木、草被其他生物在内的生物群落，它和所处的环境相互作用，相互影响，构成独特的自然综合体，成为地球上重要的自然生态系统。

关于森林界定的标准，由于各国森林数量的多少不同，森林及产品在国民社会生活中的地位和作用的不同，因而森林的界定也不一样。一般以"有林地"定义森林,美国等国家规定郁闭度(林地上林木树冠投影面积与林地面积的比值)达到0.1以上为森林;联合国粮农组织和许多国家,如德国、日本等国规定郁闭度达到0.2以上为森林;北欧几国规定每公顷林木蓄积生长量达到1立方米以上为森林(HELMS, J. A., 1998)。在我国,1994年以前规定郁闭度0.3以上(不包括0.3)为有林地,1994年以后规定郁闭度达到0.2(包括0.2)以上为有林地。界定森林除了林木的郁闭程度外,还有面积上的要求。在我国,天然林面积达0.1公顷,人工林、经济林等达1亩(合0.067公顷)以上为森林(亢新刚,2001)。

森林是由树木为主体所组成的地表生物群落与所在空间的非生物环境有机结合构成的完整的生态系统,这种生物群落具有丰富的物种、复杂的结构、多种多样的功能。1997年在土耳其召开的第十一届世界林业大会通过的《安塔利亚宣言》阐述了森林的属性:各种类型的森林不仅为世界人民提供重要的社会、经济及环境产品与服务,而且为保障食物供给、净化水和空气及保护土壤做出了重大贡献(Costanza, R., 1997)。

我国的《森林法》将森林分为以下五类:防护林:以防护为主要目的的森林、林木和灌木丛;用材林:以生产木材为主要目的的森林和林木,包括以生产竹材为主要目的的竹林;经济林:以生产果品,食用油料、饮料、调料,工业原料和药材等为主要目的的林木;薪炭林:以生产燃料为主要目的的林木;特种用途林:以国防、环境保护、科学实验等为主要目的的森林和林木。按照分类经营的思想,在充分发挥森林多方面功能的前提下,根据森林主导用途的不同,将防护林和特种用途林归为公益林,将用材林、经济林、薪炭林归为商品林(见图5—1),根据全国七次森林资源清查,我国有林地面积为18138.09万公顷,公益林和商品林分别占52.41%和47.59%(国家林业局,2009)。

森林作为陆地生态系统的主体,它不仅能为经济社会发展和人民生活提供木材和非木材产品等物质产品,具有经济利用价值,还具有生态功能及社会服务功能的特征。由于森林具有蓄水保土、防止水土流失、调节气候、净化空气、控制水分循环、防洪减灾、防风固沙、防治沙化及荒漠化、美化环境、改善生态环境、维持生态平衡、提供森林环境服

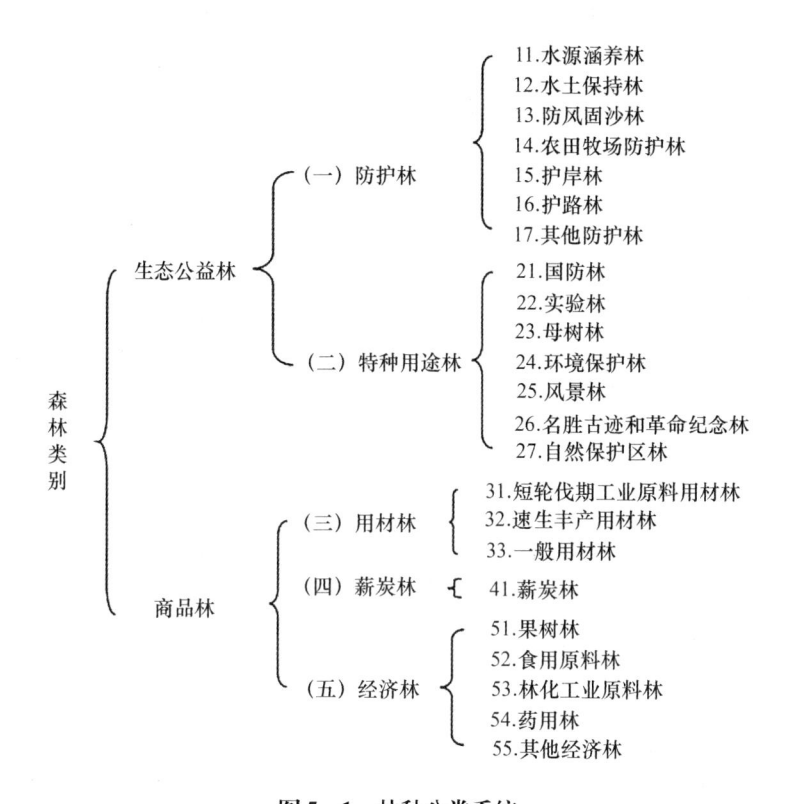

```
                                    ┌ 11.水源涵养林
                                    │ 12.水土保持林
                                    │ 13.防风固沙林
                      ┌ (一) 防护林 ┤ 14.农田牧场防护林
                      │             │ 15.护岸林
                      │             │ 16.护路林
           ┌ 生态公益林┤             └ 17.其他防护林
           │          │             ┌ 21.国防林
           │          │             │ 22.实验林
           │          │             │ 23.母树林
           │          └ (二) 特种用途林 ┤ 24.环境保护林
   森林类别 ┤                         │ 25.风景林
           │                         │ 26.名胜古迹和革命纪念林
           │                         └ 27.自然保护区林
           │          ┌             ┌ 31.短轮伐期工业原料用材林
           │          │ (三) 用材林 ┤ 32.速生丰产用材林
           │          │             └ 33.一般用材林
           └ 商品林   ┤ (四) 薪炭林 { 41.薪炭林
                      │             ┌ 51.果树林
                      │             │ 52.食用原料林
                      └ (五) 经济林 ┤ 53.林化工业原料林
                                    │ 54.药用林
                                    └ 55.其他经济林
```

图 5—1　林种分类系统

资料来源：《森林资源规划设计调查主要技术规定》第十一条，国家林业局，2003 年。

务等功能，成为地球上的基因库、碳贮库、蓄水库和能源库，对维系整个地球的生态平衡起着至关重要的作用，从这个意义上讲，森林就是人类赖以生存大地的卫士，大自然的保护神。

中国森林资源清查报告显示，中国林业科学研究院依据第七次全国森林资源清查和森林生态定位检测结果对森林生态服务功能评估结果为：全国森林植被总碳储量达 78.11 亿吨；森林生态系统年涵养水源量为 4947.66 亿立方米，年固土量为 70.35 亿吨，年保肥量为 3.64 亿吨，年吸收大气污染物量为 0.32 亿吨，年滞尘量为 50.01 亿吨；仅固碳释氧、涵养水源、保育土壤、净化大气环境、积累营养物质以及生物多样性保护六项，全国森林生态服务功能年价值量就达到了 10.01 万亿元（国家林业局,2009),这个数值相当于2008年国内生产总值(GDP)的1/3。

(二)森林资源的内涵和特征

森林资源实际上是一个复合的系统,该系统是由林木、林地、林内动植物和微生物以及森林生态环境共同构成的一个完整的整体,属于自然资源的范畴。与其他类型的自然资源相比,森林资源的特征在于:

1. 可再生性

森林资源的主体部分即林木在一定的条件和限度内可以再生和重复利用,是一种可再生资源,应该遵循永续利用的原则,加以充分利用。森林资源的再生性是由森林的再生性决定的,森林资源的再生规律也就取决于森林的再生规律。对森林资源的再生性,有些人狭义地理解为:当森林资源被消耗之后,可以人为地再培育出来。这种认识是不全面的,森林资源在人工经营培育的条件下可以再生,在没有人为干预下也可以再生。森林的发生发展史比人类的发生发展史久远得多,地球上先有森林后有人类就是最有力的证据。认识森林资源的再生性及其再生规律,是林业管理的重要内容之一,是开发利用森林资源过程中不可忽视的内容。

2. 系统性

森林资源的物质内涵是由林木、林地、林内野生动植物和微生物及森林环境等要素所构成的一个集合体,这些构成要素之间相互联系、相互制约,共同构成一个有机的系统整体。系统内的任何一部分发生变化时,都会影响到其他构成要素。如当人们采伐林木资源时,由于改变了林木和植被的状况,也改变了林内野生动物和微生物的生存环境,同时林地地表植被变化引起地表径流的变化,对局域环境也会产生一定的影响。森林资源构成的整体性要求人们在开发利用森林资源的时候,一定要将森林资源作为一个整体来看待,力求全面地加以开发利用,以争取获得最大的综合效益。

3. 复杂性

森林资源包括了森林生态系统中一切对人类有价值的资源,包括实物形态的和非实物形态的,其中实物形态的又包括林地、生产木材的林木和各种植物的根、茎、皮、枝、叶、花、果实,以及由上述物质派生的各种产品以及动物的毛皮、骨、角和各种动物及植物性食品、药材、生物纤维，森林中的珍禽异兽，奇花异草以及其他各种资源，等等。由于森林生态系统的资源种类繁多，林业部门在一定时期内往往无力进行全面的经营管理。尤其是中国，由于种种原因，林业部门一直未能对除森林面积、蓄积量以及少数产品以外的其他林副产品资源进行统一的调查、统计和经营管理，以致对森林内各种生物资源情况至今仍然缺乏详细的统计资料。

虽然森林资源所涉及的范围十分广泛，但林木、林地等具有实物形态的资源仍然是森林资源的主体和基础，非物质产品形态的森林环境是以林木、林地等实物形态的森林资源为基础的，是一种派生资源，没有物质产品形态的森林资源，就不会有非物质产品形态的森林资源的存在。林木是森林生物群落中所有乔木的总称，它决定着森林的总体外观和内部特征，是森林经营管理的主要对象，是提供森林生态环境服务的主体。林地是林业用地的简称，具体包括郁闭度在0.2以上的有林地、疏林地、灌木林地、采伐和火烧迹地、苗圃用地和国家规划的其他宜林地。林地是林木资源及野生动植物资源的载体，是土地资源的重要组成部分，也是森林资源不可分割的一部分。正是由于林木和林地资源在森林资源中居于重要地位，所以一般情况下所讲述的森林资源，如无特别说明，大都是针对林木和林地资源而言，有时甚至仅仅指森林资源中的主体和特色部分即林木资源。

4. 外部性

森林除了可以直接向人们提供各种具有实物形态的物质产品之外，更多的是提供涵养水源、防止水土流失、净化大气环境、生物多样性保护等非实物形态的生态和环境服务，而这些森林的生态环境服务资源具有公共物品的性质，无法通过市场交易为森林的所有者带来直接经济利益。在环境经济学中，把一种消费或生产活动对其他消费或生产活动产生不反映在市场价格中的直接效应称为外部性（马中，1999）。森林资源的生态和环境服务，在消费上表现出非竞争性、非排他性，具有明显的外部性，导致市场调节机制失灵，需要政府通过政策调节这类资源的消费和生产。

在我国，森林资源中只有划归商品林的林木和林地可以在市场中流转和交易，划为公益林的森林资源还不能进入市场交易体系，因此公益林森林资源也具有很强的外部性特征。

（三）森林资源的分类

对森林资源的分类，从不同的角度，有不同的划分体系。

（1）国内森林经理界（亢新刚，2001）一般从森林资源的功能和利用角度，将森林资源划分为直接资源和间接资源两部分。

直接资源，指以物质实体形态直接发挥功能的资源，包括：林地资源，指现实和规定将要用于种植林木的土地；林木资源，成片或单株的树木，包括利用木材的树木和利用果、叶、茎、根等非木材的树木；林中其他植物资源，除树木以外的其他植物；林中野生动物资源，包括所有的兽、鸟、昆虫、鱼类等的动物；林中其他非生物资源，如水体、岩石、矿物等。间接资源，这部分资源主要是由于森林的存在而产生的环境、气候、观赏、旅游、森林文化等资源。

（2）有的学者（魏远竹，2002）按照森林资源是否具有实物形态，将森林资源分为物质产品形态的森林资源和非物质产品形态的森林资源。

物质产品形态的森林资源具有一定的实物形态，其中的大部分在目前的社会经济条件下可以用实物量和价值量单位加以计量，具体包括生物资源和林地资源两部分，而生物资源中又包括林木、林内草本植物、林内动物、林内微生物及其他资源等等；林地资源中又包括了有林地、疏林地、灌木林地、未成林林地和无林地。非物质产品形态的森林资源主要包括：森林景观提供的旅游观光服务；各种防护林、水源涵养林等提供的生态环境服务；森林生态基因库提供的生物多样性价值，以及其他各种非物质产品服务。

（3）国家林业局 2003 年 4 月发布的《森林资源规划设计调查主要技术规定》根据分类经营的原则，按照森林的主导功能的不同，将森林资源分为生态公益林和商品林两个类别。

"生态公益林（地）：以保护和改善人类生存环境、维持生态平衡、保存种质资源、科学实验、森林旅游、国土保安等需要为主要经营目的的森林、林木、林地，包括防护林和特种用途林"；"商品林（地）：以生产木材、竹材、薪材、干鲜果品和其他工业原料等为主要经营目的的森林、林木、林地，包括用材林、薪炭林和经济林"。

（4）本书主要研究森林资源资产价格，参照以上分类体系，依据环境资源经济学关于私人物品和公共物品的分类方法，按照森林资源的经济属性及财产收益权是否明确，将森林资源划分为商品性森林资源和公益性森林资源。

商品性森林资源是指财产权可以确定，能被个人或特定法人组织所占有和享用，并能通过市场交易行为实现其利益的森林资源，包括划归商品林的森林、林木、林地以及部分可以进行市场开发的公益林资源，如部分景观林资源。

公益性森林资源是指无法被个人或特定的法人组织所拥占有，具备消费利用无排他性特征的森林资源，即具有公共物品属性的森林资源。包括划归公益林且不能进行市场开发的森林、林木、林地以及森林资源中的生态及环境服务资源、森林物质产品形态的林内野生动植物等，都属于公益性森林资源。

商品性的森林资源价值可以通过市场机制得以实现，公益性森林资源具有外部经济性，它的价值实现形式只能通过政策调整使它的外部性内在化。

二 森林资源资产特点

从资产价格的角度考察，森林资源资产的特性表现为以下五个方面。

（一）资产形态的多样性

森林资源资产包括林地资产、林木资产以及森林资产。从资产经营的角度，林地资产和林木资产是相互依赖的，林地是林木生长的条件，林木是的林地价值实现的载体，因此作为资产经营对象的森林资源资产一般指林木与林地合一的森林资产。但这并不是说只有林木与林地合为一体时，才称为森林资源资产，单独的林木资产和林地资产都是资产流转、交易等业务的对象，也是森林资源资产的存在形态。

（二）资产用途的相对稳定性

森林资源资产的用途受国家法律限制，一般情况下不允许转变用途和经营方向，资产用途有一定的稳定性。但这种稳定性是相对的，当经济社会发展需要时，在经过一定的审批程序后，森林资源资产也可以转变用途，如林地转变为建设用地等。当资产转变用途后，资产的性质发生了变化，其价格也随之发生相应的变化。

（三）林木资产的可再生性

林木资产具有可再生性，如果经营科学，可实现森林持续经营和永续利用。因此，森林资源资产经营要考虑森林再生产的投入，处理好培育、利用和保护的关系。此外，未来经营期的长短、对经营方向的限制，都会影响资产的价格。

（四）森林经营的长周期性

森林的经营周期少则数年，多则数十年、上百年。经营长周期对资产价格方面影响表现为：供求关系对价格的影响方面表现为供给弹性小，且效应滞后，市场需求在短期内对价格起主导作用；经营长周期性增加了经营风险，对未来收益的不确定性使得资产价格要低于具有明确收益预期的资产价格。

（五）森林资源资产的复杂性

森林资源物种多样，资产实物量庞大，资产价格计量难度大，准确性较低。森林资源一般分布于广大山区，地域差别大，森林资源资产的自然条件和所处区域的社会经济条件，如气候条件、林地自然质量条件、交通条件等，都会对森林资源资产价格有较大的影响。

三　森林资源资产评估的相关概念

森林资源资产价格是指森林资源资产在资产流转和产权交易时表现的货币数量，价格评估就是对即将发生资产流转和产权交易的森林资源资产价格进行评定估算。资产管理中把对资产价格的评估归为资产评估的范畴。

（一）森林资源资产评估

1. 资产评估

广义的资产评估是指对资产某一时点的价格进行的评定估算。从20世纪80年代末开始，我国在学习和借鉴国外资产评估理论和方法基础上开展资产评估,并相继颁布了资产评估业务及管理方面的系列法律法规和多项资产评估准则,使资产评估发展成为一个相对独立的行业,资产评估一词具有特定的概念。

按照《资产评估准则——基本准则》,资产评估是指注册资产评估师依据相关法律、法规和资产评估准则,对评估对象在评估基准日特定目的下的价值进行分析、估算并发表专业意见的行为和过程(财政部,2004)。

学术界则从资产评估要素的角度给出了资产评估的定义:资产评估是指专业的评估机构和人员,按照国家法律、法规和资产评估准则,根据特定目的,遵循评估原则,依据相关程序,选择适当的价值类型,运用科学方法,对资产的现时价值进行分析、估算并发表专业意见的行为和过程(朱萍,2008)。

资产评估概念中所称的价值一词是指对市场交易价格的估算值,政治经济学上称为交换价值,属于价格的范畴。评估价指的是资产某一时点价值,即评估基准日的价值。资产评估目的是指资产即将发生的经济行为,资产评估的主要目的是服务资产交易,包括单项资产交易和企业产权变动;此外抵押贷款、发行债券以及财产保险等非交易性资产业务也是资产评估的目的。资产评估的价值类型是指资产评估结果的价值属性及其表现形式,包括市场价值和市场价值以外的价值类型,其中市场价值以外的价值类型包括投资价值、在用价值、清算价值、残余价值等。

资产评估的基本方法包括成本法、市价法和收益法三类。成本法是基于资产的一般商品属性,即资产的价值取决于构建时的生产耗费,通过资产的构建成本来对资产进行估价的评估方法。市价法是基于市场的替代原则,以使用价值为基础,通过市场上同类资产或有相同效用的资产价格来对资产进行估价的方法。收益法是基于资产的可获益性特征,即资产的资本属性,通过资产预期收益的折现或资本化对资产进行估价的方法。

资产评估目的是判断确定资产评估价值的基础,评估目的决定价值类型(过去也称之为评估标准、估价标准),价值类型对评估方法选择具有约束作用,同样的资产,因为评估目的的不同,其评估价值也不一样。

2. 森林资源资产评估

森林资源资产评估就是以森林资源资产作为评估对象的资产评估。《森林资源资产评估技术规范（试行）》在第四条将森林资源资产评估的概念定义为：森林资源资产评估是根据特定的目的、遵循社会客观经济规律和公允的原则，按照国家法定的标准和程序，运用科学可行的方法，以统一的货币单位，对具有资产属性的森林资源实体以及预期收益进行的评定估算。它是评估者根据被评估森林资源资产的实际情况、所掌握的市场动态资料和对现在和未来进行多因素分析的基础上，对森林资源资产所具有的市场价值进行评定估算（林业部、国家国有资产管理局，1996）。

森林资源资产评估是资产评估的重要组成部分，它的内涵和一般原理与资产评估的基本原理是一致的，但作为资产评估的对象，森林资源资产与一般资产相比具有许多特殊性质，这使得森林资源资产评估成为资产评估领域一个较为独特的分支。

1995年，国家体改委和林业部联合下发《林业经济体制改革总体纲要》后，商品林森林资源被允许转让和交易，森林资源资产评估业务开始起步。2003年中共中央、国务院发布《关于加快林业发展的决定》后，我国集体林区林权制度改革不断深入。随着林业要素市场的发育和发展，森林资源资产的出售、出租、拍卖和贷款抵押、联营投资等资产业务迅速增加，森林资源资产评估业务得到快速发展。调查资料显示，福建省某森林资源资产评估机构2003—2008年共承接评估项目296项，评估森林资源资产面积为43.6万公顷，蓄积量为3803.89万立方米，评估资产总值为56.2亿元。

（二）森林资源资产评估与相关概念区别

1. 森林资源资产评估与会计计价的区别

资产评估与会计核算均涉及资产计价，因此，森林资源资产评估与会计计价有着一定的联系，但二者分属不同的经济行为，其区别表现在以下方面。

一是二者发生的前提条件不同。森林资源资产会计核算是以企业会计主体不变和持续经营为假设前提，会计计价遵循的原则是历史成本原则，只有在没有历史核算资料的情况下，辅以公允价值来进行确认与计量。而森林资源资产评估则主要是在发生产权变动、会计主体变动的前提条件下，以公允市场价值为主要价值类型估算资产的现时价值。在企业持续经营的条件下，不能随意以资产评估价值替代资产历史成本计价。

二是二者的目的不同。会计学中的资产计价是就资产论资产，资产计价的目的是为投资者、债权人和经营管理者提供有效的会计信息。资产评估则是就资产论权益，资产评估目的是为森林资源资产的交易和投资提供公平的价值尺度，并以此作为转让资产取得收入或确定在新的组织、实体中的权益的依据。

三是执行操作者不同。会计计价是由企业内部的财会人员来完成的，只要涉及与资产有关的经济业务均需要会计计价，它是一项经常性的工作。资产评估则是由独立于企业以外的具有资产评估资格的社会中介机构完成的。从事森林资源资产评估的机构除会计师和评估师之外，还需要具有林业和森林调查的专业技术人员，如果对森林资源资产缺乏了解，是不可能客观评估其资产价值的。

2. 森林资源资产评估与森林资源评价

森林资源资产评估与森林资源评价都是价值评估的经济行为，早期的森林评价包含了资产评估的功能。但随着森林生态效益逐步代替经济效益成为森林的主要功能，以生态效益和环境服务功能为主的森林生态环境评价（有时也称评估）成为森林评价的研究重点。而服务于森林买卖、征用时补偿等经济行为涉及的森林价格问题的森林经济评价则随着森林资源资产化管理实践和研究的深入，与资产评估结合发展成为相对独立的森林资源资产评估科学。二者的区别主要体现在以下四个方面。

一是二者的目的不同。森林资源资产评估主要目的是提供交易对象科学、公正、合理的价格，作为市场交易或资产运作双方讨价还价的依据（罗江滨、陈平留，2002）。而森林资源评价的主要目的是以货币为计量单位完整地计算出森林资源的经济、生态和环境效益，完善国民经济核算体系，为政府的森林补偿政策、林业投入政策等宏观决策提供依据（侯元兆，2002）。

二是二者的对象不同。森林资源资产评估的对象是可作为资产的森林资源，评估的价值标准是公允市场价值。森林评价的对象是整个森林资源，评价（或评估）的标准是使用价值，即财富的数量。

三是二者的依据不同。森林资源资产评估要依据是国家有关法律法规和评估准则，评估原则、评估程序、评估假设以及评估方法都有明确的限制。森林资源评价是以方法合理，结果能得到民众和政府认可为依据。近期国家林业局发布了森林资源评价的行业标准——《森林生态系统服务功能评估规范》，森林资源评价开始以行业标准为依据。

四是二者从业人员的资质及和承担责任不同。森林资源资产评估从业人员资质由国家林业局与中国资产评估协会共同评审认定，经认定的森林资源资产评估专家进入专家库，并向社会公布。注册资产评估师与森林资源资产评估专家应对森林资源资产评估报告承担相应的责任（财政部、国家林业局，2006）。而森林资源评价并没有成为一个行业，任何具有一定专业水平的机构和具有一定的学术地位的专家都可以承担森林资源评价任务，评价者不必对评价的结果承担法律和经济责任。

第三节 森林资源价值评价方法

在生态资源价值的核算上，自20世纪70年代，生态系统服务功能全面的科学表达及其系统的定量研究始出现（Roger Perman，2000）。1997年，美国生态学会编著的《生态系统服务功能》一书，不仅系统、明确地阐述了生态系统服务功能所涉及的内容、相应因子的评价方法，并根据实例分析证明了评价体系的科学性，分别计算了森林、湿地、海岸等生态系统服务功能价值具有较高的学术价值（Ian W. Hardie，2001）。Costanza等人还指出生态系统生态服务价值并估算出每年全球生态服务价值的下限约33万亿美元（Costanza, R.，1997）。这一研究拉开了对森林资源生态系统服务功能价值评定及研究的序幕（尹少华，2007）。

森林资源价值评价主要包括：资产价值（主要包含林木价值与林地价值）、生态系统服务价值（主要有四个方面：固碳制氧价值、涵养水源、净化环境价值、保育土壤价值）和社会服务价值。

一 森林资源资产价值

(一) 林木资产价值

林木资产也称立木资产,是指在林地中自然生长情况良好且尚未被砍伐的树木。立木根据存在的状态分为活立木与枯立木。一般而言,林木资产评价的主要对象分为:(1)成熟、可伐、有利用价值的林木资产;(2)未成熟、近期不可采伐、无价值的林木资产。林木价值作为森林资源核算体系中最重要的核算部分,是林学专家和经济学家主要的研究对象(徐旺明,2003)。目前,由于世界各国森林资源的管理方法、机构差异较大,因此没有一个完全公认的模型对林木价值进行计算,就我国而言,对森林资源管理起步较晚,一些林木生长与生产的资料还处在积累阶段,只能参考别国较成熟的核算方法进行计算。林木价值的计算有三大方式:市价法、收益现值法、重置成本法(刘降斌,2009)。本书主要应用市价法中的市场价倒算法。

样地林木价值采用实测树木胸径、树高以及相对应树种,利用二元立木材积表,建立相关数学模型计算得出每棵树对应的立木材积,以样地为计算单位,将样地内所有计测树木材积求和,得出样地所拥有的蓄积量。

1. 二元立木材积表计算模型

$$V = \alpha \cdot D^{\beta} \cdot H^{\chi}$$

式中:V 为单棵立木材积;D 为单棵立木胸径;H 为单棵立木树高;α, β, χ 为二元立木材积参数。

不同树种对应的 α, β, χ 参数不同。林业局颁布的立木材积表共计 56 个,其中针叶树种 56 个,阔叶树种 21 个。由于不同树种有相应的生长特性,再加之地理环境的影响,即使是相同的树种,在不同区域间对应的二元立木参数也有所不同。

2. 样地林木价值计算方法

本书对林木资产的价值计算利用木材市场价倒算法。市场倒算法是预测林木资产伐为木材后,扣除成本和费用后所余部分。目前市场倒算法主要有三种方式:立木出材率表法、林分出材率法、立木平均价格法。

立木出材率表法,是利用材积表,计算出单木材积。这种方法可以依据所测树的种类、高度、胸径计算得到的材积,计算出每棵立木被加工为原木的市场价格,以材积数与立木价格乘积来确定林木资产的价值。

$$E = \sum VP$$

其中:E 为样地林木价值(元);V 为单个立木的材积(立方米);P 为立木价格(元/立方米)。

在计算过程中,通过对各县区优势树种的分析,确定优势树种后,对县区内所对应的样地价值做加权平均,获得县区所在样地的平均林地价值,并依据各县区所占林木资源的面积数计算得出样地所在区县的林木资源价值。

$$E_{林木价值} = E_{平均} \times V$$

式中:$E_{林木价值}$ 为样地所在区县内林木价值(元);$E_{平均}$ 加权调整后单位面积林木价值(元);V 为区县对应蓄积量(立方米)。

(二) 林地资源价值

林地资源价值是森林资源实存价值的主要计算对象,也是森林生长的有效载体。林地为森林的生长提供必要的土壤及矿物质元素,并结合大气、所处地型形态、水源以及其他生物体共同构成了一个特殊的生态系统——森林生态系统。林地的质量直接影响着森林的树种分布以及树木的成长情况。林地的有效评价是林权交易的前提。

国外在林地资源价值估价方面较为先进。尤其是在美国、俄罗斯等国家,农林地的评估常用的方法有市场比较法、土壤潜力估价法、数学模型法、收益还原法、成本法等(张颖,2010)。由于我国林地价格评估工作刚起步,交易市场很不完善,基础资料又严重缺乏,各种评估方法在运用时都受到不同程度的限制(单胜道,2003)。在我国,林地资源资产的所有权是归国家所有禁止买卖的,但是林地资源的经营权可以进行有偿转让。长期以来,我国对林地资产的管理与经营存在很大的技术空缺,忽视了对林地资源的有效管理(程怡,2012)。由于粗放式经济导致林地资源大量流失,年平均流失面积达 100 万公顷。林地资源除不可再生这一般特征外,作为土地资源,林地资产是基础性资产,它的资产性是通过植被来确定的。目前我国对林地价值计算才用的方法主要有现行市价法、成本法、收益法（黄和亮，2005）。本书立足于收益还原法（彭荣胜，2000），将林地林木资源市场化后所得的净收益来确定林地资源的总价值。

林地总收益是指林地评价年度内平均产量与林地产品单价成绩的总和。林地收益包括售出林木价值和其他林地依附物价值（单胜道，2003）。计算林地资产的总收益时，应将在林地上产生所有价值的资金流计算在内。评定林木价格时，一般按照当期林木砍伐的实际销售收入为计量基础，林地附属产品所产生的价值参照当期统计的实际发生价值为计算基础。林副产品包括：经济林果实交易收入、落叶、树皮、树脂、可采集的生物；花卉种植销售收入、陆生森林动物交易收入等。

收益还原法计算公式：

$$p = \frac{I-E}{r}\left[1 - \frac{1}{(1+r)^n}\right]$$

式中：P 为林地收益价格；I 为林地总收益；E 为林地总费用；r 为收益还原率；n 为林地使用年限。

林地的成本与费用内容包括：

①成本类

采集成本、运输成本、抚育成本、病虫害防治、动植物保护等。

②税务费用、附加费用

林木产品销售增值税、林营企业营业税、印花税、社会事业发展费、教育附加费、检疫费等。

林地收益还原率是将林地总收益扣除成本费用类项目后所得净收益转换为林地地价的比率。林地收益还原率可近似看作林地的资本投资收益率。由于我国的林地的使用形式多为承包制，因此在以往林地资源价值确定上忽视了在利用过程中，承载林木生长能力在其间产生的折旧费用，因此我国的收益还原率高于国外对林地资产评估是所用收益还原率的平均水平。我国林地资源的收益还原率可近似看作当年银行一年期定期存款的利率（胡述全，1996）。

二　森林资源生态服务价值

森林生态系统与生态过程所形成及维持的人类赖以生存的自然环境

条件与效用。主要包括森林在涵养水源、保育土壤、固碳释氧、积累营养物质、净化大气环境、森林防护、生物多样性保护和森林游憩等方面提供的生态服务功能。采用森林生态系统长期连续定位观测数据、森林资源清查数据及社会公共数据对森林生态系统服务功能开展的实物量与价值量评估。

森林生态系统服务功能评估指标体系见图5—2，共包括8个指标类别、14个评估指标。具体方法见《森林生态系统服务功能评估规范（LY/T 1721-2008）》。

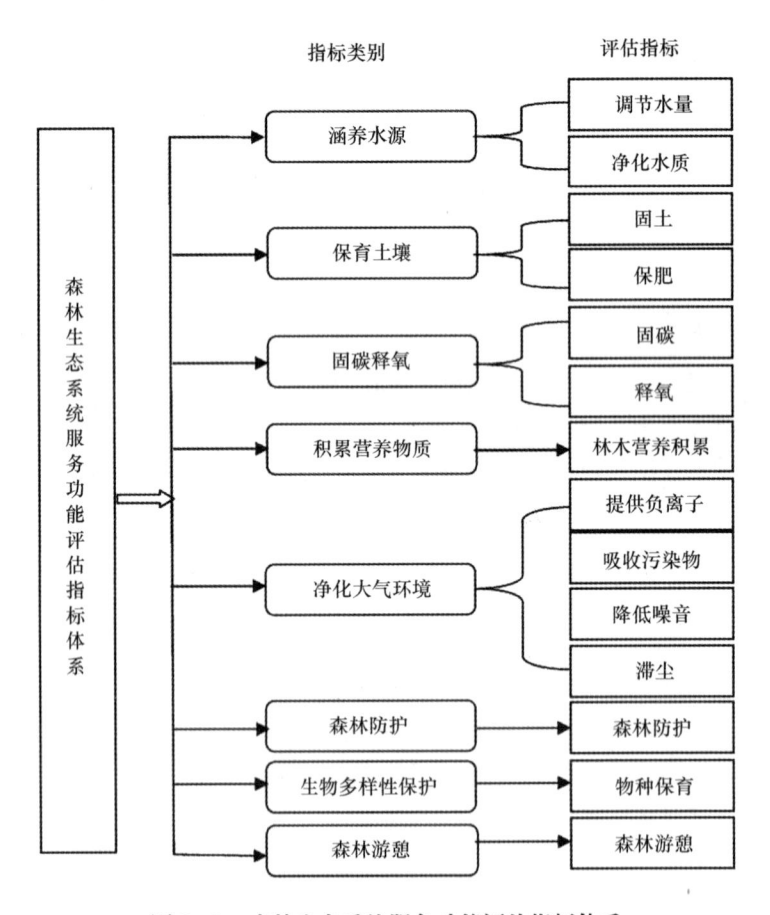

图5—2 森林生态系统服务功能评估指标体系

资料来源：国家林业局：《森林生态系统服务功能评估规范（LY/T 1721-2008）》，中国标准出版社。

三 森林资源社会服务价值

西方经济学将国民收入总量、总消费、总投资、总就业等作为宏观经济学的分析主要因子。就业程度是社会学关注的主要研究问题，森林资源的社会价值也应将直接就业产生的价值以及间接解决就业的能力作为森林社会服务价值的主要计价因子。森林的社会服务价值主要体现在森林资源对对所在区域社会发展各个因子的贡献于影响。其中包括教育、文化、经济、政治等方面。景观游憩即因森林存在而形成的景观与生境所提供的美学服务，是森林的景观服务；森林接纳入林游憩是其游憩服务，包括传统意义上的森林旅游和日常森林休闲，通常使用入林游憩人数及其为此的支出进行计量（王娟，2010）。国内外对森林资源的价值研究主要基于直接经济价值、生态服务价值以及社会服务与景观价值（胡欣欣，2006）。本书对社会服务主要为文化教育、经济、防灾减灾、政策管理方面进行计价，对景观服务价值主要是森林游憩以及公园游憩价值进行评价（见表5—1）。

表5—1 森林资源社会服务景观服务价值评价体系

服务价值指标	一级指标	具体可观测量指标
文化教育	休闲	街头园林游憩价值
	历史教育	纪念性园地价值
	科学研究	相关的科研项目经费
		相关的科研成果
		相关的科研成果推广效益
		古物古树价值
		传统文化价值
拉动经济产业发展	促进就业	旅游等产业发展价值
		改善投资环境价值
		提供就业岗位
		减少国家补贴
林业公共管理		管理及其他组织服务
生态服务建设	改善生态	提升环境质量，减少灾害

续表

服务价值指标	一级指标	具体可观测量指标
游憩	旅游	森林旅游价值
		公园旅游价值

资料来源：笔者整理统计获得。

四　重复计算部分扣减

森林生态环境服务资源估价的环境功能价值是其环境功能物理量与货币量的乘积。因此森林资源环境功能的价值大小及准确可靠程度受到其物理量和货币量（单位价值量）的双重因素影响，既要考虑避免物理量的重复计算，又要考虑股价指标价格的夸大计算及替代的和理性问题（聂华，2008）。此项核算的过程中，对森林资源的生态环境服务的计算主要涉及涵养水源、保育土壤、固碳制氧、净化空气与调节气候、森林景观游憩等因素（见表5—2）。

表5—2　　　　森林生态环境服务计算指标修正汇总

指标类别	估价标准	缺陷
涵养水源	调节水量 净化水质	非等效能价格替代
保育土壤	固土 保肥	属自身消耗，不应再计
固碳制氧	固碳 制氧 提供负离子	非等效能价格替代
森林景观游憩	森林游憩	已将间接收益重复计算

资料来源：笔者收集管理获得。

这里有四点要加以说明。

（1）森林资源的涵养水源功能与保育土壤的功能，是作为森林资源本身具有的功能，不具有价值增量的特性，是对森林本体的自身消耗，不应当计入森林资源的生态环境服务价值中。

（2）森林景观的游憩功能价值在《森林生态系统服务功能评估规范（LY/T 1721-2008）》虽然已经明确指出：其价值是通过森林公园和自然保护区的旅游总收入来计算森林游憩的总价值。但是，在存量价值中，森林景观游憩有森林自身的直接价值已经在林木资源中得到体现。若将景观收入再次计入生态服务价值，就会引起重复计算。

（3）由于在存量价值的计算中，已将北京市森林资源的立木的固碳价值进行了计算，所以在流量价值的计算中，应当扣除固碳所产生的价值，只将制氧所产生的价值计入其中。

（4）将收益价值与成本价值严格区分，扣除有森林资源自身服务功能所产生的价值量，例如涵养水源、防护等功能衍生价值，并利用经济学原理，确定新的核算体系，重新计算森林资源价值。这样不仅可以将森林资源价值评价中生物量与价值量两者相区分，也大大增强了核算结果的可信度。

五 本书技术路线

利用国家林业局标定的隶属北京市内森林标准地行精准计测，掌握标准地内所有单木树高、胸径、冠幅指标，利用二元立木材积表，计算出对应树种及生长状况所对应的材积，通过对样地所有计测立木的材积加权计算，最终得出样地单位面积内样地蓄积量，根据林木价值计算模型、林地价值计算方法，以及生态服务价值和社会服务价值的计算，并从经济学角度，正确划分森林资源的存量与流量价值，扣减当中不合理部分，最后得出样地所在县区森林资源总价值。

本次对选取的北京市 28 块样地 2012 年的观测数据进行评价，主要评价内容包括：资产价值（主要包含林木价值与林地价值）、生态系统服务价值（主要有四个方面：固碳制氧价值、涵养水源、净化环境价值、保育土壤价值）、社会服务价值和景观价值。研究步骤如下。

（1）2012 年 TM 影像进行土地类型解译并计算研究区林地面积（结合北京市园林绿化局公布数据验证）；

（2）利用 GPS、全站仪实测立木所得数据计算得出样地林木价值；

（3）以样地为计算基础采用市场价倒算法计算林木资源价值；

（4）利用林地收益率法来计算林地资源价值；

（5）以《森林生态系统服务功能评估规范（LY/T 1721－2008）》的规范来计算森林生态服务价值；

（6）社会价值以四个部分核算：文化教育、经济产业发展、林业公共管理、生态服务建设组成；

（7）扣减重复计算部分，计算森林资源总价值。

对森林资源中林木价值的计算基础数据是采用 GPS 结合全站仪测设标准地测得样地每棵树的胸径、树高并通过二元立木材积表，计算得出单棵树木材积，以样地为计算基础，根据遥感图像解译分类的各县区林地面积，计算出北京市各测区森林资源的蓄积量，从而计算出样地所在县区森林资源价值。

本书资料标本数据来源于 2012 年北京市 28 块样地的测量数据。标准地最小面积为 60×40 平方米，最大为 100×100 平方米，调查乔木树种 65 种，样地木总计 24545 棵，平均每块标准样地 643 棵，主要分布在北京市区以及密云、怀柔、平谷等周边区县[①]。

在林木资产价值的评价过程中，采用以样地为基础计量单位，根据标定的立木的树种、胸径、树高，依据林业部门颁发的二元立木材积表计算得出每棵立木的材积，对样地内所有立木材积相加，计算出样地的蓄积量，并根据每棵树种相应材积对应的立木价值计算得出立木的林木价值，累积相加得出样地林木价值。对所求研究区各样地的林木价值加权平均，得出研究区平均单位面积的林木价值，与影像解译的林地面积相乘得出研究区的林木价值。

本书在对林地资源价值的评价中，依据林地出产量为计量依据，将林地一年内的商品收益依照比例扣除相应成本、费用后得出的净收益为计算基础，以持续经营为林地价值获取的时间价值尺度以及在此基础上不断获得净收益为计量目标，采用收益还原法计算林地使用年度内的价

---

① 本书是对国家林业局标定的北京市内标准样地为计测对象，在单立木的材积计测中，GPS 结合全站仪测设标准地，每木检尺，包括树木三维坐标测量、树高及第一活枝下高测量、胸径和冠幅测量，精准的测量每棵树的三维坐标、树高、胸径。其中树高测量相对误差仅为 2.87%，胸径测量相对误差仅为 1.91%。

值量。由于我国的林地市场不够活跃且林地价格历史数据积累不足，以收益还原法计量较有说服力。

本书将收益价值与成本价值、价值量与物理量严格区分，扣除有森林资源自身服务功能所产生的例如涵养水源、防护等功能衍生价值，并利用经济学原理，确定新的核算体系，重新计算森林资源价值。

第四节　森林资源价值评价——以北京市森林资源为例

一　北京市森林资源概况

北京处于华北平原北部。2015年全市林地面积约为108.9万公顷。北京的林木覆盖率已从1950年的1.3%提高到59%，森林覆盖率达到41.6%，城市绿化覆盖率达到48%。全市"山区绿屏、平原绿海、城市绿景"的大生态格局已基本形成。北京市各区县村地面积和森林资源情况请见表5—3、表5—4、表5—5介绍。

表5—3　　　　　2012年北京市各县区林地面积与比例

行政区	林地面积（公顷）	占比（%）
北京市	1047847.05	100.00
海淀区	18195.64	1.74
门头沟区	136073.25	12.99
昌平区	84780.57	8.09
怀柔区	183236.26	17.49
平谷区	70415.25	6.72
密云县	166476.88	15.89
延庆县	155496.83	14.84

注：为了便于计算，本书采用2012年TM影像进行土地类型解译并计算研究区林地面积，结合北京市绿化委员会公布数据，误差在允许范围内。

资料来源：北京市园林绿化局网站。

表5—4　2015年北京市森林资源情况

指标名称	计量单位	合计	东城区	西城区	朝阳区	丰台区	石景山区	海淀区	房山区	通州区	顺义区	昌平区	大兴区	门头沟区	怀柔区	平谷区	密云区	延庆区
森林面积	公顷	744956.06	552.44	431.70	9542.37	8251.19	2382.29	15365.32	63124.82	25734.45	29412.87	62070.50	27845.90	60632.52	119500.89	63072.69	142482.27	114553.84
林地面积	公顷	1089534.30	552.44	431.70	10933.34	9513.30	3011.36	18010.26	139011.82	29842.43	39776.08	89635.94	30885.09	134757.79	182868.40	70307.62	169058.30	160938.43
林木面积	公顷	982817.68	800.78	738.75	11349.70	12131.09	3423.39	17479.02	119093.86	29327.22	36308.08	89640.99	30571.44	95601.13	167368.59	67706.26	161635.13	139642.25
湿地面积	公顷	51362.1	108.70	180.30	1691.20	1419.20	257.30	1491.30	4808.20	7910.30	2001.50	2187.50	4446.40	3899.50	3099.40	3324.70	10914.00	3694.60
活立木蓄积量	万立方米	2149.34	3.67	4.87	70.68	68.38	14.78	103.73	159.94	173.20	258.16	163.88	180.66	131.68	213.90	115.31	248.63	237.87
森林蓄积量	万立方米	1701.06			47.27	27.80	9.69	73.04	123.60	138.45	195.20	111.33	135.01	127.76	167.44	95.06	233.64	215.77
林木绿化率	%	59.00	19.13	14.62	24.94	39.67	40.60	40.58	59.86	32.36	35.60	66.72	29.50	65.90	78.85	71.26	72.50	70.04
森林覆盖率	%	41.60	13.20	8.54	20.97	26.98	28.26	35.68	31.72	28.39	28.84	46.20	26.87	41.79	56.30	66.38	63.91	57.46

资料来源：北京市园林绿化局网站公开资料摘录。

表5—5　2012年北京市森林资源情况

指标名称	计量单位	年末实有	东城区	西城区	朝阳区	丰台区	石景山区	海淀区	门头沟区	房山区	通州区	顺义区	昌平区	大兴区	怀柔区	平谷区	密云县	延庆县
林地面积	公顷	1062303.06	552.44	431.7	10571.02	9266.65	3053.86	18363.42	135890.9	137283.9	22443.06	29705.7	86127.89	27306.37	183351.1	71157.75	170733.8	156063.5
林木面积	公顷	920323.87	800.78	738.75	10617.02	12149.43	3409.06	18366.33	87172.56	112329.4	24623.63	28883.28	86080.61	27690.47	162210.6	64703.85	148771.2	131766.9
森林面积	公顷	691341.06	552.44	431.7	8818.57	8109.43	2359.29	15408.65	55188.39	57320.97	21227.97	23201.04	57189.07	25314.07	113360.4	60812.57	132061.5	109985
湿地面积	公顷	51434.1	108.7	180.3	1691.2	1419.2	257.3	1491.3	3899.5	4808.2	7910.3	2001.5	2187.5	4446.4	3099.4	3324.7	10914	3694.6
活立木蓄积量	万立方米	1943.3	3.84	5.09	68.69	41.38	19.84	92.78	128.35	153.22	199.47	239.85	146.64	127.66	176.7	84.61	250.03	205.15
森林蓄积量	万立方米	1499.14			49.67	20.66	4.89	63.79	121.28	119.28	133.82	107.97	105.21	106.89	170.69	74.25	221.77	198.87
林木绿化率	%	55.5	19.13	14.62	23.33	39.73	40.43	42.64	60.09	56.46	27.17	28.32	64.07	26.72	76.42	68.1	66.73	66.09
森林覆盖率	%	38.6	13.2	8.54	19.38	26.52	27.98	35.77	38.04	28.81	23.42	22.75	42.57	24.43	53.41	64	59.24	55.16

资料来源：北京市园林绿化局网站公开资料摘录。

二 样地所在区县森林资源经济价值核算

(一) 林木资产价值

本书对样地林木价值采用实测树木胸径、树高以及相对应树种,利用一元、二元立木材积表,建立相关数学模型计算得出每棵树对应的立木材积,以样地为计算中位,将样地内所有计测树材蓄积量加总,得出样地所拥有的蓄积量。目前北京市森林资源资产清查中多采用的一元材积表进行计算。一元材积表为 20 世纪 70 年代编制以北京市优势树种油松、侧柏、柞树、桦木、山杨、刺槐、阔叶树为编制对象,以其胸径来对应树木材积,但没有相应的模型,只是通过表格对应形式,计算林分平均胸径、平均密度确定小班蓄积量。此次数据是样地内每棵树进行参数测量,因地形环境因素难以找到与其相对应的一元材积参数,因此利用二元材积模别以及相对应的参数(魏建祥,2009,表5—6;仇琪,2013,表5—7),方法如下:

$$V = \alpha \cdot D^\beta \cdot H^\chi$$

具体研究参数参考仇琪 (2013) 对北京市森林资源价值的评估与方法,计算结果见表5—8、表5—9。

表5—6　　　　　北京市优势树种立木二元材积参数表

树种	α	β	χ
油松	0.000066492	1.86556	0.93769
侧柏	0.000091972	1.86398	0.83157
栎类	0.0000596	1.8564	0.98056
柞树	0.000057469	1.91556	0.9266
桦树	0.000062324	1.82558	0.97749
山杨	0.000065678	1.94106	0.84929
刺槐	0.000071182	1.94149	0.81487
阔叶树	0.000057469	1.91556	0.9266

资料来源:魏建祥、曾伟生:《论北京市一元立木材积表的数式化方法》,《林业资源管理》2009 年第 6 期,第 44 - 45 + 69 页。

表5—7 样地林木存量价值

所在区县	样地位置	样地优势树种	样地	价值（元）
延庆县	松山自然保护区	油松	样地1	205997.51
		栎类	样地2	28189.36
	八达岭	油松	样地1	229760.89
		黑桦	样地2	138781.28
门头沟	百花山森林公园	黑桦	样地1	56514.84
		栎类	样地2	142171.3
		落叶松	样地3	547988.72
		核桃楸	样地4	65544.74
海淀区	百望山	油松	样地1	174202.8
		栓皮栎	样地2	93356.5
	植物园	刺槐	样地1	191577.13
		刺槐	样地2	3357.38
		刺槐	样地3	137507.34
平谷区	鸭髻山	栓皮栎	样地1	94606.88
		栓皮栎	样地2	27908.77
昌平区	蟒山公园	侧柏	样地1	102364.29
		黄栌	样地2	66972.4
怀柔区	喇叭沟门	槲栎	样地1	138077.29
	雾灵山	落叶松	样地1	644125.47
		山杨	样地2	432629.1
		椴树	样地3	163857
密云县	密云水库	油松	样地1	204990.63
		侧柏	样地2	79017.47
		油松	石峪	155619.2
		槲栎	水库边	218218.55
	密云半城子	槲栎	高家岭	72053.02
		刺槐	密云4号	91334.12
		天然侧柏	锥峰山	37589.89

资料来源：仇琪：《北京市森林资源价值评价与方法研究》，硕士学位论文，北京林业大学，2013年。

表5—8　　　　　各地区加权平均后单位面积林木价值

样地所在县区	县区单位面积林木价值（元）
延庆县	172998.8
门头沟	203054.9
海淀区	138973.6
平谷区	105446.7
昌平区	84668.35
怀柔区	138077.29
密云县	246869.1

资料来源：笔者测算。

表5—9　　　　北京市各地区加权平均后单位面积林木价值

行政区	单位平均林木价值（元）	林地面积（公顷）	研究区林木价值（万元）
延庆县	172998.8	155496.83	2690076.5
门头沟	203054.9	136073.25	2763034.02
海淀区	138973.6	18195.64	252871.36
平谷区	105446.7	70415.25	742505.57
昌平区	84668.35	84780.57	717823.1
怀柔区	138077.29	183236.26	2530076.62
密云县	246869.1	166476.88	4109799.75

资料来源：笔者测算。

(二) 林地资产价值

本书对林地资源的研究计算方法采用收益还原法。林地总收益是依据森林资源环境下产品区域以商品形式交易后得到的收益。

林产业总收益包括：第一产业：林木的培育与种植，一般用材林成材木的采运以及经济林的产品的销售收入（包括：花卉、水果、森林食品森林动植物的收益）；与林木相关涉林产品的制造（木材加工及木制品制造）。北京市2010—2012年居民消费指数基本保持不变，根据首都园林政务网披露的营林固定资产，本书利用2010年政府对北京市林业投资，以各样地县区林地面积占比计算 2012 年投资。

固定资产的投入包括以下内容：城市绿化造林成本、更新造林成本、低产林改造、森林管护、中幼林管护、森林防火、种苗工程、森林有害物质管护、林业有害生物防治、林业工作站建设、野生动植物保护、花卉设施建设、林政管理合计木材检验检疫、科技教育。

根据各区县林地资源面积占比，将费用分摊到各县的价值如表 5—10 所示。

表 5—10　　　　　研究区林产业总收益与固定资产投入

样地所在区域	面积与占比		林产业总收益	固定资产投资
	总面积（公顷）	占比（%）	（万元）	（万元）
北京市	1047847.1	1.00	826527.00	348034.00
延庆县	155496.83	0.15	122653.71	51647.03
门头沟区	13607125.00	0.13	107332.66	45195.64
海淀区	18195.64	0.02	14352.46	6043.54
平谷区	70415.25	6.72	55542.56	23387.86
昌平区	84780.57	0.08	66873.72	28159.19
怀柔区	183236.26	0.17	144534.18	60860.46
密云县	166476.88	15.89	131314.62	55293.96

依据《国有资产评估管理办法及实施的细则》《森林资源资产评估技术规范（试行）》《森林资源资产评估管理暂行规定》《资产评估准则——评估报告》以及评估中搜集到的森林采伐、木材销售、造林营林和抚育管护等有关的技术经济指标。

生产经营成本计算步骤（陈乃玲，2008）：(1) 采运成本：按销售额的 20%；(2) 管理费用：按销售额的 5%；(3) 销售费用：按销售额的 1.5%；(4) 不可预见费：按销售额的 1.5%。研究区域生产经营成本见表 5—11 所示。

表 5—11　　　　　　　　　研究区域生产经营成本

指标（万元）	延庆县	门头沟区	海淀区	平谷区	昌平区	怀柔区	密云县
资产收益	122653.71	107332.66	14352.46	55542.56	66873.72	144534.18	131314.6
采运成本	24530.74	21466.53	2870.49	11108.51	13374.74	28906.84	26262.92
管理费用	6132.69	5366.63	717.62	2777.13	3343.69	7226.71	6565.73
销售费用	1839.81	1609.99	215.29	833.14	1003.11	2168.01	1969.72
不可预见费用	1839.81	1609.99	215.29	833.14	1003.11	2168.01	1969.72
成本总计	34343.05	30053.14	4018.69	15551.92	18724.65	40469.57	36768.09

资料来源：笔者根据北京市园林绿化局统计数据整理。

除以上固定资产投入和生产经营成本外营林企业以及相关管理部门还额外涉及一部分税务费用，其内容以及计价规范如下：

根据《国家税务总局关于林木销售和管护征收流转税问题的通知》（国税函〔2008〕212 号）规定，纳税人销售林木以及销售林木的同时提供林木管护劳务的行为，属于增值税征收范围，应征收增值税13%。纳税人单独提供林木管护劳务行为属于营业税征收范围，其取得的收入中，属于提供农业机耕、排灌、病虫害防治、植保劳务取得的收入，免征营业税；属于其他收入的，应照章征收营业税为销售收入的5%。

税费内容及计价标准（宋义鑫，2010）：（1）育林费：按销售额的12%；（2）维简费：按销售额的8%；（3）营业税：按售价的5%；（4）印花税：按销售额的60%的3‰；（5）社会事业发展费：按销售额的2‰；（6）增值税：（木材销价÷1.3）×13% - 收购价×10%；（7）城建税：增值税×5%；（8）基础设施：增值税×5%；（9）检疫费：销价的0.2%。

根据计算可得2012年北京市各县区林产品销售费用如表5—12所示：

表 5—12　　　　　　　　　研究区林产品销售费用

指标（万元）	延庆县	门头沟区	海淀区	平谷区	昌平区	怀柔区	密云县
林地面积	155497	136073	18196	70415	84781	183236	166477
资产收益	122653.71	107332.66	14352.46	55542.56	66873.72	144534.18	131314.62

续表

指标（万元）	延庆县	门头沟区	海淀区	平谷区	昌平区	怀柔区	密云县
资产投入	51647.03	45195.64	6043.54	23387.86	28159.19	60860.46	55293.96
成本总计	34343.04	30053.15	4018.69	15551.92	18724.64	40469.57	36768.09
税费总计	48914.3	42804.27	5723.76	22150.37	26669.24	57640.23	52368.27
年总收益	174300.74	152528.3	20396	78930.42	95032.91	205394.64	186608.58
费用总计	83257.34	72857.42	9742.45	37702.29	45393.88	98109.8	89136.36
年纯收益	91043.4	79670.88	10653.55	41228.13	49639.03	107284.84	97472.22
林地价值	1726182.86	1510559.88	201991.31	781685.34	941156.01	2034120.57	1848073

资料来源：笔者测算结果。

三　生态服务价值

任意系统都必有能量与物质间的转换，系统内也同样存在系统特性的微循环维持系统正常运行于发展，生态系统也如此。生物体的相互依存、互相促进共同生存在这一系统内。因此，所谓森林资源的自耗，即那些作用于林地和林木本身的保土、保肥、蓄水、制氧、转化太阳能等环境功能在森林生长发育过程中被利用于森林生态系统本身，森林资源内部生态生产过程中自我循环、自身消耗的部分（董泽生，2010）。

（一）涵养水源价值

本书是利用替代工程法来计算森林涵养水源的价值。为使方法可行，找到一个恰当的工程作为替代物从而对其价值进行计算。森林拦蓄降水的价值相当于等容量水库的价值。水库、堤坝拦蓄1立方米水的建造成本为1.0元/立方米污水。虽然替代工程法所计算的森林涵养水源的价值并不能完全表现森林涵养水源所产生的价值，但是其系统内多种能量形式的转化发挥着巨大的作用，净化水源的价值就很难准确计量。本书以污水处理厂对污水的净化费用为计算基础，来计算森林的净化水源价值，净化费用约为0.9元/吨（见表5—13）。

表5—13　　　　　　　　研究区年森林拦截水源量

区县	行政区面积（公顷）	占总面积比（%）	林地面积（公顷）	各区县降雨量（米）	森林拦截水源（立方米）
北京市	1641100.00	100.00	1047847.05	0.6782	2842599477.24
延庆县	200000.00	12.19	155497.00	0.0827	51408477.44
门头沟区	145500.00	8.87	136073.00	0.0601	32727865.70
海淀区	42600.00	2.60	18196.00	0.0176	1281351.43
平谷区	107500.00	6.55	70415.00	0.0444	12512854.06
昌平区	135200.00	8.24	84781.00	0.0559	18947763.60
怀柔区	212800.00	12.97	183236.00	0.0879	64456268.18
密云县	222600.00	13.56	166477.00	0.0920	61257903.92

资料来源：笔者根据北京市园林绿化局公开统计数据测算。

依据上述参数，根据计算公式可得涵养水源中调节水源、净化水质的价值（见表5—14）。

表5—14　　　　　　研究区森林资源年涵养水源价值

区县	年调节水源价值（万元）	年净化水质价值（万元）
北京市	2842599	2558340
延庆县	51408.48	46267.63
门头沟区	32727.87	29455.08
海淀区	1281.35	1153.22
平谷区	12512.85	11261.57
昌平区	18947.76	17052.99
怀柔区	64456.27	58010.64
密云县	61257.9	55132.11

资料来源：笔者测算。

（二）保育土壤价值

森林资源最直接的保育土壤的价值就是减少水土流失。水土流失除了土壤流失外，还带走了土壤所含的氮、磷、钾等微量元素。北京市森林土壤表层中，氮、磷、钾的含量为：氮为0.370%，磷为0.108%，钾为2.239%（2011年永定河数据）。

本书对森林保育土壤肥力、防止水土流失产生的价值是利用同等肥力的化肥的市场价格来计算。森林的固土的计算公式为：

$$G_{固土} = \frac{A \times (X_2 - X_1)}{\rho}$$

式中 X_1 为林地土壤侵蚀模数，X_2 为无林地土壤侵蚀模数，A 为林分面积，依据2008年山东省森林资源价值评估数据可知，有林地比无林地每年减少土壤侵蚀模数为 $36.85t/hm^2$，根据计算可得出研究区年保育土壤量（见表5—15）。

表5—15　　　　　　　　　研究区年保育土壤量

区县	林地面积（公顷）	固土量（吨）	固N量（吨）	固P量（吨）	固K量（吨）
北京市	1047847.05	38613163.79	142868.71	41702.22	864548.74
延庆县	155497.00	5730064.45	21201.24	6188.47	128296.14
门头沟区	136073.00	5014290.05	18552.87	5415.43	112269.95
海淀区	18196.00	670522.60	2480.93	724.16	15013.00
平谷区	70415.00	2594792.75	9600.73	2802.38	58097.41
昌平区	84781.00	3124179.85	11559.47	3374.11	69950.39
怀柔区	83236.00	6752246.60	24983.31	7292.43	151182.80
密云县	166477.00	6134677.45	22698.31	6625.45	137355.40

资料来源：笔者测算获得。

根据市场参考挖取或拦截泥沙的平均费用为1.5元/吨，土壤的容重根据北京市土壤容重约计为1.34吨/立方米碳酸氢氨、过磷酸钙和硫酸钾三种化肥的平均售价分别为386元/吨、365元/吨和365元/吨。由此计算出研究区域年保育土壤价值量见表5—16。

表5—16　　　　　　　　　研究区年保育土壤价值量

区县	林地面积（公顷）	固土价值（万元）	保育土壤价值（万元）
北京市	1047847	4322.37	38592.89

续表

区县	林地面积（公顷）	固土价值（万元）	保育土壤价值（万元）
延庆县	155497	641.43	5727.06
门头沟区	136073	561.30	5011.66
海淀区	18196	75.06	670.17
平谷区	70415	290.46	2593.43
昌平区	84781	349.72	3122.54
怀柔区	183236	755.85	6748.7
密云县	166477	686.72	6131.4

资料来源：笔者测算获得。

（三）净化环境价值

净化环境指滞尘、减噪、吸收有害气体、增加负离子、释放蔽稀类物质，从而为人类营建一种保健环境这类服务，不同的服务属性有不同的计量单位。其服务价值采用相应的替代价格计算。调节气候净化环境服务，限于森林对人类住区的影响（主要是城市森林），本书不包括对农业的防护和景观旅游区的影响（周月明，2010）。

据国家环保总局南京环境科学研究所编写组在《中国生物多样性国情研究报告》中，采用 SO_2 的平均治理费用评价我国森林净化 SO_2 的价值。其依据分别是：森林对 SO_2 的年吸收能力：阔叶林 $Q1 = 88.65$ 千克/公顷，针叶林 $Q2 = 215.6$ 千克/公顷，SO_2 的投资及处理成本 $P = 0.6$ 元/千克。

根据北京市环境保护科学研究所对以排放氟化氢为主的搪瓷厂附近林木的测定，毛白杨、加杨、刺槐、白蜡等阔叶树的吸氟能力为最高，达 4.65 千克/公顷侧柏、油松等常绿树的吸氟能力为 0.5 千克/公顷。森林吸收氟化氢的价格采用燃煤炉窑大气污染物排污收费标准的平均值，为 0.16 元/千克。

根据有关研究，森林每年吸收氮氧化物的能力为 380 千克/公顷。按照中国大气污染物排污收费的平均值标准，即 1.34 元/千克的价值计算森林吸收氮氧化物的价值。研究区净化环境价值测算见表 5—17、表 5—18

所示。

表 5—17　　　　研究区年林木净化大气能力

县区	林木面积（公顷）	优势树种	SO₂吸收能力（千克/公顷）	氟化物吸收能力（千克/公顷）	氮氧化物吸收能力（千克/公顷）
延庆县	131263.7	油松	28300445	65631.83	49880191
门头沟区	84457.94	桦树	7487196	392729.4	32094017
海淀区	18221.19	侧柏	3928489	9110.6	6924052
平谷区	63423.1	松树	13674020	31711.55	24100778
昌平区	82992.45	侧柏	17893172	41496.23	31537131
怀柔区	160396.5	杨树	14219153	745843.9	60950685
密云县	146044.9	油松	31487280	73022.45	55497062.00

资料来源：笔者测算获得。

表 5—18　　　　研究区年林木净化价值

县区	SO₂吸收价值（万元）	氟化物吸收价值（万元）	氮氧化物吸收价值（万元）
延庆县	1698.03	1.05	6683.95
门头沟区	449.23	6.28	4300.6
海淀区	235.71	0.15	927.82
平谷区	820.44	0.51	3229.5
昌平区	1073.59	0.66	4225.98
怀柔区	853.15	11.93	8167.39
密云县	1889.24	1.17	7436.61

资料来源：笔者测算结果。

（四）固碳制氧价值

对森林资源的环境功能与效用进行明确界定的基础上，对森林资源环境进行的评价是森林资源环境有效的评价。我国森林固碳的价值量研究较少，本书采用市场价格法，来确定森林固碳制氧价值（见表 5—19）。

表5—19　　　　　　　　研究区森林固碳制氧量及价值

县区	林木面积（公顷）	植被固碳 固碳量（吨）	植被固碳 固碳价值（万元）	释放氧气 释氧量（吨）	释放氧气 释氧价值（万元）
延庆县	131263.66	875202.42	23919.28	2343056.33	562333.52
门头沟区	84457.94	563124.58	15390.19	1507574.23	361817.82
海淀区	18221.19	121490.06	3320.32	325248.24	78059.58
平谷区	63423.10	422874.47	11557.16	1132102.34	271704.56
昌平区	82992.45	553353.41	15123.15	1481415.23	355539.66
怀柔区	160396.54	1069446.34	29227.97	2863078.24	687138.78
密云县	146044.90	973756.56	26612.77	2606901.47	625656.35

资料来源：笔者测算结果。

本书对研究区生态服务价值研究涉及涵养水源、保育土壤、净化环境、固碳制氧四个方面，则研究区森林资源生态服务价值如表5—20所示。

表5—20　　　　　　研究区森林生态服务内容及价值　　　　　单位：万元

森林生态服务内容	延庆县	门头沟区	海淀区	平谷区	昌平区	怀柔区	密云县
调节水源价值	51408.48	32727.87	1281.35	12512.85	18947.76	64456.27	61257.9
净化水质价值	46267.63	29455.08	1153.22	11261.57	17052.99	58010.64	55132.11
固土价值	641.43	561.3	75.06	290.46	349.72	755.85	686.72
保育土壤锁价值	5727.06	5011.66	670.17	2593.43	3122.54	6748.7	6131.46
SO_2吸收价值	1698.03	449.23	235.71	820.44	1073.59	853.15	1889.24
氟氧化物吸收价值	1.05	6.28	0.15	0.51	0.66	11.93	1.17
氮氧化物吸收价值	6683.95	4300.6	927.82	3229.5	4225.98	8167.39	7436.61

续表

森林生态服务内容	延庆县	门头沟区	海淀区	平谷区	昌平区	怀柔区	密云县
固碳价值	23919.28	15390.19	3320.32	11557.16	15123.15	29227.97	26612.77
释氧价值	562333.52	361817.82	78059.58	271704.56	355539.66	687138.78	625656.35
生态服务总价值	698680.4	449720.03	85723.38	313970.48	415436.05	855370.68	784804.33

资料来源：笔者测算结果。

四 社会服务价值

据首都园林网资料，确定以下四个因子为社会服务价值，分别为：文化教育、拉动经济产业发展、林业公共管理、生态服务建设组成。根据北京市森林社会效益评估专题研究，北京市林业年均创造社会服务价值与景观价值见表5—21。

表5—21　　　　　北京市年森林社会服务总价值

森林社会服务内容	价值（万元）
游憩（景观价值）	231264
文化教育	1269
拉动经济产业发展	12245
林业公共管理	5733
生态服务建设	123362

资料来源：笔者测算结果。

该研究对森林在文化教育、拉动经济发展、林业公共管理、生态服务建设四个方面的社会服务进行了探索性核算。根据北京市森林社会效益评估专题研究，北京市林业年均创造就业机会的价值为1269万元，森林改善生态价值为12.33亿元，森林文化教育科研价值为1269万元，总计达到37.39亿元。根据各县区林地面积分布得出相应社会服务指标为（见表5—22）：

表 5—22　　　　　　　研究区年森林社会服务总价值

县区	林地占比（%）	游憩（景观价值）（万元）	文化教育（万元）	拉动经济产业发展（万元）	林业公共管理（万元）	生态服务建设（万元）
延庆县	14.84	34318.8	188.32	1817.12	850.76	18306.51
门头沟区	12.99	30031.85	164.79	1590.13	744.49	16019.74
海淀区	1.74	4015.93	22.04	212.64	99.55	2142.2
平谷区	6.72	15540.87	85.28	822.86	385.26	8289.89
昌平区	8.09	18711.5	102.67	990.74	463.86	9981.18
怀柔区	17.49	40440.91	221.91	2141.27	1002.52	21572.19
密云县	15.89	36742.13	201.61	1945.43	910.83	19599.17

资料来源：笔者测算结果。

五　综合评价结果

森林资源的价值包括资产的经济价值、生态服务价值、社会服务价值。然而森林资源的总价值并不是将三项评价内容的指标相加。森林资源价值评价内容是生物量与价值量共同计算而获得。

（1）森林资源的涵养水源功能与保育土壤的功能，是作为森林资源本身具有的功能，不具有价值增量的特性，是对森林本体的身消耗，不应当计入森林资源的生态环境服务价值中。

（2）由于在存量价值的计算中，已将立木的固碳价值进行了计算，所以在流量价值的计算中，应当扣除固碳所产生的价值，只将制氧所产生的价值计入其中。

（3）森林景观的游憩功能价值在《森林生态系统服务功能评价规范》里已明确指出：其价值是通过森林公园和自然保护区的旅游总收入来计算森林游憩的总价位。但是，在存量价值中，森林景观游憩有森林自身的直接价值已经在林木资源中得到体现。若将景观收入再次计入生态服务价值，就会引起重复计算。在本书中，虽将森林资源的游憩功能的价值量体现在社会服务价值中，但同样在林木资源中得到体现，在计算森林资源总价值中，将游憩功能扣除。

扣除包含在森林资源的生态服务价值、社会服务价值中重复核算的部分可得出北京各样地所在县区森林资源年价值量（见表5—23）。

表5—23　　　　　北京市部分县区森林资源年总价值　　　　单位：万元

		延庆县	门头沟区	海淀区	平谷区	昌平区	怀柔区	密云县
林木价值		2690076	2763034	252871.4	742505.6	717823.1	2530077	4109800
林地价值		1726182.86	1510559.88	201991.31	781685.34	941156	2034121	1848073
生态服务价值		698680.43	449720.03	85723.38	313970.48	415436.1	855370.7	784804.3
社会服务价值		55481.51	48551	6492.36	25124.16	30249.95	65378.8	59399.17
总和		5170420.8	4771864.91	547078.45	1863285.58	2104665.15	5484947.5	6802076.47
扣减	涵养水源	46909.06	30016.38	1228.28	11552.03	17402.71	58766.49	55818.83
	保育土壤	7425.09	5460.89	905.88	3413.87	4196.13	7601.85	8020.7
	固碳价值	23919.28	15390.19	3320.32	11557.16	15123.15	29227.97	26612.77
	游憩	34318.8	30031.85	4015.93	15540.87	18711.5	40440.91	36742.13
森林资源总价值		5057848.57	4690965.6	537608.04	1821221.65	2049231.66	53489102.8	6674882.04

资料来源：笔者测算结果。

第五节　结论与讨论

一　研究结论

本书的研究对象为北京市延庆县、门头沟区、海淀区、平谷区、昌平区、怀柔区、密云县森林资源价值。尤其是在森林资源林木资源价值的计算中以单木材积为计算基础，提高森林资源价值中林木资产价值的计算精度。在林地资源价值的计算中，根据我国林地的特殊性，立足有永续经营的可持续发展的营林制度，利用收益还原率来计算林地一定使用年限中林地资源的价值。森林资源核算不仅包括现行国民经济核算体系中已经包括的森林产出价值。

（一）经济价值分析

2012年延庆县、门头沟区、海淀区、平谷区、昌平区、怀柔区、密云县林木资源存量总价值分别为：269.01亿元、276.30亿元、25.29亿元、74.25亿元、71.78亿元、253.01亿元、410.98亿元；林地资源价值分别为：172.62亿元、151.06亿元、20.20亿元、78.17亿元、94.16亿元、203.41亿元、184.80亿元。

（二）社会效益分析

北京市延庆县、门头沟区、海淀区、平谷区、昌平区、怀柔区、密云县2012产生生态服务价值约为：69.87亿元、44.97亿元、8.57亿元、31.40亿元、41.54亿元、85.53亿元、78.48亿元。

2012年研究区可实现上缴税金总计25.63亿元。当年北京市人均年收入约为3.3万元，研究区共提供就业产值约为1亿元，根据计算可得，北京市延庆县、门头沟区、海淀区、平谷区、昌平区、怀柔区、密云县2012年共提供就业人数约3030人。

（三）森林资源总价值

森林生态环境服务资源估价的环境功能价值是其环境功能物理量与货币量的乘积。因此森林资源环境功能的价值大小及准确可靠程度受到其物理量和货币量（单位价值量）的双重因素影响，既要考虑避免物理量的重复计算，又要考虑股价指标价格的夸大计算及替代的和理性问题。本书扣除森林资源的涵养水源功能与保育土壤的功能价值、游憩功能价值、立木的固碳价值，最终所得延庆县、门头沟区、海淀区、平谷区、昌平区、怀柔区、密云县森林资源价值为：505.78亿元、496.10亿元、53.79亿元、182.121亿元、204.92亿元、534.89亿元、667.49亿元。

二 研究存在的不足

随着森林资源评价体系的不断完善，森林资源的评价值将更加趋于合理化，就本书而言，研究过程中还存在以下问题有待于更好地解决。

一是由于此次调查采用GPS结合全站仪测设标准地，每木检尺，包括树木三维坐标测量、树高及第一活枝下高测量、胸径和冠幅测量，树高（精度将近97%，相对误差为3%），胸径（相对误差仅为2%）。研究所涉及的样地共28块，分别分布在延庆县门头沟区、海淀区、平谷区、昌平区、怀柔区、密云县，且延庆县样地为4块、门头沟区样地为4块、海淀区样地为5块、平谷区样地为2块、昌平区样地为2块、怀柔区样地为1块、密云县样地为10块。因为样地数量较少，对样地所在区县树种分布影响较大，导致样地所在区县林木价值精准度有一定的影响。

二是从经济学角度考虑，在所有的计算中，都没有考虑到剩余价值的存在，即消费者剩余以及生产者剩余。从自然科学的角度考虑，森林资源自身对水资源，土壤资源以及其他存活所依赖资源的消耗在现阶段没有可靠的计量，从而给成本价值的计算带来了一定的难度。从社会科学方面考虑，森林资源的社会影响力不能够脱离所在区域的政策导向。森林资源投入、产出的价值量计算将很大程度上受到政策的影响，这方面所产生的隐性价值无法计量。

第六章

矿产资源问题研究

第一节 矿产资源资产的概念、内涵和价值

一 矿产资源的概念和内涵

矿产资源指经过地质成矿作用而形成的，天然赋存于地壳内部或地表埋藏于地下或出露于地表，呈固态、液态或气态的，并具有开发利用价值的矿物或有用元素的集合体。矿产资源属于非可再生资源，其储量是有限的。由于具有使用价值，矿产资源作为一种国家拥有的财产而形成矿产资源资产。能源资源是矿产资源的一种。能源资源资产的概念、内涵以及评估事实上等同于矿产资源资产的概念。

矿产资源是自然客观存在的物质。当人类发现它，并确认了其具有使用价值时，这些物质才能称为矿产资源。矿产资源被人类作为生产过程中的投入，为使用者带来更大收益。如果把这些资源再赋予权利，它就会成为资产（谢钰敏、魏晓平等，2001）。成为资产的矿产资源至少具备以下几个条件：

（1）有实物。任何一项资产都有存置空间，而且这种存置空间必须是静态的，以便为人们提取使用，这是作为资产的前提。矿产资源天然存在，当人们还没有发现其存在时，它只是一种资源而不能成为资产。当人们查明且确认其存置空间，并能够被人们用于生产活动，此时它才可能成为矿产资源。

（2）被使用。没有被探明和开发的矿产资源，尚处在天然状态，没有进入社会生产过程，不具备成为资产的条件。只有被人们用于社会生

产或再生产过程的矿产资源，才可能成为矿产资源资产。

（3）有价值。自然状态下的矿产资源，没有实物量，也无价值量，只能是自然资源而不是一种资产。当查明了矿产资源的蕴藏量，测算出实物量，并能够以货币反映出价值量，此时矿产资源则可能成为一种资产。

（4）有产权。成为资产必须有明确的主体，即具有明晰的产权。矿产资源资产产权主体拥有支配和使用矿产资源的权利。

（5）有收益。矿产资源资产能够为其产权主体的经营带来经济利益。只有那些以其本身固有的使用价值，消耗自身的价值，创造超过自身价值的超额收益时的矿产资源，才可成为矿产资源资产。

二 矿产资源价值

需要说明的是，矿产资源价值与矿产资源资产评估的概念。不少学者经常会把矿产资源资产评估等同于矿产资源价值计算。事实上，矿产资源价值与矿产资源的资产评估是两个既有联系又有区别的概念。对于能源资源资产负债表的编制，我们认为需要评估的是能源资源资产，不仅限于能源资源价值核算。关于矿产资源价值，学者们提出了不同的观点：

（1）第一类观点认为，矿产资源不是人类劳动产品，本身不具有价值。当矿产资源被人类所勘探、查明，以及投入生产时，凝结在矿产资源上的人类劳动则体现了矿产资源价值。并且矿产资源价值与投入劳动成正比。

（2）第二类观点认为，即使矿产资源还处在未开发阶段，但是其具有潜在价值。一旦矿产资源产权被界定，则未来将会被投入生产中去，为产权主体带来预期收益。因此，占有矿产资源，就意味着占有了预期的、未来可实现的经济价值。

（3）第三类观点认为，矿产资源本身具有价值。虽然矿产资源形成是自然力行程，没有凝结人类的劳动，但是当人类掌握了矿产资源的知识与技能时，意味着矿产资源此时已经具有了使用价值，因此也就具有了价值。

通常认为，矿产资源价值主要包括：资金投入、无形资产、储量资产（见图6—1）。

资金投入主要由五个方面组成：资金投入＝勘探资金投入＋设计费用＋基建投资＋生产期非成本性投资＋投资利息；勘探资金投入，主要指矿床勘探过程的全部投入；设计费用，是指支付给设计研究单位的可研报告、初步设计、施工设计及其相应的小型试验的全部费用；基建投资，是指达到矿产投产要求的全部基建工程及附属设施的投资；生产时期的非成本性投资；以上各项投入资金的利息（王广成、李祥，1996）。

无形资产包括储量勘探报告、工程设计以及本矿床特有的开采技术、选冶加工技术、其他科研成果等知识性产权。

储量资产是指勘探结束后，自然资源升级为储量资源，国家要收取资源税和资源补偿费，储量资源的形成过程已经凝聚了人类的一般劳动，所以在探明储量的这一部分矿产资源升级为资产，这时就把这一部分资源资产纳为矿产资源价值的一部分（徐荣校、李先英，1996）。

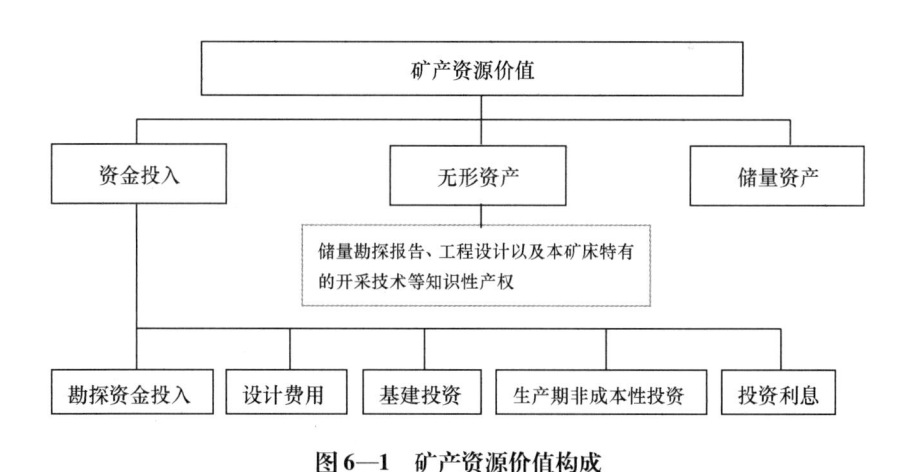

图6—1 矿产资源价值构成

资料来源：笔者整理绘制。

与矿产资源资产相关的矿产资源统计主要是对矿产和能源等资源储量的统计。目前，国土资源部定期会在年度《中国国土资源公报》中发布有关能源、矿产资源储量的统计。为及时准确掌握我国矿产、能源资源尤其是油气资源潜力变化情况，国土资源部自2003年起开始牵头开展全国油气资源动态评价,并分别在 2008 年、2015 年公布了最新油气资源储量情况。此外,部分国际企业和机构,例如世界银行、英国石油公司,都会定期公布世界主要国家的煤炭、石油、天然气等主要矿产资源的储量数据。

三 矿产资源资产评估

马克思的地租理论与现代会计计价理论是矿产资源资产评估的基础理论。"地租是为了取得使用自然力或者占有单纯自然产品的权利而付给这些自然力或单纯自然产品的所有者的价格。实际上,这也是所有地租最初的表现形式",① "农业地租即土地地租也适用于矿业,即矿山地租"②。矿山地租是矿产资源所有者凭借所有权取得的收益。

连民杰、申铁忠(2001)认为,在国家或企业对矿产资源开发利用管理中,应将探明储量的矿产资源作为特殊资产并采用适合我国情况的方法对其进行成本的计算。在国际上,矿产资源资产常被称为折耗性资产。事实上,矿产资源资产应该称为储量资产。储量资产的成本主要指包括勘探费用在内的资本性支出计入储量资产的成本,而建设矿山或采矿过程中的支出则不能完全计入储量资产的成本。

矿产资源评估是以矿产资源产权权属关系为基础,按照产权主体所获得的预期收益进行的。在我国矿产资源属于国家所有,矿产资源资产权属于国家,由国务院行使国家对矿产资源的所有权。但是,为了合理开发和利用矿产资源资产,实现国家对矿产资源所有权的权益,我国实行所有权与使用权相分离的原则,通过使用权在市场上的流通,促进矿产资源资产以市场经济规律来配置。国家通过征收资源占有租金后资源补偿费、探矿权价款、采矿权价款来维护所有者权益(李秀莲、王志永,1993)。因此从自然资源资产负债表编制来看,矿产资源资产对于政府而言,实际上就是产权的收益。目前国家对矿产资源产权收益主要包括探矿权价款、采矿权价款、资源补偿费、矿

---

① 《马克思恩格斯全集》(第二十六卷),人民出版社 1974 年版,第 275 页。
② 《资本论》(第三卷),人民出版社 2003 年版,第 730 页。

产资源税。产权收益部分理应计入政府的资产项目，产权收益实际上是归全民所有，政府只是代理人，与此对应，这部分收益本应支付给全民，理应记入负债项。

综上所述，通常所说的矿产资源资产评估的实质是对矿产资源资产使用权的评价和估算，即经营权益的本金化。使用权权益则理应计入企业资产项目。

第二节 能源矿产资源的产权制度和管理制度

根据《中华人民共和国矿产资源法》（以下简称《矿产资源法》）的分类，能源矿产资源主要包括：煤、煤层气、石煤、油页岩、石油、天然气、油砂、天然沥青、铀、钍、地热。本部分的能源资源主要指煤炭、石油、天然气、地热等，其余部分暂不予以讨论。我国能源资源所有权归国家所有，取得矿产资源的探矿权和采矿权必须向国家缴纳税费。以下我们梳理了国家相关法律和行政法规对政府所有权益的界定。

一 矿产资源所有权规定

（一）《矿产资源法》

《矿产资源法》第三条规定：矿产资源属于国家所有，由国务院行使国家对矿产资源的所有权。地表或者地下的矿产资源的国家所有权，不因其所依附的土地的所有权或者使用权的不同而改变。国家保障矿产资源的合理开发利用。禁止任何组织或者个人用任何手段侵占或者破坏矿产资源。各级人民政府必须加强矿产资源的保护工作。勘查、开采矿产资源，必须依法分别申请、经批准取得探矿权、采矿权，并办理登记；但是，已经依法申请取得采矿权的矿山企业在划定的矿区范围内为本企业的生产而进行的勘查除外。国家保护探矿权和采矿权不受侵犯，保障矿区和勘查作业区的生产秩序、工作秩序不受影响和破坏。

《矿产资源法》第四条规定：国有矿山企业是开采矿产资源的主体。国家保障国有矿业经济的巩固和发展。

《矿产资源法》第五条规定：国家实行探矿权、采矿权有偿取得的制度；但是，国家对探矿权、采矿权有偿取得的费用，可以根据不同情况规定予以减缴、免缴。开采矿产资源，必须按照国家有关规定缴纳资源税和资源补偿费。

（二）《中华人民共和国煤炭法》（以下简称《煤炭法》）

《煤炭法》第三条规定了煤炭资源的产权制度。煤炭资源属于国家所有。地表或者地下的煤炭资源的国家所有权，不因其依附的土地的所有权或者使用权的不同而改变。

《煤炭法》相关条例规定了煤炭资源的管理制度。第四条规定：国家对煤炭开发实行统一规划、合理布局、综合利用的方针。第五条规定：国家依法保护煤炭资源，禁止任何乱采、滥挖破坏煤炭资源的行为。第六条规定：国家保护依法投资开发煤炭资源的投资者的合法权益。第十五条规定：国务院煤炭管理部门根据全国矿产资源规划规定的煤炭资源，组织编制和实施煤炭生产开发规划。省、自治区、直辖市人民政府煤炭管理部门根据全国矿产资源规划规定的煤炭资源，组织编制和实施本地区煤炭生产开发规划，并报国务院煤炭管理部门备案。

（三）《中华人民共和国对外合作开采陆上石油资源条例》

《中华人民共和国对外合作开采陆上石油资源条例》第三条规定：中华人民共和国境内的石油资源属于中华人民共和国国家所有。第四条规定：中国政府依法保护参加合作开采陆上石油资源的外国企业的合作开采活动及其投资、利润和其他合法权益。第六条规定：国务院指定的部门负责在国务院批准的合作区域内，划分合作区块，确定合作方式，组织制定有关规划和政策，审批对外合作油（气）田总体开发方案。

（四）《中华人民共和国对外合作开采海洋石油资源条例》

《中华人民共和国对外合作开采海洋石油资源条例》第二条规定：中华人民共和国的内海、领海、大陆架以及其他属于中华人民共和国海洋资源管辖海域的石油资源，都属于中华人民共和国国家所有。在前款海域内，为开采石油而设置的建筑物、构筑物、作业船舶，以及相应的陆岸油（气）集输终端和基地，都受中华人民共和国管辖。第三条规定：中国政府依法保护参与合作开采海洋石油资源的外国企业的投资、应得利润和其他合法权益，依法保护外国企业的合作开采活动。第六条规定：中华人民共和国对外合作开采海洋石油资源的业务，由中国海洋石油总公司全面负责。

二 矿产资源资产：有关产权权益

（一）《探矿权采矿权使用费和价款管理办法》

所谓探矿权，即国家将探矿权出让给探矿权人，按法律、法规规定向探矿权人收取的费用。它是探矿权有偿取得的具体体现。是指按探矿权所占用的土地面积计算的费用。中国现在实行的探矿权使用费制度是按年度、按面积收取费用。设置探矿权使用费的目的，在于维护国家对矿产资源的所有权益，避免占用矿地面积过大、时间过长的弊端，保证探矿权人的合法权利。同时国家实行探矿权使用费减免制度，经探矿权人申请，登记管理机关批准，对符合规定条件的，探矿权使用费可以减缴或者免缴。《探矿权采矿权使用费和价款管理办法》（财综字〔1999〕74号）中提出了探矿权收取标准：探矿权使用费以勘查年度计算，按区块面积逐年缴纳，第一个勘查年度至第三个勘查年度，每平方千米每年缴纳100元，从第四个勘查年度起每平方千米每年增加100元，最高不超过每平方千米每年500元。

（二）《开采海洋石油资源缴纳矿区使用费的规定》

《开采海洋石油资源缴纳矿区使用费的规定》第二条规定：在中华人民共和国内海、领海、大陆架及其他属于中华人民共和国行使管辖权的海域内依法从事开采海洋石油资源的中国企业和外国企业，应当依照本规定缴纳矿区使用费。第三条规定：矿区使用费按照每个油、气田日历年度原油或者天然气总产量计征。矿区使用费费率如下：

原油年度原油总产量不超过100万吨的部分，免征矿区使用费；年度原油总产量超过100万吨至150万吨的部分，费率为4%；年度原油总产量超过150万吨至200万吨的部分，费率为6%；年度原油总产量超过200万吨至300万吨的部分，费率为8%；年度原油总产量超过300万吨至400万吨的部分，费率为10%；年度原油总产量超过400万吨的部分，费率为12.5%。

天然气年度天然气总产量不超过20亿立方米的部分，免征矿区使用费；年度天然气总产量超过20亿立方米至35亿立方米的部分，费率为1%；年度天然气总产量超过35亿立方米至50亿立方米的部分，费率为2%；年度天然气总产量超过50亿立方米的部分，费率为3%。

第四条规定：原油和天然气的矿区使用费，均用实物缴纳。

第五条规定：原油和天然气的矿区使用费，由税务机关负责征收管理。中外合作油、气田的矿区使用费，由油、气田的作业者代扣，交由中国海洋石油总公司负责代缴。

（三）《中外合作开采陆上石油资源缴纳矿区使用费暂行规定》

1995年7月28日由财政部、国家税务总局颁布的关于修订《中外合作开采陆上石油资源缴纳矿区使用费暂行规定》的通知（财税字〔1995〕第63号）。《暂行规定》第三条矿区使用费按照每个油、气田日历年度原油或者天然气总产量分别计征。矿区使用费费率如下：

第一，位于青海、西藏、新疆三省、区及浅海地区的中外合作油、气田适用以下矿区使用费费率（见表6—1、6—2）：

表6—1　　　　　　　　　原油矿区使用费费率　　　　　　　单位:%

每个油田日历年度原油总产量	矿区使用费费率
不超过100万吨的部分	免征
超过100万吨至150万吨的部分	4
超过150万吨至200万吨的部分	6
超过200万吨至300万吨的部分	8
超过300万吨至400万吨的部分	10
超过400万吨的部分	12.5

资料来源：《中外合作开采陆上石油资源缴纳矿区使用费暂行规定》（财税字〔1995〕第63号）。

表6—2　　　　　　　　　天然气矿区使用费费率　　　　　　　单位:%

每个气田日历年度天然气总产量	矿区使用费费率
不超过20亿标立方米的部分	免征

续表

每个气田日历年度天然气总产量	矿区使用费费率
超过 20 亿标立方米至 35 亿标立方米的部分	1
超过 35 亿标立方米至 50 亿标立方米的部分	2
超过 50 亿标立方米的部分	3

资料来源:《中外合作开采陆上石油资源缴纳矿区使用费暂行规定》(财税字〔1995〕第63号)。

第二,位于其他省、自治区、直辖市的中外合作油、气田适用以下矿区使用费费率如表6—3、表6—4:

表6—3　　　　　原油矿区使用费费率　　　　　单位:%

每个油田每个日历年度	矿区使用费费率
不超过 50 万吨的部分	免征
超过 50 万吨至 100 万吨的部分	2
超过 100 万吨至 150 万吨的部分	4
超过 150 万吨至 200 万吨的部分	6
超过 200 万吨至 300 万吨的部分	8
超过 300 万吨至 400 万吨的部分	10
超过 400 万吨的部分	12.5

资料来源:《中外合作开采陆上石油资源缴纳矿区使用费暂行规定》(财税字〔1995〕第63号)。

表6—4　　　　　天然气矿区使用费费率　　　　　单位:%

每个气田日历年度天然气总产量	矿区使用费费率
不超过 10 亿标立方米的部分	免征
超过 10 亿标立方米至 25 亿标立方米的部分	1
超过 25 亿标立方米至 50 亿标立方米的部分	2
超过 50 亿标立方米的部分	3

资料来源:《中外合作开采陆上石油资源缴纳矿区使用费暂行规定》(财税字〔1995〕第63号)。

原油和天然气的矿区使用费，均用实物缴纳。原油和天然气的矿区使用费，由税务机关负责征收管理。中外合作开采的油、气田的矿区使用费，由油、气田的作业者代扣，交由中国石油开发公司负责代缴。

(四)《中华人民共和国资源税暂行条例》

《中华人民共和国资源税暂行条例》规定了矿产资源税目税率，其中涉及能源部分如表6—5所示：

表6—5　　　　　　　资源税税目税率（能源部分）

税目		税率
一、原油		销售额的5%—10%
二、天然气		销售额的5%—10%
三、煤炭	焦煤	每吨8—20元
	其他煤炭	每吨0.3—5元

资料来源：《中华人民共和国资源税暂行条例》。

(五)《矿产资源补偿费征收管理规定》

1994年2月27日《矿产资源补偿费征收管理规定》国务院令第150号发布，自1994年4月1日起施行。根据1997年7月3日国务院第222号令发布的《国务院关于修改〈矿产资源补偿费征收管理规定〉的决定》修改。

第二条规定，在中华人民共和国领域和其他管辖海域开采矿产资源，应当依照本规定缴纳矿产资源补偿费；法律、行政法规另有规定的，从其规定。

第五条规定了矿产资源补偿费的计算公式：征收矿产资源补偿费金额＝矿产品销售收入×补偿费费率×开采回采率系数（补偿费费率见表6—6）；开采回采率系数＝核定开采回采率/实际开采回采率。核定开采回采率，以按照国家有关规定经批准的矿山设计为准；按照国家有关规定，只要求有开采方案，不要求有矿山设计的矿山企业，其开采回采率由县级以上地方人民政府负责地质矿产管理工作的部门会同同级有关部门核定。

表6—6　　　　　　　矿产资源补偿费费率（能源部分）

矿种	费率（%）
石油	1
天然气	1
煤炭、煤成气	1

资料来源：《国务院关于修改〈矿产资源补偿费征收管理规定〉的决定》。

第七条规定，矿产资源补偿费由地质矿产主管部门会同财政部门征收。矿区在县级行政区域内的，矿产资源补偿费由矿区所在地的县级人民政府负责地质矿产管理工作的部门负责征收。矿区范围跨县级以上行政区域的，矿产资源补偿费由所涉及行政区域的共同上一级人民政府负责地质矿产管理工作的部门负责征收。矿区范围跨省级行政区域的和在中华人民共和国领海与其他管辖海域的，矿产资源补偿费由国务院地质矿产主管部门授权的省级人民政府地质矿产主管部门负责征收。

三　矿产资源资产：使用权权益

矿产资源资产使用权益，目前主要通过收益法、底价法、市价法、成本法，对矿山资源资产进行评估。这部分价值在扣除上缴相应税费以后，应计入企业资产，即使用权权益。

第三节　能源资源资产核算、估值方法

矿产资源资产的评估方法一般有下面几种方法。

一　底价法[①]

底价法是根据矿产资源的丰饶度，在已探明矿床的矿石最高地质品位、最低品位地质及平均品位已知的条件下，据以计算单位品位级差的收益增量及矿床的平均地质品位的收益量，进而计算出总储量的总收益，

---

① 常国武、苏许栋等：《浅论矿产资源资产的评估》，《金属矿山》1997年第4期，第1—3页。

即矿产资源的底价的方法。在此基础上，表示该矿产资源的级差收益。再加上补偿价格即为矿产资源资产的评估净价。其公式为：

（1）矿产资源资产底价：

矿产资源资产底价＝矿石单位品位的平均收益增量×矿石平均品位×矿床的工业储量。

（2）矿产资源资产补偿价格：

矿产资源资产补偿价格＝∑（各补偿价格的构成要素×该构成要素的计费标准）±调整系数。

（3）矿产资源资产评估价格：

矿产资源资产净价＝矿产资源资产底价＋矿产资源资产补偿价格。

二 收益现值法

收益现值法是指通过估算被评估矿产资源资产的未来预期收益并折成现值，借以确定被评估矿产资产价值的一种资产评估方法。收益现值法对矿产资源资产进行评估的实质是将矿产资源资产未来收益转换成资产现值，而将其现值作为待评估矿产资源资产的重估价值。收益现值法的基本理论公式可表述为：

矿产资源资产净价＝收益额/适用本金化率。其中：

收益额＝年收益额－部门平均收益额。

采用收益法对矿产资源进行评估，所确定的资产价值，是指为得到该项资产以取得预期收益的权利所支付的货币总额。应用收益法评估矿产资源资产必须具备两个前提条件：首先，被评估的矿产资源必须是能用货币衡量其未来期望收益的资产；其次，矿产资源使用者在得到这项资产时所承担的风险必须是能够用货币计量的。

应该还注意一个问题，运用收益法进行矿产资源评估时，是以矿产资源资产投入使用后连续获利为基础的。如果在资产上进行投资却不是为了获利，进行投资后没有预期收益或预期收益很少而且又不稳定，则不能采用收益法。

通常采用的矿产资源资产评估时收益法的数学模型有以下几个（见表6—7）。

第六章 矿产资源问题研究 / 183

表 6—7   矿产资源资产评估收益法的数学模型

模型一①

$$净现值 = \sum_{t+1}^{n}[净现金流量_t \times (1+i)^{-t}] = \sum_{t+1}^{n}[(现金流入_t - 现金流出_t) \times (1+i)^{-t}]$$

其中，t 为勘查、开发年份；n 为勘查开发年限；i 为折现率。

现金流入 = 矿产品销售收入 + 固定资产余值 + 流动资金回收

现金流出 = 勘查总投资 + 开发总投资 + 开发经营成本 + 税金（不含资源税）

其中，投资和成本均为按社会平均技术和管理水平测算，经营成本为从全部成本费用中扣除投资利息、折旧费、维简费。折现率取行业平均资金利润率，对净现金流量进行以上折现计算的实质，就是扣除资金的平均利润。所以按以上参数计算的净现值是收回成本、偿还投资、获得投资应得的平均利润、缴纳除资源税之外的税金以后的余额，属超额利润。

模型二②

转让矿业权就是对矿产资源资产的经营权以及勘探成果资料的转让。其价格也应当取决于其价值——社会必要劳动量。在社会化大生产中，商品价格取决于其生产价格。也就是利润为资金平均利润率决定的平均利润。所以：

资产评估值 = 勘查、开发投资 + 平均利润 + 少部分超额利润

$$= \sum_{i=1}^{n}[勘探、开发投资 \times (1+i)^{-t} + 少部分超额利润]$$

注意：其中少部分超额利润是指国家可以留少部分的利润给矿业经营者，作为勘查开发矿产资源特别是禀赋优势好的矿产资源者的鼓励。

其中，投资按平均技术管理水平核算；

i：行业资金平均利润率；

n：勘查开发的年限，以平均技术管理水平所需时间为准；

t：勘查开发的年份。

模型三③

净现值法：这种方法需要首先确定矿床在全开采期的现金流量，然后将各年的净现值贴现到基准年，可得到矿床的净收益现值，最后，从净收益现值中扣除全部投资，即可得到该矿床的资产评估值。

第一，确定矿床全部开采期内现金流量

---

① 袁怀雨、李克庆等：《矿产的资源评估方法　矿业权流转价格　矿业税费征收标准》，《中国黄金经》1998 年第 5 期，第 32—34 页。

② 同上。

③ 王学评、赵连荣：《国有矿产资源资产评估初探》，《地质技术经济管理》1993 年第 5 期，第 33—35 页。

续表

设年单位净现金流量为 U_t　　$U_t = P_i - (C_r + C_t) - T_i$

P_i：矿产品的现行价格；

C_r：单位采选总成本；

C_t：单位运费和销售费用；

T_i：单位税金。

第二，净收益现值的确定

设净收益现值为 V

$$V = \sum_{i=1}^{N} Q_t \cdot U_t(P/F, i, N)$$

即 $V = \sum_{i=1}^{N} Q_t \cdot U_t/(1+r)^N$

其中，R：采选企业应得的利润。

模型四①

储量资产评估法：本方法是实体资产与未来收益相结合的一种评估方法，其主要意图是考虑了储量资产，同时综合利用成本计算法、市场数据法、收益计算法。公式如下：

V = C + R

其中，

V：储量资产价值；

C：包括地勘行业正常投资收益及风险损失在内的储量资产勘察成本；

C 又可以表示为：$C = I_a(1 + r_i) \times (1 + I_r)$

其中，

I_a：普查和探明储量资产的投资额；

r_i：投资收益率；

I_r：地勘行业投资风险系数；

R：是由矿产资源资产的效用性、稀缺性及不可再生性决定的资产产权预期收益，可表示为：

$R = R_1 + R_2 + R_3$

其中，

R_1：绝对收益；R_2：相对收益；R_3：耗竭补偿；

---

① 李秀莲、王志永：《矿产资源资产评估及其产权效益实现途径》，《河北地质学院院报》1993年第1期。

续表

其中,

R 如果根据产权预期收益的计算目的,则可表示为:

$$R = [(P - M_{ci})A_r \times U_r](1 + r)^n$$

其中,

P:被评估储量资产的矿产品市场价格;

M_{ci}:被评估的储量资产的矿山采选边际成本;

A_r:被评估的储量资产的储量;

U_r:应达到的采选利用率;

r:年利率;

n:从转让资产起,到一次性取得全部产权收益时的年数。

模型五[①]

以收益现值为计算基础,预期收益为指导思想的计算模型:

$$V = Q \times C \times K$$

其中,

V:储量资产价格;Q:经济可采储量;C:单位储量价格;K:综合调节系数

按照如下计算步骤进行:

第一步,经济可采储量的计算

$$Q = (n_1 \cdot Q_1 + n_2 \cdot Q_2 + n_3 \cdot Q_3 + n_4 \cdot Q_4 + n_5 \cdot Q_5 + n_6 \cdot Q_6) \times \rho$$

其中:

Q1:矿山保有的开拓矿量

Q2:矿山探明储量中扣除开拓矿量后的 A 级储量

Q3:矿山探明储量中扣除开拓矿量后的 B 级储量

Q4:矿山探明储量中扣除开拓矿量后的 C 级储量

Q5:矿山探明储量中扣除开拓矿量后的 D 级储量

Q6:矿区范围内及其近周边地区除探明储量外有可能增加的推断储量

n1—n6:为对应于各级别储量的保险系数;

ρ 为矿床回采率

第二步,单位储量价格的确定

$$C = \frac{\mu}{1 - P_1 - P_2}$$

μ:劣等矿产资源条件下的单位矿产品生产成本

[①] 连民杰、申铁忠:《矿山储量资产价值计算方法初探》,《金属矿山》2001 年第 2 期。

续表

P1：对应矿山国家征收的总税费率

P2：合理的毛利润率

第三步，综合调节系数的选取

K = 1 + K1 + K2 + K3 + K4 + K5

K1：地质条件影响系数

K2：勘查开发情况影响系数

K3：地理条件影响系数

K4：市场条件影响系数

K5：社会经济条件影响系数

第四步，计算公式：

$$Q = (n_1 \cdot Q_1 + n_2 \cdot Q_2 + n_3 \cdot Q_3 + n_4 \cdot Q_4 + n_5 \cdot Q_5 + n_6 \cdot Q_6) \times \rho \times (1 + K_1 + K_2 + K_3 + K_4 + K_5) \times \frac{\mu}{(1 - P_1 - P_2)}$$

模型六：收益法——贴现现金流量法[①]

贴现现金流量法的一般表达式：贴现现金流量法是根据国际上的 DCF（Discounted Cash Flow）分析法原理，估算被评估资产的未来收益，采用反算切割出剩余价值，并折算成现值，借以确定资产价值的一种评估方法。其计算公式为：

$$W_P = \sum_{I=1}^{N} [(W_{ai} - W_{bi}) \times 1/(1+r)^n]$$

其中，

W_P：采矿权评估价值

W_{ai}：年剩余利润额 $W_{ai} = E_{pi} - S_{ji} - Y_{bi} - Y_{si} - Y_{qi}$

W_{bi}：社会平均收益额 $W_{bi} = E_{pi} \times \delta$

E_{pi}：年销售收入

S_{ji}：年经营成本

Y_{bi}：年资源补偿费

Y_{si}：年资源税金

Y_{qi}：年其他税金

δ：社会销售收入平均利润率

r：贴现率

n：计算年限（i = 1、2、3、…n）

资料来源：张彩英：《资产评估：理论、方法、实务》，中国财政经济出版社2008年版。

[①] 张彩英：《资产评估：理论、方法、实务》，中国财政经济出版社2008年版。

三 市价法（市场比较法）

市价法是指通过比较被评估的矿产资源资产与最近出售的类似的矿产资源资产的异同，并将类似矿产资源资产的市场价格进行合理调整，从而确定被评估矿产资源资产价值的一种评估方法。其理论依据是市场交易中的替代原理。随着市场经济的发展，现代企业制度的建立，矿产资源资产产权交易日趋活跃，这都为市场比较法在矿产资源估价中的应用提供了条件。

四 成本法——前景系数法[①]

前景系数法主要用于对矿产资源资产探矿权的评估。其原理是在已知的地质条件下，利用现行勘探技术及勘探规范，将原勘查所实施的各种勘探手段所用的有效工作量，用目前现行价格重置勘查全价，利用前景系数调整出全新探矿权全价。在重置过程中，要根据勘查工程的质量和地质勘查报告的质量，对重置价值做技术性贬值处理，最终确定探矿权的价值。

第四节 能源资源基本情况

一 能源资源基本情况分析

（一）能源资源量、储量及其分布

根据国土资源部2016年9月发布《中国矿产资源报告（2016）》的数据，全国已查明煤炭资源量为1.57万亿吨。

中国煤炭资源分布面积达60万平方千米。根据中国煤炭资源聚集和赋存规律，可以天山—阴山造山带、昆仑山—秦岭—大别山纬向造山带和贺兰山—龙门山经向造山带为界，将中国划分为东北、华北、华南、西北和滇藏五大赋煤区。在此基础上，根据大兴安岭—太行山—雪峰山断裂带将东部三个赋煤区划分为六个亚赋煤区，即二连—海拉尔赋煤亚区、东三省亚区、黄淮海亚区、晋陕蒙宁亚区、华南亚区和西南亚区。

---

① 《资产评估学》，中国财经出版社2001年版。

既广泛又相对集中，西多东少、北多南少，是中国煤炭资源地理分布的重要特征。在大兴安岭—太行山—雪峰山—线以西的晋、陕、内蒙古、宁、甘、青、新、川、渝、黔、滇、藏12个省（市、自治区）的煤炭资源量占全国总量的89%；而该线以东的20个省（市、自治区）仅占全国的11%。分布在昆仑山—秦岭—大别山—线以北的京、津、冀、辽、吉、黑、鲁、苏、皖、沪、豫、晋、陕、内蒙古、宁、甘、青、新18个省（市、自治区）的煤炭资源量占全国煤炭资源总量的93.6%；而该线以南的14个省（市、自治区）仅占全国的6.4%。

根据《中国统计年鉴2016》的统计数据，2015年中国煤炭基础储量为2440.1亿吨，主要分布在山西、内蒙古、新疆等地。

根据国土资源部2016年发布的《2015年全国油气资源评价结果》，石油地质资源量为1257亿吨、可采资源量为301亿吨，包括致密油地质资源量为147亿吨、可采资源量为15亿吨。其中，陆上石油地质资源量为1018亿吨、可采资源量为230亿吨；近海地质资源量为239亿吨、可采资源量为71亿吨。与2007年全国油气资源评价结果相比，石油地质资源量、可采资源量分别增加492亿吨和89亿吨，增幅分别为64%和42%。

根据《中国统计年鉴2016》的统计数据，2015年中国石油基础储量349610.7万吨，主要分布在新疆、黑龙江、山西、河北、甘肃等地。

天然气地质资源量为90.3万亿立方米、可采资源量为50.1万亿立方米，包括致密气地质资源量为22.9万亿立方米、可采资源量为11.3万亿立方米。其中，陆上天然气地质资源量为69.4万亿立方米、可采资源量为37.9万亿立方米，近海地质资源量为20.9万亿立方米、可采资源量为12.2万亿立方米。与2007年全国油气资源评价结果相比，天然气地质资源量、可采资源量分别增加55.3万亿立方米和28.1万亿立方米，增幅分别为158%和127%。

根据《中国统计年鉴2016》的统计数据，2015年中国天然气基础储量为51939.5亿立方米，主要分布在新疆、四川、内蒙古、陕西等地。

（二）能源生产消费情况

中国能源消费长期保持高速增长，1978—2015年能源消费平均增速超过10%。煤炭是中国主导能源，生产和消费占能源结构比重长期维持

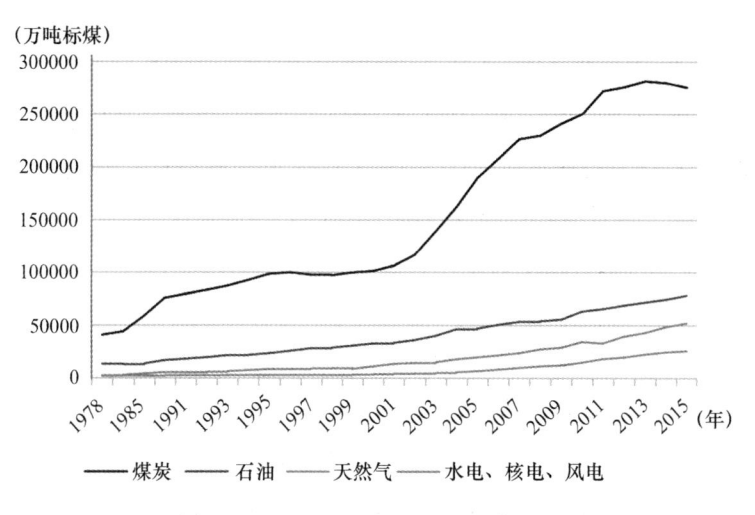

在60%以上。石油、天然气在相对较低的比重（见图6—2）。

图6—2　1978—2015年能源消费情况

资料来源：中国统计年鉴（2000—2016年）。

二　北京市能源资源基本情况

截至2015年年底，北京市煤炭资源储量为20.90391亿吨[①]（北京市规划和国土资源管理委员会，2016），基础储量为3.9亿吨[②]。主要分布在京西门头沟、房山地区。北京是一个能源资源相对匮乏的地区，所需能源98%以上要从外省调入，能源供需矛盾一直存在。北京市能源生产和消费有以下主要特点。

第一，能源供应自给率低，对外依存度高。北京常规能源资源极为有限，能源供应主要从外地调入，自产煤炭主要是无烟煤，分布在京西门头沟和房山区，有少量的水力发电资源，石油和天然气尚未发现可供开采的工业储量。电力供应60%从华北电网调入；天然气来自陕甘宁长庆天然气气田和华北油田；原油也全部由外地调入；原煤主要由山西、内蒙古调入，2015年共调入1153万吨标准煤，大大超过本地产量500万吨标准煤。虽然北京的一次能源大部分依靠外地调入，但北京拥有相当

---

① 按照统计口径这里的资源储量实质上是资源量的概念。
② 数据来自《中国统计年鉴2016》。

大规模的能源加工转换工业，能源加工转换主要是燃煤发电、供热，每年都有不少二次能源（如成品油）调出北京。

第二，能源消费总量扩大，但增长速度放缓。2001年以来，北京能源消费总量逐年增长，其中"十五"期间，能源消费总量增长较快，尤其是2004年能源消费量增速达到10.57%。2004年以后，增速开始放缓。2015年终端消费量为6852.6万吨标准煤，同比增长0.3%。

第三，能源消费结构去煤化。作为治理首都雾霾的重要一环，北京市决定到2020年为止，关闭北京地区内剩余的三处煤矿，分流安置职工11615人，这也意味着持续了800余年的北京煤炭开采历史将至此结束[①]。2016年起至2020年，京煤集团将主动引导退出长沟峪、王平村、木城涧、大安山、大台五个煤矿，共退出煤炭产能600万吨，实现京西煤矿全部退出的目标。退出的具体步骤为：2016年化解产能180万吨，退出长沟峪、王平村煤矿；2017年化解产能150万吨，退出木城涧煤矿；2018年化解产能100万吨，退出大台煤矿；2019年化解产能170万吨，退出大安山煤矿。

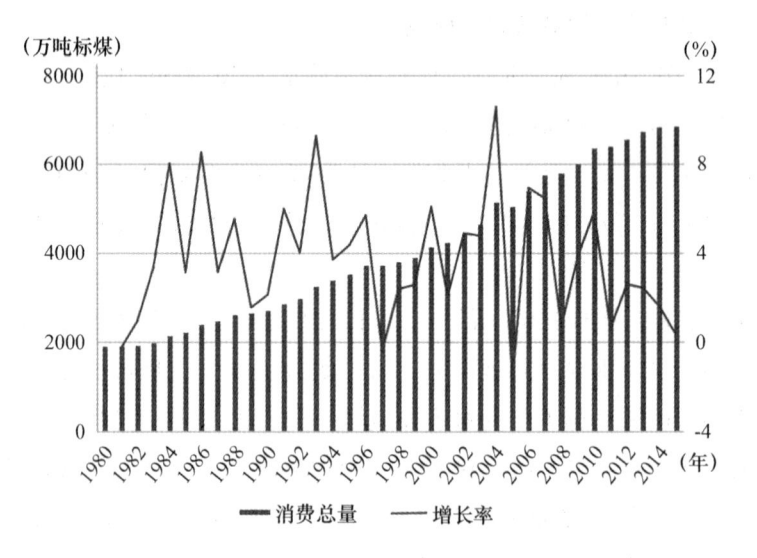

图6—3 北京市能源消费情况

资料来源：《北京统计年鉴2008》。

[①] 2016年12月25日，在北京市召开的安全生产电视电话紧急会议上，市安监局局长张树森表示，北京市煤矿将于2020年以前全部关闭退出，而北京市煤矿的关闭退出基本上全属京煤集团。

第七章

环境污染损失评估

《国务院办公厅关于印发编制自然资源资产负债表试点方案的通知》中明确提出，编制自然资源资产负债表既要反映自然资源规模的变化，更要反映自然资源的质量状况，注重质量指标，全面反映生态环境的质量。也就是说，环境资源的价值不仅体现在它的数量上，还体现在质量上。不同质量的环境资源的功能往往有很大的差异，这些差异直接关系到居民健康、经济社会的可持续发展。可以说，环境质量的恶化或改进也是自然资源负债的一部分。其恶化意味着自然资源负债的增加，其改进意味着自然资源负债的减少。然而，我们不能忽视环境污染评估的技术难点，如环境质量的非市场特性决定了其价值必须从其他间接途径进行评价，而环境污染程度与其受体危害程度的实物量关系需要开展大量基础科学研究和实地调查才可获取（过孝民等，2009）。为此，本章集中于环境污染损失估算的讨论。

第一节 中国环境质量现状

中国作为世界上最大的发展中国家，各种环境问题交错复杂，日趋严重。分析当前中国环境质量的现状，以及以"三废"排放为代表的中国环境质量的变化趋势，并结合北京市环境区域质量概况，对于国家及北京地区相关部门环境质量统计调查和家底摸查具有重要的启发作用。

一 中国环境质量整体状况

根据 2015 年中国环境状况公报，2015 年，在空气质量状况上，全国 338 个地级以上城市中，有 73 个城市环境空气质量达标，占 21.6%；265 个城市环境质量超标，占 78.4%。338 个地级以上城市平均达标天数比例为 76.7%；平均超标天数比例为 23.3%，其中轻度污染天数比例为 15.9%，中度污染为 4.2%，重度污染为 2.5%，严重污染为 0.7%。在废气排放中，SO_2 排放总量为 1859.1 万吨，比 2014 年下降 5.8%；氮氧化物排放总量为 1851.8 万吨，比 2014 年下降 10.9%。480 个城市开展降水监测，酸雨城市比例为 22.5%，酸雨频率平均为 14.0%，酸雨类型总体仍为硫酸型，酸雨污染主要分布在长江以南、云贵高原以东地区。

在废水排放及处理上，2015 年，全国废水化学需氧量排放总量为 2223.5 万吨，比 2014 年下降 3.1%，氨氮排放总量为 229.9 万吨，比 2014 年下降 3.6%。全国城市污水处理厂处理能力达 1.4 亿立方米/日，污水处理率由上年的 90.18% 提高到 91.97%。

在固体废弃物产生及处理上，2015 年，全国 246 个大中城市工业固体废弃物产生量为 19.1 亿吨，工业危险废物产生量为 2801.8 万吨，生活垃圾产生量约为 1.85 亿吨。其中，全国设市城市生活垃圾无害化处理量 1.80 亿吨，无害化处理率达 93.7%，比 2014 年上升 1.9 个百分点。

在噪音方面，321 个进行昼间区域声环境质量监测地级以上城市区域声环境质量平均值为 54.1 分贝；308 个开展功能区声环境监测的地级以上城市昼间监测点次达标率平均为 92.4%，夜间监测点次达标率平均为 74.3%。

在核辐射方面，全国环境电离辐射水平处于本底涨落范围内，环境电磁辐射水平低于国家规定的相应限值。

显然，我国环境质量在废水、废气、废物三个方面所面临的挑战尤为突出，而在噪音、核辐射方面的问题相对较小。为此，接下来，本书重点选取"三废"排放指标来反映中国环境质量的变化趋势，如图 7—1、图 7—2、图 7—3 所示。

(一) 废水主要污染物排放趋势

由图 7—1 可见，2006—2015 年废水排放总量总体呈现上升趋势，这主要归因于经济总量增长、人口规模扩大等因素。这 10 年中，2006 年废水排放总量最少。化学需氧量（COD）排放是废水中主要污染控制指标。由于 2011 年 COD 排放量的统计口径进行了修订，2010—2011 年大幅上升的状况不具有参考价值。但从 2006—2010 年、2011—2015 年废水中化学需氧量均呈现明显的下降趋势。这表明尽管污水排放总量在增长，但其污染治理程度在加强，水体质量的改善初见成效。水中 COD 越低，表明水体有机物质含量越低，水体中溶解氧的含量就越高，水生生物缺氧甚至死亡、水质腐败变臭等现象就越容易避免。我国水体中有 100 多种污染物，从目前水体污染现状看，最主要的污染物就是 COD。因此，本着全面突进、重点突破的原则，在环境污染损失评估中，水体质量的考核需要重点考虑 COD 污染状况，以解决水体的重污染问题和有机污染问题。

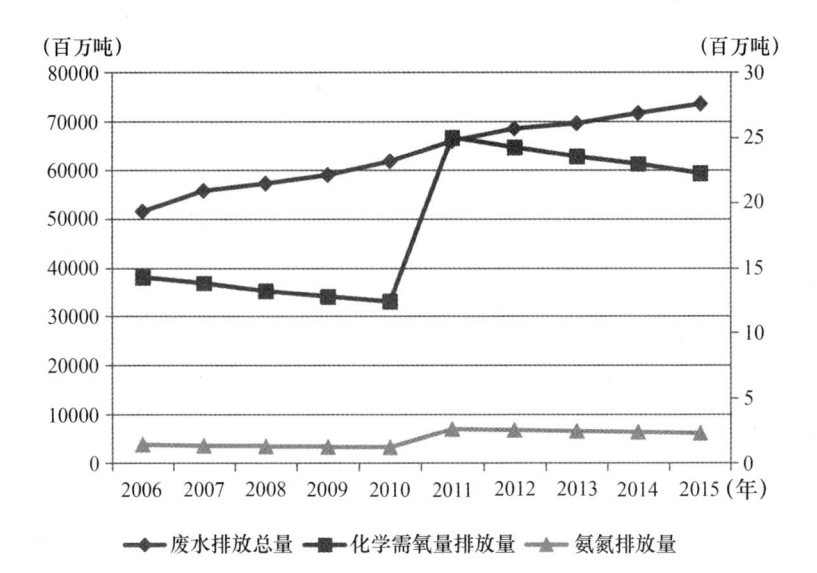

图 7—1 我国废水及主要污染物排放总量趋势（2006—2015 年）

资料来源：《中国统计年鉴 2007—2016》。

氨氮是环保部门统计的废水中的另一种重要污染物。2006—2015年，氨氮排放变化趋势与COD相类似，2006—2010年、2011—2015年逐年下降。其原因不外乎以下几条：其一，有机农业的发展使得化肥和农药使用量下降，从而随地表径流进入水体的污染量也会减少；其二，工业废水、生活废水大多经过污水净化处理后排入河流中，间接提升了水体的环境承载能力。归纳起来，影响河流氨氮含量的源头包括农业、工业、集中式污水处理设施。因此，从环境保护负债的视角来看，倘若将氨氮含量纳入地方政府政绩的考核体系中，相当于间接监管着政府在这三大源头的行为方式。

（二）废气中主要污染物排放趋势

以煤为主的化石能源支撑了过去40年中国经济的高速增长，然而，大量的煤炭消费带来了严重的环境问题，煤燃烧后产生的悬浮颗粒物和SO_2是我国主要的大气污染物，其中，SO_2污染物一直是社会及学者关注的焦点。如图7—2所示，2006年我国SO_2排放量为2588.8万吨，是世界第一位；到2006年，SO_2排放量达到近10年来的峰值2590万吨，2010年降至2185万吨。到2011年我国依然是世界最大的SO_2排放国，但"十二五"时期以来，随着更加严格的污染物减排目标的制定和实施，尤其是2013年国务院发布《大气污染防治行动计划》（简称"大气十条"），足以反映中央政府治理空气污染的决心，我国SO_2排放总量均有明显下降。但2014年，我国主要城市的SO_2年均浓度仍在3—87微克/立方米，而国家要求城市必须达到的二级浓度标准60微克/立方米，日均值超标天数占监测天数的0.7%，环境污染也进一步带来了严重的疾病和健康问题（Chen & He，2014）。因此，将SO_2排放量或浓度纳入环境保护负债体系中是势在必行的。

烟粉尘是另外一种大气污染物。由图7—2可见，2006—2010年烟（粉）尘排放总量基本都是逐年下降的，2010年排放达到近十年的最低水平；自2011年以后，烟粉尘排放量在起伏中呈现整体上升的趋势，在上升过程中，在不同年份分别出现了凸点，尤其是2014年烟粉尘排放量增幅最为突出，与上年相比上涨了36%。事实上，烟粉尘是可吸入颗粒物的主要来源和一次细颗粒物的重要组成，而可吸入颗粒物

(PM10)、细颗粒物（PM2.5）[①]严重威胁公众健康[②]和社会生产，并造成巨大的经济及人员损失。由此可见，烟粉尘排放量的控制有待进一步的收紧。通过 PM2.5 与 PM10 浓度的实时监测来控制烟粉尘的排放量，最终形成各地区经济转型的倒逼机制，对于降低环境污染损失而言意义重大。

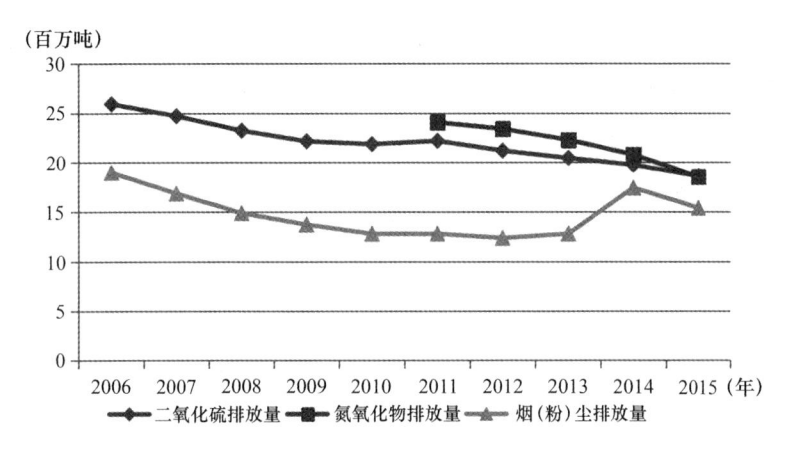

图 7—2　我国废气中主要污染物排放总量（2006—2015 年）

资料来源：《中国统计年鉴 2007—2016》。

氮氧化物是除 SO_2 之外形成酸雨的主要污染物。国家"十二五"环境保护规划将氮氧化物（NO_X）纳入总量控制指标体系。对应地，2011年氮氧化物排放量进入了监测范畴。由图 7—2 所示，"十二五"期间，氮氧化物排放量呈现明显的下降趋势，客观反映了我国治理氮氧化物污染的努力，环境保护负债的恶化得到了有效的遏制。

（三）固体废物产生及排放趋势

固体废物的产生与堆放都会产生对大气、水体和土壤的污染及占用

[①] 可吸入颗粒物是指悬浮在空气中，空气动力学当量直径不高于 10 微米的颗粒物。细颗粒物是指悬浮在空气中，空气动力学当量直径不高于 2.5 微米的颗粒物。

[②] 《全球疾病负担 2010 年报告》显示，当年中国因室外 PM2.5 污染导致 123.4 万人过早死亡以及 2500 万伤残调整寿命年损失，几乎占去全球此类死亡总数的 40%。资料来源：http://news.ifeng.com/shendu/nfzm/detail_ 2013_ 04/07/23929797_ 0. shtml/。

土地，影响人体健康、损害生态安全。由图7—3所示，2006—2012年工业固体废物产生量呈现直线式上升的趋势，2012—2015年呈现逐年略微下降的趋势。其中，近十年内，2012年工业固体废物产生量达到峰值，为3290百万吨；通过对废物的综合利用、处置及贮存，最终向自然环境中排放的工业固体废物呈现逐年明显下降趋势。由此可见，近十年来我国治理工业固体废物污染已取得了一定的进展。然而，尤其是我国农村固体废物的"乱堆、乱放、乱倒"现象仍十分突出，工业固体废物未经处理随意倾倒的现象仍然存在。而且，这些行为所造成的损失及其严重程度经常在相当长的时间后才表现出来。为此，固体废物污染非常有必要纳入环境污染损失的评估体系，以便更好地倒逼地方政府绿色发展。

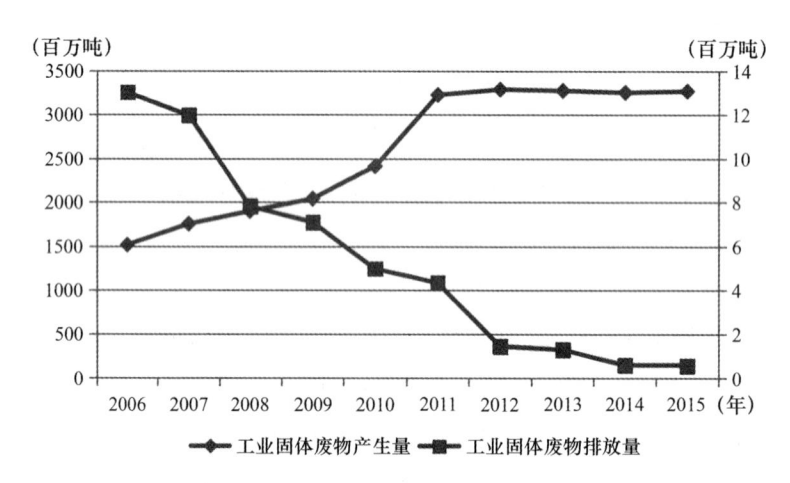

图7—3 我国固体废物产生及排放趋势（2006—2015年）

资料来源：《中国统计年鉴2007—2016》。

二　北京市区域质量整体状况

根据2015年北京市环境状况公报显示，全市大气环境质量持续改善，污染物浓度年际变化总体呈下降趋势。2015年，全市空气中PM2.5年平均浓度值为80.6微克/立方米，超过国家标准1.3倍；PM10年平均浓度值为101.5微克/立方米，超过国家标准0.45倍。SO_2年均浓度值为13.5微克/立方米，达到国家标准；大气降水年平均pH值为6.33，酸雨频率为4.8%；NO_2年平均浓度值为50微克/立方米，超过国家标准0.25倍；O_3日最大8小时滑动平均值第90百分位浓度值为2.2微克/立方米，超国家标准0.27倍，臭氧超标出现在4—10月，全日高浓度时段主要集中于下午到傍晚。从区域差异来看，各区SO_2年均浓度均达到国家标准，PM2.5、PM10年平均浓度均未达到国家标准，NO_2年平均浓度只有在怀柔、延庆、平谷、密云四区达到国家标准，其余各区均未达到国家标准。显然，当下北京市大气污染总体上呈现由南向北、由西向东逐渐递减的特征，主要集中在PM2.5与PM10污染物上，且南北差异显著。

表7—1　　　　北京市各区主要大气污染物年平均浓度值

单位：微克/立方米

	PM2.5	SO_2	NO_2	PM10
东城区	84.3	13.8*	51.2	103.4
西城区	83	14.5*	54	105.8
朝阳区	83.4	15.5*	59.4	106.4
海淀区	80	15.2*	56.1	102.9
丰台区	86.7	14.3*	51.5	115.6
石景山区	83.5	13.5*	50.3	113
门头沟区	77	11*	41.2	97.3
房山区	96.2	15.6*	56	112.2
通州区	92.5	20.1*	55.7	122.4
顺义区	81.4	11*	43.3	93.9
大兴区	96.4	18.3*	55.1	119.2
昌平区	70.6	12.1*	42.7	93.3
平谷区	78.8	13.3*	33.2*	100.3
怀柔区	70.1	9.2*	29.1*	84.6
密云区	67.8	11.9*	34.3*	87.6
延庆区	61	11.7*	30.8*	80.3
北京经济技术开发区	94.4	16.9*	53.3	117.5

注：*表示达到国家标准；其余各项均未达到国家标准。

资料来源：2015年北京市环境状况公报。

就水环境而言，全市集中式地表水饮用水源地水质符合国家饮用水源水质标准，水资源短缺和城市下游河道水污染严重的局面未根本改变。2015年，全市废水化学需氧量排放总量为16.2万吨，比2014年下降4.32%；氨氮排放量为1.65万吨，同比下降12.98%。地表水检测断面高锰酸盐指数年均浓度值为7.71毫克/升，氨氮年均浓度值为5.68毫克/升，与上年相比分别下降了4.2%和4.4%。所检测的五大水系长2284.6千米，劣Ⅴ类水质河长占44.5%，主要污染指标为化学需氧量、生化需氧量、氨氮等，污染类型属有机型污染。

就固体废弃物排放而言，2015年北京市产生工业固体废弃物666.93万吨，综合利用量548.52万吨，处置量118.41万吨，处理利用量100%；产生工业危险废物12.38万吨，综合利用4.56万吨，处置7.82万吨，处置利用率100%。

在噪音方面，全市声环境质量基本稳定，各区建成区区域环境噪声数值范围在51.2—55.3分贝（A），年均值为53.3分贝（A）；建成区道路交通噪声数值范围在63.5—72分贝（A），平均值为69.2分贝（A）。

就辐射环境而言，γ辐射空气吸收剂量率环境、环境水体中总α、总β、天然放射性核素铀活度浓度及土壤中放射性核素含量，与往年相比均无明显变化，属正常环境水平；电磁环境功率密度监测值低于40微瓦/平方厘米的国家标准限值，电磁环境质量状况良好。

显然，北京市环境质量在废水与废气污染物排放方面形势尤为严峻，而在固体废弃物、噪音及核辐射方面的问题相对较小。为此，接下来，本书重点选取大气污染物与水污染排放指标来反映北京市环境质量的变化趋势。

（一）水污染物排放趋势

如图7—4所示，2006—2015年北京市废水排放总量大体呈上升趋势，这与全国变化趋势一致，主要是由经济增速过快、人口规模扩大等因素所致。其中，由于化学需氧量统计口径在2011年进行修订，2010—2011年大幅上升并不具有分析价值。但从2006—2010年、2011—2014年来看，化学需氧量呈逐年下降的态势。同样地，氨氮排放量变化趋势也大体呈下降趋势，这离不开有机农业发展减少化肥农药使用量、工业废水与生活废水高效处理等方面的功劳。因此，整体来看，这些指标变化趋势间接肯定了北京市近年来污水深度治理成效。

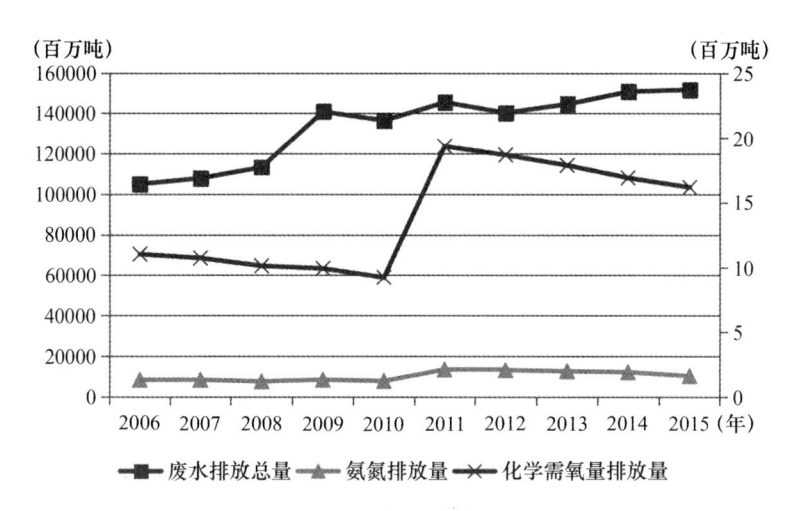

图7—4　北京市废水及主要污染物排放总量趋势（2006—2015年）

资料来源：《北京统计年鉴2007—2016》。

（二）大气污染物排放趋势

如图7—5所示，整体来看，2000—2015年北京市大气环境质量得到持续改善，主要污染物浓度呈现大致下降趋势。尤其是SO_2的减排效果十分明显，全市年均浓度由2000年的71微克/立方米逐年下降，于2004年首次达到国家二级标准（60微克/立方米），2015年降至13.5微克/立方米，累计降幅达81%，远远低于国家要求一类区（自然保护区、风景名胜区和其他需要特殊保护的区域）所必须达到的一级浓度限值（20微克/立方米），为北方采暖城市的最低值，且好于部分南方非采暖城市。这主要归功于近年来全市一系列去煤化措施的实施，燃煤总量大幅度下降。由此可见，现阶段北京市SO_2的过度排放得到有效遏制，形势较为乐观。相对而言，2015年PM10、PM2.5与NO_2年均浓度分别为101.5微克/立方米、81微克/立方米、50微克/立方米，尽管同比上年下降16%、5.8%、12%，但远远高于国家所规定的二级浓度标准（70微克/立方米、

35 微克/立方米、40 微克/立方米），减排挑战极其严峻，需要引起政府的高度重视。

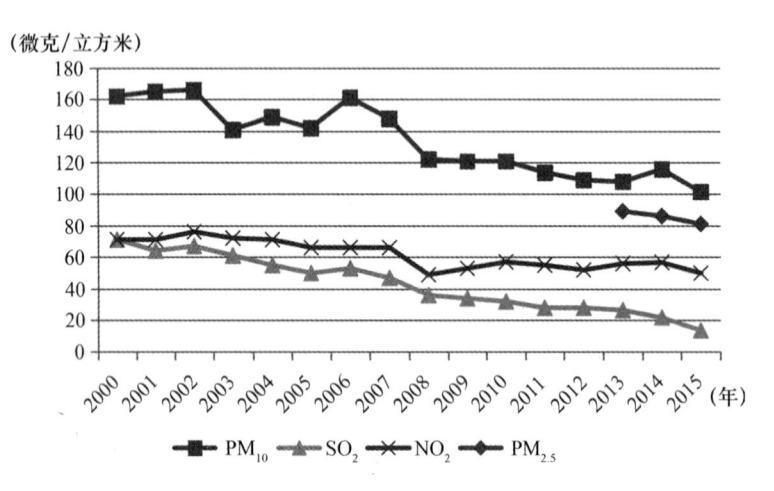

图 7—5　北京市大气主要污染物年平均浓度值变化趋势
（2000—2015 年）

资料来源：《北京统计年鉴 2016》。

第二节　环境污染损失评估的步骤

编制自然资源资产负债表关心的问题是通过摸清某个时期某个地区自然资源资产的家底情况来监测其变动情况，并提供决策支持。一旦人类活动污染了环境，使环境功能退化，因而减少了环境的价值，因此，本书并非讨论环境价值量的存量，而是环境被污染或破坏后环境价值的减少部分，即环境价值的流量。从近期看，由于环境问题的复杂性，特别是对于生态破坏损失的核算，其基础比较薄弱，所以，本书按照环境污染的不同类型（包括水污染、大气污染、固体废物污染），开展了环境污染的实物量核算，对于生态破坏损失实物量的核算暂时没有包括，其核心数据主要来源于政府官方报告。

由于我国自然环境管理权和损害权（如废水排放权、废气排放权等）

往往没有市场价值，特定的环境污染状况对人体健康、农产品产量等所带来的各种损害难以直接用市场价格来计量。但可以采用一定的定价技术，进行污染经济损失评估，在整个自然资源资产负债核算体系中最关键、也是最困难的一部分。就目前而言，尽管这些评估需要专门的污染损失调查，需要确定污染排放对当地环境质量产生影响的货币价值，如对产品产量、人体健康、生态环境等的影响，并将这些影响以货币的形式量化，从而确定污染所造成的环境退化成本，但10多年来，国内外学术界已取得了一定的数据积累与技术支撑，为本章环境保护负债的评估奠定了十分重要的学术基础。

通常而言，环境污染经济损失主要通过环境污染对人类健康、工农业产量及材料的危害来估算。按照污染介质来划分，污染类型主要包括大气污染、水污染和固体废物污染。接下来，我们将按照污染介质的分类进行逐一的损失评估分析，为应对环境保护负债的评估提供理论与方法上的参考。

一 大气污染

目前我国大气污染主要是以可吸入颗粒物（PM）、SO_2、NO_2等，这些污染物排放对人类健康及人力资源的生产力均有着有害的影响，酸雨和SO_2对农业、材料和森林都有明显的危害。因此，估算大气环境的经济损失，需要从居民健康损失、农业及材料损失两方面来入手。

（一）大气污染对居民健康的损失

近年来，随着能源结构的改变，中国城市地区的大气污染已经由煤烟型空气污染转变为煤烟和汽车尾气混合污染，颗粒物已经成为中国大多数城市关注的首要污染物。而我国大气环境质量已逐步建立起比较完整的城市监测网络体系，110个城市都有PM2.5、PM10、SO_2、NO_2、O_3等大气污染物的日报能力，这为大气环境质量的评估提供了可靠翔实的数据基础。事实上，大气污染对人类健康的影响非常复杂，在某些情况下表现为某种或某些污染物的急性中毒直接影响或以加重原患呼吸系统疾病、心脏病患者的病情进而加速这些患者死亡的间接影响表现出来。

因此，本章充分考虑获得可靠数据的可能性，优先选择按照国际疾病分类进行统计和分析的健康效应终端，选择国内外研究文献中已知与大气污染物存在定量的剂量—反应关系的健康终端效应。根据上述基本原则，本书选取了全因死亡、呼吸道疾病住院、心血管疾病住院、受限制天数（成年人）作为健康终端。

值得说明的是，在病理学研究领域有关污染物阈值的讨论一直尚未定论，但又是大气污染健康损失评估的重要一环。20世纪80年代，世界卫生组织（WHO）颁布的《空气质量准则》认为存在导致健康危害的临界值，并建议采用准则中推荐的基准值作为阈值。这也就是说，大气污染物存对人类健康的危害存在阈值（即临界值），如表7—2所示。但也有许多研究表示污染气体没有明显的阈值，大气污染物剂量对健康危害呈直线关系。为此，本书借鉴WHO的官方发布报告，以此为依据确定了污染物的阈值。

表7—2　　　　　　　　　　大气污染物的阈值

污染物	阈值（微克/立方米）	来源
PM10	20	WHO的空气质量准则
	0	Quah & Boon（2003）
PM2.5	10	WHO的空气质量准则
SO_2	50	WHO的空气质量准则

资料来源：笔者收集整理获得。

在不同的地理和气象条件下以及不同社会经济层面的人群中，暴露于高浓度空气污染的人数有巨大的差异，因此，在国家或省级层面估计暴露于不同浓度空气污染的人数有一定的困难。考虑到城市居民与农村居民均是室外大气污染的主要受害者，为简单起见，本书集中于室外大气污染健康损失的评估，暴露人群尚未区分城市与农村。最终，按照统计学研究思路，大气污染对人体健康的影响可以通过病理学领域的暴露—反应函数来评估和预测。其中最关键的数据是大气污染物单位浓度变化对暴露人口的健康终端影响的相关系数（β），即大气污染物浓度每增高1个单位，相应的健康结局（人群死亡率或患病率）增高的比例（%），从而得出对应的健康终端的相对危险度（RR），即

$$RR = e^{(\alpha+\beta c)}/e^{(\alpha+\beta c_0)} = e^{\beta(c-c_0)} \tag{7.1}$$

其中，c 是某种大气污染物的当前浓度水平，c_0 是其基线（清洁）浓度水平（阈值），RR 是大气污染条件下人群健康效应的相对危险度。其中，暴露反应关系 β 是评估污染经济损失的关键之一，一般采用长期队列研究和时间序列研究来统计分析出特定大气污染背景下的各种健康效应终端变化的数据，从而获得对应的暴露—反应系数；也有一些研究在此上述研究文献的基础上，采用一定的统计学方法（如 Meta Analysis）得到大气污染物与相关健康效应终端的暴露—反应关系模型。为了便于健康损失评估的标准化推广，我们进行了系统的文献回顾，并通过 Meta 分析和统计学趋势分析的方法分析了现有的研究成果，确定了不同健康终端的暴露反应关系函数，如表7—3所示。

表7—3　　　　　　　健康终端的暴露反应关系

（大气污染物浓度每增加1微克/立方米，健康效应增加的百分比）

健康终端	污染物	均值	置信区间	来源
全因死亡	PM10	0.43	0.26—0.61	Dockery 等（1993）；Pope Ⅲ 等（2002）
	SO_2	0.06	0.008—0.117	IES（2005）
呼吸道疾病住院人次	PM10	0.12	0.1—0.159	Aunan & Pan（2004）
	SO_2	0.05	0.01—0.09	IES（2005）
心血管疾病住院率人次	PM10	0.07	0.03—0.11	Aunan & Pan（2004）
受限制天数（成年人）	PM10	0.94	0.79—1.09	Ostro（1990）

资料来源：笔者收集整理。

那么，健康危害终端的评估方法如下：

大气污染造成的全因过早死亡人数。首先，需要根据某一地区的大气环境污染水平、健康危害结局和暴露—反应函数，先求出该地区的健

康危害背景值，大气污染对健康的危害即为扣除了健康危害背景值后的值，即：

$$f_t = \frac{f_p}{RR} \tag{7.2}$$

$$P_{ed} = 10^{-5}(f_p - f_t)P_e = 10^{-5}[(RR-1)/RR]f_p P_e \tag{7.3}$$

其中，P_{ed}为现状大气污染水平下造成的全因过早死亡人数（万）；f_p为现状大气污染水平下全因死亡率（1/10万），数据来自《中国卫生统计年鉴》；f_t为清洁浓度水平下全因死亡率（1/10万）；P_e为暴露人数（万），数据来自《中国统计年鉴》；RR为大气污染引起的全因死亡相对危险归因比。

大气污染造成的相关疾病住院（或发病）人数。同样的，首先计算出该地区清洁浓度下的相关疾病危害，进而将现状危害值与背景值的差额作为大气污染所造成的相关疾病住院（或发病）人数。公式如下：

$$P_{eh} = \sum_{i=1}^{n}(f_{pi} - f_{ti}) \tag{7.4}$$

$$f_{ti} = \frac{f_{pi}}{1 + \Delta c_i \times \beta_i/100} \tag{7.5}$$

$$p_{eh} = \sum_{i=1}^{n} f_{pi}\frac{\Delta c_i \times \beta_i/100}{1 + \Delta c_i \times \beta_i/100} \tag{7.6}$$

其中，P_{eh}为现状大气污染水平下造成的超住院（或发病）人次（万）；n为大气污染相关疾病；f_{pi}为现状大气污染水平下的住院（或发病）人次（万），数据来自《中国卫生统计年鉴》；f_{ti}为清洁浓度水平下的住院（或发病）人次（万）；β_i为单位污染物浓度变化引起健康危害i变化的百分数（%）；Δc_i为实际污染物浓度与健康危害污染物浓度阈值之差（$\mu g/m^3$）。

接下来，需要将居民健康损失货币化。具体而言，疾病成本法（COI）是指患者患病期间所有的与患病有关的直接费用和间接费用，包括门诊、急诊、住院、药费、工伤收入损失等，即：

$$EC = P_{eh} \times (C_h + WD \times C_{wd}) \tag{7.7}$$

其中，C_h是疾病住院成本，元/人次，根据《中国卫生统计年鉴

2010》《中国第四次卫生服务调查报告》获得，呼吸道疾病住院成本为5152元，心血管疾病住院成本为6467元；WD是疾病休工天数，根据2003年全国第3次卫生服务调查获得，呼吸系统疾病人均休工3天；C_{wd}是疾病休工成本（元/天），疾病休工成本＝某地区基准人均GDP/365。

针对过早死亡损失，修改的人力资本法往往应用人均GDP作为一个统计生命年对GDP贡献的价值来评估。也就是说，对于整个社会经济而言，损失一个统计生命年就是损失了一个人均GDP。在特定大气污染浓度背景下，人群的过早死亡损失可以由损失的生命年中人均GDP之和来衡量。那么，污染引起过早死亡的经济损失计算公式：

$$C_{ed} = P_{ed} * \sum_{i=1}^{t} GDP_{pci} \quad (7.8)$$

其中，P_{ed}是污染引起早死人数，t代表污染引起早死平均损失的寿命年数，根据年龄的分组与大气污染相关疾病的死亡率，得到平均损失寿命年数为18年（韩明霞等，2006），GDP_{pci}是2015年某地区人均GDP现值，数据来自《北京统计年鉴2016》。基于自然资源资产负债表的最终目的是摸清自然资源与环境质量的变动情况，此时，每年人均GDP的变动因素不考虑在内，应选取基准年人均GDP值进行评估，才会具有可比性。

值得说明的是，环境污染暴露—健康反应关系的建立是一个十分复杂的研究课题，研究方法、研究对象、研究对象所处的环境，如大气污染水平、总体生活水平等，都对大气污染健康损失评估有较大的影响。其中，个体收入是影响意愿支付赋值的关键因素，尤其是两个人均GDP差距较大的两个省市，疾病住院成本采用全国平均数值后的偏差较大，为此，单位住院成本C_h需要根据全国人均收入与某地区人均收入的比值换算出来，具体公式如下，$W = W_e \times (I/I_e)^e$，其中，W为调整后某地区住院成本，W_e为全国平均水平下的住院成本，I与I_e分别表示某地区的与全国平均人均收入水平，收入弹性e设为1。

（二）大气污染对农业的损失

对于种植业而言，大气污染通过酸雨等形式直接影响其产量，通常按照粮食减产的市场价值来衡量。具体而言，农作物减产经济损失（单位：万元）计算公式为：

$$C_{ac} = \sum_{i=1}^{n} a_i P_i S_i Q_{oi}/100 \quad (7.9)$$

其中，P_i 是农作物 i 的市场价格（元/千克）；S_i 是农作物的种植面积（万公顷）；Q_{oi} 是对照清洁区农作物 i 的单位面积产量（千克/公顷）；n 是指农作物种类，包括水稻、小麦、大豆、棉花、油菜、蔬菜，a_i 是大气污染引起农作物 i 减产的百分数。根据过孝民等（2009）的资料整理，表7—4 列出了 SO_2 浓度和 pH 值对农作物减产的剂量反应关系，其中，当 $SO_2 \geq 0.04$ 毫克/立方米且 pH ≤ 5 时，农作物处于酸雨和 SO_2 复合污染之下；当 $SO_2 \geq 0.04$ 毫克/立方米且 pH > 5 时，属于 SO_2 单一污染；当 $SO_2 <$ 0.04 毫克/立方米且 pH ≤ 5 时，农作物损失来源于酸雨单一污染。由于我国酸雨在南方为重灾区，因此，在制定环境保护负债细则方面，需要因地制宜，根据上述 SO_2 和 pH 值的区间范围来决定是否将酸雨与 SO_2 对农业危害考虑在内。

表7—4　SO_2 与酸雨单独和复合污染对农作物产量影响的剂量反应关系

农作物	减产百分数		
	SO_2 污染/（毫克/立方米）	酸雨污染（pH）	SO_2 和酸雨复合污染
水稻	10.96X_1	—	2.92 + 17.93X_1 − 0.182X_2
小麦	26.91 X_1	27.59 − 4.93X_2	24.61 + 30.17X_1 − 4.3949X_2
大豆	28.78 X_1	15.32 − 2.73X_2	26.32 + 31.91 X_1 − 4.7 X_2
棉花	25.16 X_1	22.67 − 4.05 X_2	29.06 + 28.31 X_1 − 5.1886 X_2
油菜	50.80 X_1	47.39 − 8.46 X_2	34.57 + 43.92 X_1 − 6.1724 X_2
蔬菜	53.45 X_1	48.1 − 9.05 X_2	29.4 + 51.32 X_1 − 5.25 X_2

注：X_1 代表 SO_2 浓度，X_2 代表酸雨的 pH；当 SO_2 浓度或 pH 超过阈值时，分别使用表中左、中列中的关系式；当 SO_2 浓度和 pH 同时超过其阈值时，使用右列中的关系式。

资料来源：过孝民、於方、赵越：《环境污染成本理论与方法》，中国环境出版社2009年版。

（三）大气污染对材料的损失

通常，酸雨对长期暴露在户外大气中的各种材料产生了不可忽视的损害。魏复盛和王文兴（1990）研究表明：当 $5.6 < pH < 7$ 时，雨水表现出非常弱的酸性，对生态环境没有危害，对材料有轻微影响；当 $5 < pH < 5.6$ 时，雨水具有弱酸性；对材料有影响；当 $4.5 < pH < 5$ 时，雨水为酸性，对材料有破坏作用，对生态环境没有急性危害但有长期影响；当 $4 < pH < 4.5$ 时，雨水表现出强酸性，对材料有严重的破坏作用；当 $pH < 4$ 时，雨水表示出极强酸性，严重破坏材料。鉴于此，本书认为酸雨的材料损害阈值应为 $pH = 5.6$。

也就是说，尤其是北方地区属于非酸雨区，同时气候也比较干燥，SO_2 污染的材料损失很小。此时，在估算环境保护负债时，因地制宜，只有酸雨 pH 均值低于阈值的地区需要计算酸雨的材料损失。

二 水污染

（一）水污染对人类健康的危害

水是维持人体生命的必要因素，同时也直接关乎人体健康质量。考虑到水污染的主要健康危害对象是农民，受数据可得性的影响，国内有较多的文献研究以取水方式作为水污染评价因子，以改水前后、不安全/安全饮用水或自来水/非自来水作为污染因子进行研究，具体的取水方式可以根据具体研究对象的情况而定（李莲芳等，2006），从而结合相应的暴露反应关系进一步评估发病人数与死亡人数，并给以货币化评估。

然而，基于环境保护负债的视角，评估某个地区的水体污染对居民健康的危害难度非常大，最大的挑战就是数据可得性。以北京市为例，大部分居民均采用了自来水的饮水方式，而引用非自来水的居民比例尚未可知，没有数据可以获得。此时，需要借助以往研究中单位废水环境退化成本来估算。

（二）污染型缺水造成的经济损失

目前关于污染性缺水的讨论大多只停留在定性阶段，即一般认为对于大多数水资源丰富的南方地区而言，往往是由于水质污染或水利设施不足造成缺水；相对而言，在北方地区常常表现为资源型缺水。事实上，一旦河流上游被污染，往往会造成下游城市水质污染，进而造成该地安全饮用水匮乏现象。通常地，这种类型的污染型缺水程度估算需要该地区的实际需水量和供水量的差额来确定，但这些数据在现实生活中却又很难获得，为我们环境保护负债的评估带来了较大的挑战。简便起见，我们可以借助以往研究成本估算的每吨废水引起环境退化成本来估算。

三 固体废物污染造成的经济损失

相对于水污染、大气污染而言，固体废物污染具有明显的隐蔽性与滞后性，需要在相当长的时间内才能表现出来，而且此类会通过其他介质进行污染转移，比如通过土壤、粮食生产或水体等途径进而转移到人体内，进而造成不可估量的危害。具体到我国而言，固体废弃物受重视程度低，且综合利用、无害化处理率不高，大量固体废弃物采取了贮存、排放、堆放等形式处理，从而侵占了大量的土地资源。因此，现有文献往往会基于机会成本的角度，以等量的农作物种植所获得的利润来对固体废弃物占地造成的污染损失进行核算。实际上，某个地区固体废弃物的占地面积数据很难获得，需要通过遥感技术进行估算才可。然而，在现阶段，北京市固废侵占土地面积数据难以获取，为此，我们同样借助于以往研究成果估算的每吨固体废物污染引起的环境退化成本来核算。

四 核算难点剖析

综上所述，环境保护负债按污染介质来分，包括大气污染、水污染和固体废物污染造成的经济损失；按污染危害终端来分，包括人体健康经济损失、工农业（种植业、林牧渔业）生产经济损失、水资源经济损失、材料经济损失、土地丧失生产力引起的经济损失和对生活造成影响的经济损失，各项污染损失的核算范围、核算对象、核算方法及难点见表7—5。

表7—5　各项污染经济损失的核算范围、核算对象、污染因子和核算方法

	大气污染			水污染		固体废弃物
	健康	种植业	建筑材料	健康	污染性缺水	
污染因子	PM10、PM2.5、SO_2	SO_2、pH	SO_2、pH	不安全饮用水或非自来水	因污染造成的缺水量	固废堆放面积
核算范围	全国县及县以上城市	酸雨重灾区	酸雨重灾区	全国县及县以上城市	全国县及县以上城市	全国县及县以上城市
核算对象	暴露人口（室外）	农作物	建筑材料	农村不安全饮用水暴露人口	工农业生产和人民生活	固体废弃物占地损失
实物量核算方法	暴露反应关系	暴露反应关系	暴露反应关系	暴露反应关系，统计数据	调查统计数据	调查统计数据
价值量核算方法	疾病成本法、人力资本法、意愿支付法	市场价值法	市场价值法	人力资本法	影子价格法	机会成本法
备注（或难点）	多种大气污染物的健康危害损失之和作为大气污染危害居民健康的损失	因地制宜，根据SO_2和pH值的区间范围来决定是否将酸雨与SO_2对农业危害考虑在内	只有酸雨pH均值低于阈值的地区需要计算酸雨的材料损失	最大的挑战就是数据可得性，可操作性低	需要地区的需水量和实际供水量来确定的，但相关数据难以获取	地区固体废弃物占地面积数据需借助遥感技术获取

资料来源：在过孝民等（2009）基础上，经作者整理获得。

基于表7—5所列出的估算难点及适用范围，环境保护负债的核算同样需要因地制宜，结合当地污染问题的严重性，有重点地选取污染估算

对象，这样会更加合理。然而，受制于数据的可得性，自然资源资产负债难以全面系统的开展评估。同样地，污染估算对象的选取也要根据当地数据的获取情况而定。

第三节 环境污染损失评估——以北京市为例

在上述明确环境保护负债框架结构、基本内容和核算方法的基础上，以北京市为例，本书试估算了2015年环境污染损失价值量，按照废水、废气和固废三个层面展开，具体情况如下。

一 水污染损失

废水排放主要包括禽畜养殖废水、工业废水、农村生活废水、城市生活废水等四种。理论上，这些水污染造成的经济损失包括健康损失、污染性缺水及工农业生产损失等。然而，由于缺乏不安全饮用水数据、污染性缺水量、劣Ⅴ类农业用水量等数据，难以开展具体的环境退换成本估算。2006年环境保护部环境规划院测算：2004年废水污染引起的环境退化成本约2862.8亿元；根据污染物总排放量，相应的废水单位污染物引起的环境退化成本为4.5元/吨。因此，2015年北京市废水排放量为151733万吨，导致的环境污染损失为68.28亿元，占北京市GDP的0.29%。

二 大气污染损失

废气排放所造成的环境污染损失包括人体健康、种植业和建筑等损失。其中，2015年全市SO_2年平均浓度值为13.5微克/立方米，低于酸雨对农作物危害阈值40微克/立方米；大气降水年平均pH值为6.33，高于pH阈值5。显然，北京不属于酸雨重灾区，且对农作物的危害较小，可以忽略；而酸雨对材料损害的pH阈值为5.6，同样地，北京酸雨对建筑材料的损害也是微乎其微的。因此，本书仅测算大气污染物排放对人体健康的危害来衡量废气所造成的环境污染损失。

据统计，2015 年，北京空气中可吸入颗粒物（PM10）年平均浓度值为 101.5 微克/立方米，SO_2 年平均浓度值为 13.5 微克/立方米，明显低于居民健康损失的阈值（50 微克/立方米）。为此，本书在评估废气健康损失时，只考虑了 PM10 污染物。正如前文所提到的，北京市各区县大气环境质量差异显著，因此，我们非常有必要分区估算大气污染健康损失。根据《北京统计年鉴 2016》可获取各区县常住人口总数，并依据 2015 年年末常住人口的 65.3% 为成年人（30 岁以上）的事实估算出各区县的成年人人数，由此我们确定了北京市大气污染的暴露人数。结合在当前大气污染现状下居民健康终端情况、单位损失成本（见表 7—6、表 7—7），本书根据公式（7.1）—（7.8）估算出 2015 年北京市大气污染对居民健康的损失，结果如图 7—6 所示，朝阳区居民健康受大气污染损害最为严重，其次是海淀区，而受损最小的是延庆区与怀柔区；又如表 7—8 所示，PM10 污染所造成的居民健康损失达 681.38 亿元，约占当年北京市 GDP 的 2.96%。

表 7—6　　　　　　　北京市居民健康终端发生率（每千人）

健康终端	发生率（‰）	年份（年）	来源
全因死亡	4.95	2015	《中国统计年鉴 2016》
呼吸道疾病住院率[a]	24.5	2008	《北京卫生年鉴 2009》
心血管疾病住院率[a]	7.8	2008	《北京卫生年鉴 2009》
受限制天数（成年人）[a]	3000	2004	Kan & Chen（2004）

注：a 受数据可获性的限制，尽量选择近期数据。
资料来源：笔者收集整理。

表 7—7　　　　　　　北京居民健康终端单位损失成本

健康终端	单位	成本	评估方法	来源
全因死亡	例	1916946 元	修正人力资本法	Hammitt & Zhou（2006）
呼吸道疾病住院人次[a]	次	5152 元	疾病成本法	《中国卫生统计年鉴 2010》《中国第四次卫生服务调查报告》

续表

健康终端	单位	成本	评估方法	来源
心血管疾病住院人次[a]	次	6467元	疾病成本法	《中国卫生统计年鉴2010》《中国第四次卫生服务调查报告》
受限制天数（成年人）[b]	天	231元	意愿支付法	Kan & Chen (2004)

注：①a一般而言，住院费用包括直接住院费、陪护费以及因住院而误工的工资损失。考虑到本书中受限制天数已作为一个独立的健康终端。那么，单位住院成本由直接住院费用和陪护费两部分组成。受数据的有限性，将《中国卫生统计年鉴2010》中细菌性肺炎住院费用代表着呼吸道疾病直接住院费用，充血性心力衰竭住院费用代表着心血管疾病住院费用；且间接住院费用由《中国第四次卫生服务调查报告》获取的2008年数据代表。b 单位成本数值是根据2010年中国整体人均收入与借鉴文献中具体调研年份具体城市人均收入的比值换算出来的，具体公式如下，$W = W_c \times (I/I_c)^e$，其中，W为调整后年份健康成本，W_c为文献中具体调研年份具体城市的健康成本，I与I_c分别表示调整后年份与调研年份具体城市的人均收入，收入弹性e设为1。

②成本根据2015年价格计算所得。

资料来源：笔者收集整理计算得出。

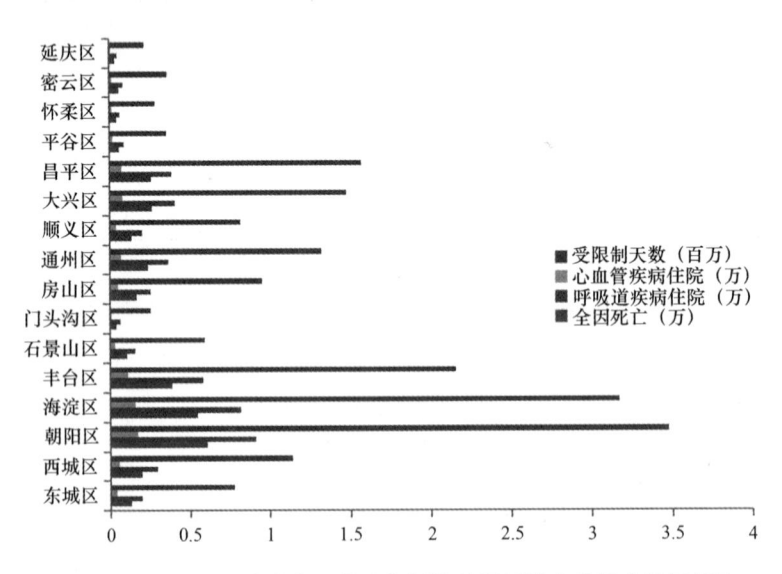

图7—6 2015年北京市各区县大气污染的居民健康终端实物量损失

资料来源：笔者收集整理计算得出结果。

表 7—8　　　　　　2015 年北京大气污染的居民健康经济损失

健康终端	PM10 例（万）	PM10 损失（亿元）
全因死亡	3.31	634.49
呼吸道疾病住院	4.96	2.55
心血管疾病住院	0.96	0.62
受限制天数（成年人）	1892.81	43.72
合计	—	681.38
健康经济损失占 GDP 比重	—	2.96%

资料来源：笔者计算得出。

三　工业固体废物污染损失

固体废物污染引起的环境污染损失主要指固废侵占土地的机会成本。然而，北京市固废侵占土地面积数据难以获取。为此，2006 年环境保护部环境规划院的测算：2004 年固体废物污染引起的环境退化成本约为 6.5 亿元，相应的单位污染物引起的环境退化成本为 0.54 元/吨。据统计，2015 年北京市工业固废产生量为 709.86 万吨，因此，相应的工业固废环境污染损失可以以此估算，约 0.04 亿元。

四　环境污染损失测算结果

综上，2015 年北京市环境污染损失总价值量为 749.7 亿元，占当年北京市地区生产总值的 3.26%。从结构上来看，如图 7—7 所示，大气污染占总损失的 90.89%；其次是水污染，约占总污染的 9.11%。这表明北京市 2015 年环境保护欠账主要是由大气污染物的过度排放导致的，这是需要北京市政府高度重视并集中力量解决的难题。

五　测算困难与问题

环境污染一直是国内外关注的焦点，相应地，将环境污染引入自然资源资产负债表的核算体系是至关重要的，但也一直都是难点。归纳起来，主要存在以下两大困难。

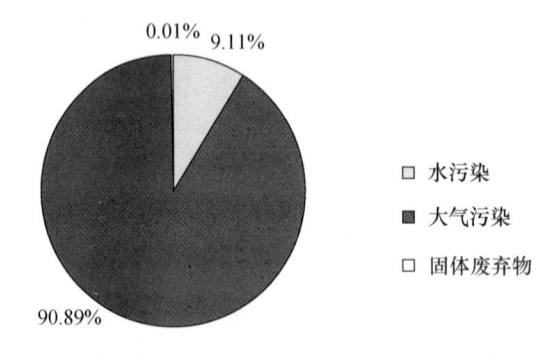

图7—7 2015年北京市环境污染损失结构

资料来源：笔者计算得出。

（一）环境污染相关基础统计数据缺失、不准确

由于各区域环境污染的类型千差万别，污染程度又存在显著差异，从而对这些污染的实物量核算难度较大，部分污染实物量统计数据（比如，固体废弃物堆放面积、水资源、居民安全饮水情况等）缺失严重，导致环境保护负债的测算并不全面。为此，针对现阶段难以获取的数据，本章借鉴前人文献，采用相关数据进行替代以实现环境保护负债的核算。

（二）环境污染的科学货币化评估十分困难

事实上，如何科学衡量环境污染的经济损失十分困难。比如，环境污染对居民健康的损害需要建立在病理学领域的暴露—健康反应关系基础上，然而，这与研究方法、研究对象、研究对象所处的生活环境如大气污染水平、气候环境、总体生活水平、公共医疗水平、居民身体素质等密切相关，这对暴露—反应关系的研究结果有较大的影响。同时，居民健康经济损失涉及的数据包括环境、医疗、社会、经济水平等地区数据较多，可搜集到的数据又存在很大的缺失，如过早死亡的经济损失，不同经济水平地区的疾病别的医疗费用等，如何能够客观地反映各地区的疾病成本和疾病严重程度的休工状况，存在很大的不确定性。尽管困难重重，但在测算环境污染损失时，忽略环境污染对居民健康的损害是严重违背了"以人为本"基本准则，也是与"健康中国"战略的实施背道而驰。基于上述问题,本章对环境污染损失的定价方法采用适当变通处理,优先选择有关中国的研究数据,其次选取国内外公认的统计分析结果,但也要结合人均收入水平的差异对不同地区的单位损失数据进行适当调整。待后续数据可获得的前提下,我们将会进一步改进环境保护负债的核算方法。

第八章

资源与环境区域关系问题研究

第一节 资源与环境视角下区域的界定及其解释

一 对区域的界定

（一）区域的核心内容

区域（Region）是作为地理学的概念提出的。20世纪50年代美国地理学家惠特尔西（D. Whittlesey）对区域提出了比较全面和本质的界定：区域是选取并研究地球上存在的复杂现象的地区分类的一种方法，即地球表面的任何部分，如果它在某种指标的地区分类中是均质的话，即为一个区域。

地理学和区域科学对区域概念的界定大体包括三个方面：一是同质性，组成区域的要素必须是均质（或同质）的，均质（同质）性成为区域界定的首要与基本的原则；二是系统性，区域必须是一个系统，这个系统既可以由多种因素构成，也可以由单要素构成，系统性是区域科学将区域系统性研究视为其研究基本特征与核心的根本原因；三是独特性，区域必须具有自身的独特性，按某种指标或标准划分出的区域必须与其他区域有明显差别。

（二）区域的利益主体

区域的存在方式总是与其外部环境保持着要素之间的双向流动。在微观经济研究中，利益是驱动企业和个人等主体的经济行为的核心因素，由于区域内部要素之间具有相互的作用，加之边界的客观性存在，在区域与其外部环境的交流中,不同的主体形成共同的利益,区域便有了利益共同体。从区域利益到区域行为的过程中,区域结构的松散程度发挥着重要的影响。

在行政区域经济系统中,一方面,企业、居民及非政府组织等往往不能充分发挥区域主体在区域治理中应用的功能,他们常常依附于地方政府,这样地方政府就成为公共利益的代表,成为推进主体功能区建设的重要区域主体。另一方面,在主体功能区建设中,各级政府的利益被较多地考虑,企业、居民、非政府组织等其他相关主体的利益很少甚至没有被考虑到。其主要原因为,经济增长是地方政府政绩考核的核心内容,这样就使得全国各级地方政府在经济发展中热衷于提升经济总量,而忽略环境的保护,经济的发展往往以透支生态环境的可持续发展为代价,追求短期经济利益,同时,同级政府间为了维护本区域的利益,实行地方保护主义,区域之间的合作很少,导致经济发展和环境治理效率低下。

(三) 区域的实体内容

区域是包含具体内容[①]的。对于任何一个一般性的经济区域(见图8—1),其要素构成可归为两大领域,即社会经济系统和资源与环境系统,包含政府、企业、个人等利益和行为主体,不同经济要素、资源要素与环境要素之间以及不同主体之间交互作用,共同构成区域的实体内容。与此同时,区域内部的要素运动和交互作用会形成一定的结构或者格局,具体而言是一种要素集聚与分散的空间状态,在这种结构或者格局之下,区域按照作用强度范围形成边界。

一般而言,综合型的区域具有多重边界特征,如自然边界、行政边界、商品的销售边界、经济活动的影响边界等,有的界限是清晰的,如自然边界和行政边界,有的则是渐变的过程,如商品的销售边界、经济活动的影响边界等,渐变性的边界彼此之间往往并不重合,但在某种意

[①] 区域和民族、阶级概念一样存在于人类的认知体系当中。不同的识别方法会导致自然区域、经济区域、行政区域等不同的区域类型的出现,而不同的区域类型会包含不同的地理要素或不同的要素组合形式。基于研究的需要,这里我们关注的是以行政区域为基础所形成的行政经济区域。

义上会对要素的运动产生不同程度的"屏蔽"效应。

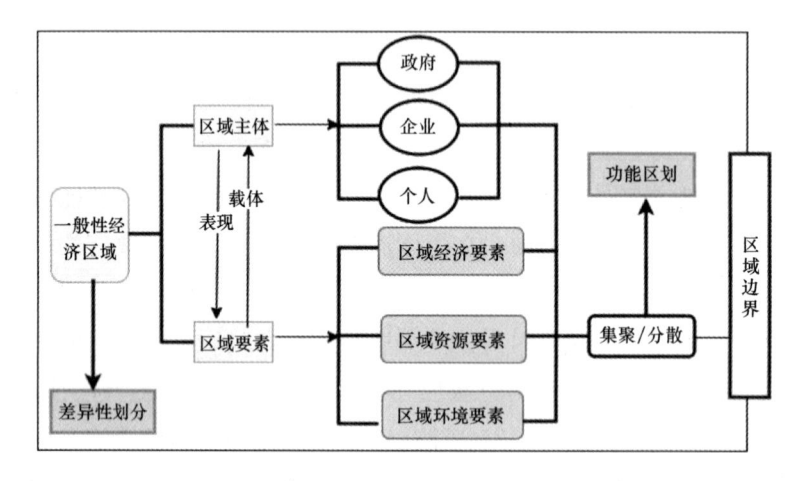

图8—1 区域的实体内容

资料来源：笔者绘制。

二 从"差异区"到"功能区"：区域观的演化

地理学对于区域概念的解释为"外部差异、内部综合"，体现了地理学从经验成长为一门科学。地理学的应用包含两个方向，一个方向是"区划"，另一个方向是"区域地理"研究。其中"区划"按照内部相对一致、外部相对差异的原则，以区域之间的相互差异为依据，将全部国土进行划分，包括自然区划、经济区划，以及两者结合的农业区划和其他各种类型的综合区划。区域和区划两个概念与地理学密不可分，区域是地理学的经典研究对象，而区划则是地理学认识客观世界的手段。

（一）从差异区向功能区的过渡

差异性是区域的特征，但并不是辨识区域的唯一根据。地理学以系统论的思想为出发点，针对区域展开"结构—功能"的研究，认为区域内部各个相关因素的相互作用具有结构特征，从而形成"功能性区域"。我国自20世纪90年代以来开展了一系列功能区划研究，其设计的内容包括全国和区域层面开展的生态功能区划，包括重要的江河、渠道、水库、湖泊的水功能区划，环境功能区划，全国海洋功能区划，自然保护区功能区划等，这些功能区划以某一区域功能为着眼点，对地域空间进行划分，为今后的功能区划工作提供了理论储备和时间经验。纵观近几年国内地理经济学者的研究可以发现，"功能区"的研究主要包括城镇体系、增长极、发展轴带、开发区等的研究，其共同特点为强调扩散、极化、带动、集聚等区域外部作用，强调区域功能。

功能区规划的根本目的在于实现区域的可持续发展。目前，对于如何进行区域主体功能区规划还处于探索阶段，学术界在一些关键问题上还存在较多的争议，其争议的焦点可以归纳为两方面：一是如何打破行政区对规划的束缚和限制；二是开发和保护的类型阈值确定。打破行政区对规划的束缚和限制的优点在于，一个行政区可能是多个主体功能的综合体，避免了行政区单一主体功能定位的局限性，例如，某个行政区的主导功能定位是限制开发区，但其境内又可被细划为优化开发区、重点开发和禁止开发区三种主体功能区，这样该行政区就可以在开发和保护中找到一种平衡。如何科学合理地界定开发与保护之间的分界点依然是主体功能区划分的难点，开发和保护的类型阈值确定在区域主体功能区规划中是一个不得不面对并解决的核心与焦点问题，客观上要求在规划中尽可能采用先进的技术方法，从而尽量避免规划中的争议。

(二) 功能区与区域外部性

区域外部作用是指某一区域的经济社会活动对其他区域产生的影响，具体表现为各种地理要素在区域之间的空间运动。区域外部作用是进行功能区别、识别功能区域的核心准则。区域外部作用与功能区密不可分，所以，任何抛开区域的外部作用而研究区域功能，或者是抛开区域功能而研究区域外部作用的研究都不具有科学意义。

判定某一区域特定功能的重要标准是判定该区域具有何种外部作用或对其他区域施加什么性质的影响。比如说，在生态功能区划中，通过判断该区域的生态保育程度对中下游水环境质量的影响，从而确定流域上游水源涵养区；在空间规划中，通过观察某一区域对周围地区的辐射和带动作用，从而确定其为区域经济发展的增长极。"功能区"概念是否具有科学性的根本前提是区域外部作用的客观存在。

(三) 区域外部性要求区域生态补偿

在区域外部性视角下，存在大量关于"环境影响""发展关联"和

"生态服务"等外部作用的实例。假设区域外部性处于一种未加干预的自由市场环境状态,那么必然会导致诸多生态环境问题。

同经济活动的外部性相同,区域外部性问题也可分为两大类,即正外部性和负外部性。可以通过对比整体边际成本(General Marginal-Cost, GMC)和区域边际成本(Regional Marginal-Cost, RMC),以及整体边际收益(General Marginal-Benefits, GMB)和区域边际收益(Reginal Marginal-Benefits, RMB)来区别正外部性和负外部性。当整体边际收益大于区域边际收益时即为正外部性,比如保护生物多样性、建设区域内的自然保护区、建设上游区污水处理厂、研发与应用节能环保技术等,绝大部分的生态环境建设行为都具有正的区域外部性;当整体边际成本大于区域边际成本时即产生负外部性,比如将森林、草场、湿地和湖泊等开垦为农田,上游区的工厂向河流排放污染等,通常绝大部分的生态环境破坏行为都具有负外部性。按照环境经济学的假设,区域行为的选择取决于边际成本和边际收益的均衡,如图8—2,当均衡点 e 点偏离整体的最优点 e' 点,即存在区域外部性,当发生区域负外部性时,区域之间滋生的一系列生态和环境问题,会使区域关系处于不和谐与不可持续的状态。

(A) 正的区域外部性   (B) 负的区域外部性

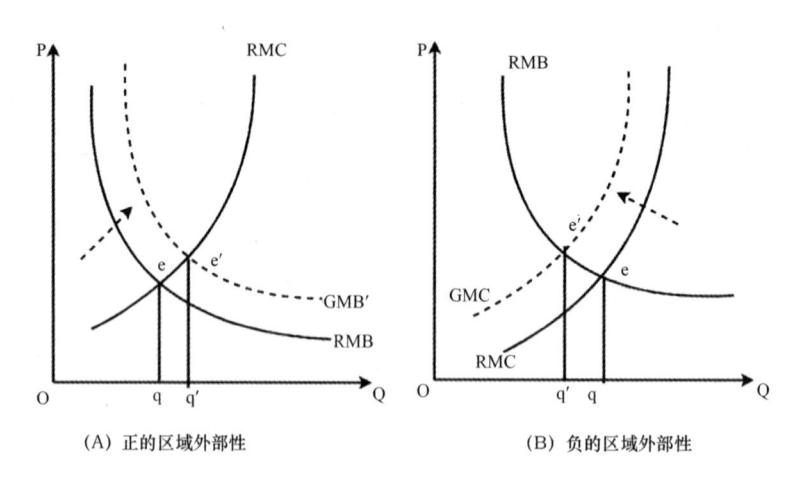

图8—2 区域外部性对整体均衡的影响

注:假设条件为在正的区域外部性中将区域边际成本等同于整体边际成本;而负的区域外部性中将区域边际收益等同于整体边际收益。

资料来源:笔者整理绘制。

在缺少外部干预的环境下，各区域会以自我利益为中心，不断从生态环境中获取各种资源，最终会导致生态建设的供给不足和生态环境资源的过度消费，如图8—2中，q点与q'点的偏离。外部干预会起到一定的约束作用，但强制化的行政手段往往会引起社会矛盾的激化。比如说政府通过功能区划的手段，对不同的区域施加一定的约束，通过禁止某些区域的生态破坏行为，强制某些区域进行生态环境建设，强制化的手段会带来不同区域之间生态、环境和经济利益的失衡，激化区域间的矛盾。上述两种不干预或这干预不当的情况都会导致社会整体的人地关系系统濒临崩溃。因此，在区域层面实施生态补偿，并对区域生态补偿机制进行深入研究，具有重要的科学意义和实践意义。

三 从"微观主体"到"区域"：经济学的视角

从注重微观的利益主体到开始重视区域层面上的问题，体现了经济学对生态补偿问题的关注在研究视角上的变化。

（一）经济学关注生态补偿问题的一般角度

经济学分析生态补偿问题的主要利益主体和行为主体是个人、企业和政府。资源和环境经济学是以"理性人"和"利益最大化原则"等假设为前提，运用新古典经济学的"边际"和"均衡"、新制度经济学中的"产权"和"交易成本"等方法，对生态和环境问题中经济因素进行分析，"外部性""公共物品""自然资本"和"生态服务价值"等经济学研究生态补偿问题的核心理论。资源和环境经济学是近年来经济学领域内发展较快的分支之一。

作为研究发展、资源稀缺与资源配置的科学，经济学在讨论市场配置效率的时候发现了"市场失灵"，公共物品和外部性的存在是导致市场失灵的主要原因。环境经济学是从经济学的视角解释环境问题，其运用的理论包括公共物品和外部性等理论，经济学与环境经济学的共同点是不讨论"空间"，经济学在讨论空间关系时，做了"均质空间"的假设或者只在抽象空间上讨论问题，由于"环境"研究不能联系具体的地理区域，这样就使得经济学在环境方面的研究陷入困境。而当经济学回答生态补偿问题时，处理"政府与企业""社会与私人"的关系却满足了具体的地理区域与地理区域的关系这一现实需要的"充分条件"。

（二）产业的空间集聚

产业的空间集聚是产业经济活动在地理空间上的集中，是相关产业主体出于利益考虑向特定区域集聚和分散的过程，其本质是经济要素和空间要素相互作用的结果。新经济地理学分析了规模报酬不变的产业（农业）和规模报酬递增的产业（制造业）的集聚特征，尤其把制造业作为研究的核心，以产业集聚作为主要表征的空间因素被纳入了主流的经济学分析框架中。产业集聚的动力来源包含两个方面，其一是产业的内生集聚动力，本质是空间的经济收益差异化；其二是产业的外生集聚动力，本质是制度安排。产业集聚不仅具有空间分布效应，其更对区域的经济发展的产生了重大的影响，这种影响有可能表现为区域发展不平衡。从根本上讲，地域间的经济发展水平差异也是一种内生性，但并非内生于技术进步，而是内生于空间分布。这种内生性迫使空间经济学对传统经济理论做出改进。以产业集聚为特征的空间要素与经济增长理论的结合是当前经济学最为前沿也是最具有吸引力的研究方向。从当前经济社会发展的情况而言，产业集聚现象已经成为我国经济社会发展进程中的重要特征，集中化的产业活动与特定的地区空间相结合，就形成了内部经济活动同质化的区域。

（三）从个体外部性到区域外部性

将具有相似经济活动特征的企业进行集合便有了产业，产业的地理集聚过程中使诸多生产同类产品或具有产业关联的企业集聚于特定地域，产业的集聚则将个体（企业、个人）特征放大为区域特征，使得个体的环境外部性被放大为区域外部性。2006年吉林市江北地区的化工厂发生爆炸，导致有毒液体泄漏污染了松花江，使下游地区一些重要城市（哈尔滨、佳木斯等）的生产和生活受到严重影响。从当地媒体和人们谈论中可以发现，对水污染行为的职责很少涉及具体的企业，而多将责任归咎于吉林市，在这个层面上，区域替代了企业成为外部性行为的责任主体①。

四 区域产权与区域利益

在现实经济发展中，任何区域都面临资源稀缺性的发展制约，具有理性经济人特征的区域必然要跨越边界限制在更广阔的区域网络体系中通过区际贸易、劳动分工等，发挥比较优势，增进区域利益。这一过程实际上是一个完全的产权交易过程，即通过区域之间特定资源的产权让渡，克服稀缺性的先天制约，实现区域利益的共同增进。区域协调发展与区域产权密切相关，而实现区域产权离不开对区域利益的保护和补偿。

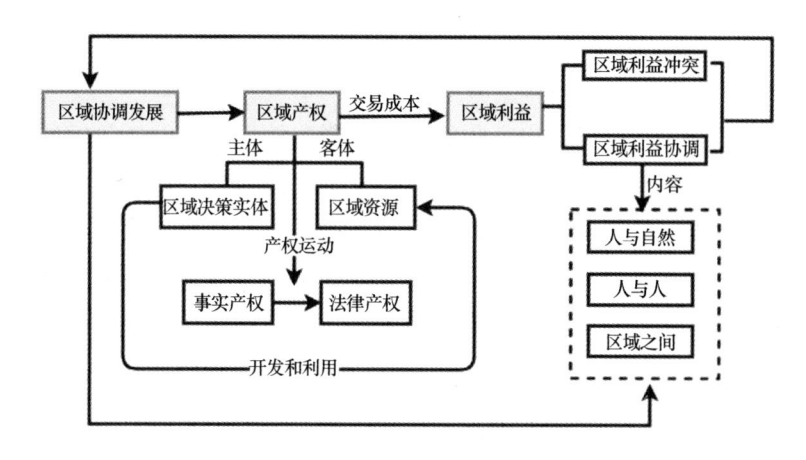

图8—3 区域产权与区域利益

资料来源：笔者绘制。

（一）区域产权

区域实体对某些资源享有事实上的"选择权"，这些资源可通过选择（决策）区域资源的配置方式而成为区域资源，实现区域利益最大化的目标。区域产权的主体是区域决策实体，通常是指政府，区域产权的客体是区域资源，主体对客体具有明确的开发目的和利益取向。

区域产权首先是一种"事实产权"，所谓"事实产权"是指以利益为

---

① 丁四保、王昱：《区域生态补偿的基础理论与实践问题研究》，科学出版社2009年版。

驱动形成的主体间关系，属于经济范畴上的产权，无关资源是否稀缺、既定产权是否明晰。区域产权由"事实产权"上升为"法律产权"。区域产权是一个"嵌套的规则体系"。通过法律方式形成的产权科层被"嵌入"行政科层之中，使得区域产权总是通过法律、政府管制等表达，其内容与形式取决于不同制度科层在区域上的交叉。[1]

在我国现阶段的区域协调发展中，地方正负产权交易的障碍主要体现在以下几个方面：第一，区域利益纠纷中产权的界定障碍。由于地方政府间的产权界定没有既定的规则可以遵循，地方政府出于争取更大区域利益的初衷在利益博弈的过程中往往偏好对本区域有利的产权价值评判，因而博弈双方很难达成合意的协议，且政府作为区域内利益主体权益的"代理人"，面对众多利益往往"众口难调"，一定程度上也影响政府决策，使得区域利益纠纷中的产权难以合理界定。

第二，区域利益纠纷中产权的交易障碍。处于不同发展阶段的区域在进行利益谈判时并非完全平等的，同国家之间的外交相类似，在利益博弈中，欠发达区域的利益因话语权轻微而难以充分体现，而发达区域在利益博弈中往往处于优势地位。此外，处于不同发展阶段的区域其利益诉求和关注焦点都是有差异的，能否形成区域利益交集取决于各方的利益诉求。

第三，区域产权的保护难以得到有效保障。产权制度最重要的特征是排他性，但区域层面上的产权自然环境和技术条件的制约具有非完全排他性，由此滋生了"外部性"和"搭便车"的源头跨界污染问题。所以，当遭受负外部性的区域决定保护产权时，往往受制于受损程度难以界定、协调交易成本过高等现实因素，产权保护难以有效实现。

（二）区域利益：产权范式下的区域研究

区域经济活动的逐利性意味着它不能受制于确定空间界限的桎梏，而要在更广阔的区域空间内实现资源的优化配置。经济活动的扩散性与区域边界的收敛性的自然对立，一方面暗示了区域经济联系的必然性，

---

[1] 刘瑞超、刘鹏、程路兰：《产权视角下的中国区域制度研究》，《经济体制改革》2017年第6期。

另一方面也预示着区域利益冲突的必然性，由此衍生出区域协调发展这一现实问题。区域利益冲突与产权交易成本有密切关系，一旦交易成本过高甚至超过由产权交易带来的利益增进时，区域之间的利益冲突难以通过产权的博弈化解，最终无序和扭曲的区域竞争不仅带来竞争双方的内耗和损伤，而且背离了区域发展的初衷。

区域利益的冲突在很大程度上是由经济发展水平决定的，地区经济发展的不平衡，使各地方政府在经济体制转轨中，越来越重视与其他地区经济发展的利益关系，并开始了地方政府之间在保护市场、争夺资源以及在资金、人才等方面的激烈竞争和博弈行为。就当前我国经济发展的实际情况来看，区域利益冲突的主要体现在以下几个方面。

其一，为争夺产业利益而进行的低水平重复建设。许多区域由于地区利益，在生产资源配置上，不考虑生产力布局、提高宏观经济效益的客观要求和地区经济优势的特点，而仅从本地区的利益出发，对同一领域项目的盲目引进、投资。据有关资料测算，东部与中部经济结构相似率为93.5%，中西部结构相似率为97.9%。区域盲目重复建设已成了我国近年来经济效益连年下降，经济运行质量不高的一个重要因素。

其二，为争夺产业利益而进行的原料大战。我国正处在这样一个时期，工业内各行业投资回报率差异巨大（如表8—1所示），强烈的利益驱动诱导投资者纷纷涌向投资回报率高的行业。

表8—1　　2007年原材料工业资金利润率（以广东和深圳为例）　　单位:%

原材料工业类别	资金利润率（广州）	资金利润率（深圳）
黑色金属冶炼及加工	5.21	6.09
有色金属冶炼及加工业	18.81	4.72
石油加工、炼焦及核燃料加工业	4.26	16.33
化学原料及制品制造业	38.49	11.76
电力、热力的生产和供应业	23.44	13.57
燃气生产和供应业	4.35	8.14
水的生产和供应业	4.42	7.10

资料来源：林丽颖、张虹鸥《广州和深圳工业行业结构效益比较研究》，《热带地理》2010年第3期。

在原料普遍供给不足的情况下,各区域为了地方财政的增长,为了本地人民收入水平的提高,确保本地生产能力又不能闲置,原料大战就不可避免。区域间便一方面抬价抢购原材料,另一方面在各地区交界地广设关卡禁止本地原材料流出。这样便诱发了羊毛大战、生猪大战、板栗大战、中药材大战、丝绸大战、羊绒大战等多种区域原料争夺战。

其三,为争夺产业利益而进行的市场封锁和地方保护。随着区域市场由卖方向买方的转变,区域市场约束成为区域经济发展和财政收入提高之关键。常见的市场封锁和地方保护措施有设法不让外地对本地有冲击的产品进入本地市场、强令本地消费者消费本地产品、阻止本地资源流向外地、动用价格杠杆提高本地产品竞争力、采取超经济手段逼迫外来商品退出本地市场等。更有甚者,有的地方政府为维护区域局部利益,在企业产权交易和资产重组中,搞假破产真逃债,市场交易行为被扭曲。

市场经济体制下区域利益冲突是必然的,在竞争基础上走向协调也是可能的,甚或具有一定的内在机制和规律性。发达国家区域关系的变化过程表明,在实践上能否既有冲突,又有协调,关键在于能否正确利用市场机制,有效实施适合国情的产业布局政策和调控手段。在市场经济框架下,政府通过利用政策工具,通过改善要素收益信号,间接调动社会资源内部积累和外部投入,达到政府调节与市场机制的有机对接,才能实现地区的长远利益。

第二节 区域生态补偿的量化与模型构建:基于区域外部性的分析

一 区域生态补偿的责任主体

区域生态补偿的首要问题是回答"由谁来补偿",解决了这个问题,便对区域之间的利益关系进行辨别,也就明确了责任主体。依据"区域外部性"的理论,区域外部作用的地理载体在一定程度上影响到区域生态补偿中区域主体间的责任关系,同时其运动方向、作用范围、格局等因素决定了区域外部性的空间特征。

（一）以水为媒介的地理运动接近于私人外部性

水是一个全球循环系统，作为地球表面物质循环的重要媒介之一，水具有重要的搬运作用，且会直接作用于区域外部，这样就很容易形成重点关注的流域问题。除极个别的荒漠、戈壁之外，我国大部分流域是跨行政区域的，所以，理论上重点研究的问题变成为流域内生态补偿问题。

区域经济活动以流域为媒介产生外部作用。其一，河水总是沿着径流方向做跨区域的运动，形成上中下游各个区段；其二，流域往往被行政区所分割，因此产生"产权"；其三，流域的水土流失不可避免，无论是水利侵蚀还是水力—风力共同侵蚀，都会把泥沙、沙土带到区域外部；其四，上游区域使用河流的水资源必然影响下游区域的资源数量；其五，流域中，污染物质的扩散主要是靠河水来搬运的，一个区域的水污染必然沿流域向外部扩散。

（二）以大气为媒介的地理运动往往导致公共外部性

噪声在空气传播中距离衰减比较明显，除区域边界之间的噪声外，一般噪声不会超越一个区域的边界，因此，当噪声发生时，补偿主体一般为企业或者建设项目，补偿主体与区域内部发生关系，因此针对噪声污染的区域之间的生态补偿我们不做考虑。

污染物质在大气中的扩散有两种情况，一种是烟尘的沉降，另一种是酸雨。空气中污染物的排放会形成盐城，由于烟尘中颗粒物的等级比较大，其扩散一般不会超越区域的边界，所以烟尘的沉降是区域内部问题。酸雨是 pH 值小于 5.6 的雨雪或其他形式的降水，主要是因大量燃烧含硫量高的煤而形成的，由于空气流动经常是跨区域的，受损地区往往不是工业化地区，源头众多而难以分辨，"区域产权"难以分辨和实施，所以酸雨对环境的影响就成为"公共物品"，所以也就不可能存在区域之间的相互补偿关系。

二 区域生态补偿的量化分析

（一）区域生态补偿计算方法

经济学对外部性的描述一般以行为人的福利变化为依据，一种正的外部性意味着特定行为人面临的福利增加；而一种负的外部性则指行为人遭受福利下降的损失①。个体在可替代性事物之间的选择，本质上反映了对个体这些事物的评价，只要一方的价值被肯定，那么另一方的价值就可以被间接地导出。人们福利变化的其中一种测量方式是评估外部性，在一些情况下，外部性的变化与受影响个体的福利变化是一致的。本书区域生态价值补偿的测算思路如图8—4所示。

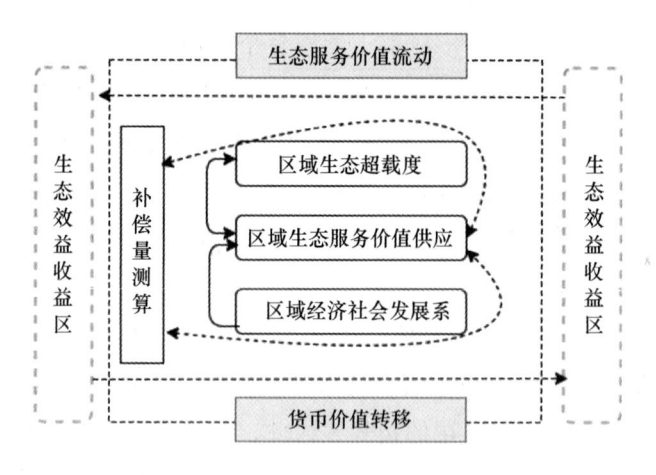

图8—4　区域生态价值补偿测算思路

资料来源：笔者绘制。

支付意愿（WTP）和接受补偿意愿（WTA）是经济学对外部性的评估存在着两个潜在的原则。其中支付意愿指个体为了获得一种正的外部性或者避免一种负的外部性而愿意支付的最大货币量；接受补偿意愿（WTA）是指个体放弃原本可以获得的一种正的外部性或者接受一种负的外部性所要求的最小货币量。

以环境产权为例，假设环境产权属于一般公众，那么公众对企业污染具有很大的制约性。因为一旦企业的污染行为降低了公众的福利，那么公众很可能采取措施以阻止其发生，除非他们获得足够的补偿，无论是企业还是项目建设其排放污染都必须得经过一般公众的同意。但是如

---

① 李项峰：《地方政府行为外部性研究》，博士学位论文，暨南大学，2007年。

果环境产权属于污染企业,这实际上意味着企业具有合法排污的权利。此时,一般公众为了避免遭受污染损害而向企业进行的最大支付成为他们对这些外部性的预期评估。当前,区域生态价值补偿的估算方法如表8—2所示。

表8—2　　　　　　　区域生态补偿标准估算方法

类型	计算方法	特点
市场价值法	生产要素价格	将生态系统作为生产汇总的一个要素,生态系统变化将导致产量和预期收益的变化
	机会成本法	以其他利用方案中的最大经济效益作为该选择的机会成本
	影子价格法	以市场上相同产品的价格进行估算
替代市场价值法	防护费用法	以替代工程建设费用进行估算
	恢复费用法	以恢复原有状况需承担的治理费用继续估算
	资产价值法	以生态环境变化对产品或生产要素价格的影响来进行估算
	旅行费用法	以游客旅行费用、时间成本及消费者剩余进行估算
假想市场价值法	条件价值法	根据消费者支付意愿或者受偿意愿来进行价值计算
生态足迹模型	综合法和成分法	用生物生产性土地面积估算和比较对自然生态系统服务的需要和自然生态系统供给力之间的差距

资料来源:胡淑恒:《区域生态补偿机制研究》,博士学位论文,合肥工业大学,2015年。

(二) 区域生态补偿标准核算模型:基于流域水源区的测度研究

这里按照成本补偿、效应分享、长效机制建设思路,从生态补偿的实际需要出发,构建出生态补偿标准核算的计量模型①。该模型分为五个主要部分,分别是机会成本损失补偿、投入成本与运营费用补偿、经济红利分享、生态改善效应贡献补偿,其计量公式为:

$$M = OC + TC + EED + EEI + EWTP \tag{8.1}$$

式(8.1)中,OC表示机会成本损失补偿;TC表示投入成本与运营

---

① 胡仪元等:《流域生态补偿模式、核算标准与分配模型研究》,人民出版社2016年版。

费用补偿；EED 表示经济红利效应分享；EEI 表示生态改善效应贡献补偿；EWTP 表示受益企业及居民的额外支付意愿。

①机会成本损失补偿 OC

$$OC = L_{al} + L_i + L_{eu} \quad (8.2)$$

式（8.2）中，L_{al} 表示规划区内水源地坡耕地价值损失价值；L_i 表示引资增量损失价值；L_{eu} 表示生态利用损失价值。

$$L_{al} = area_{规划面积} \times (area_{陡坡面积} \div area_{总面积}) \cdot \sum_{i=1}^{7} n_i \cdot x_i\% \cdot p_i \quad (8.3)$$

$$L_i = [AAI \div (HPI/TPI) - AI_{already}] \times [(AI_{already} - AI)/AI] \times p \quad (8.4)$$

$$L_{eu} = \sum v_{z1} \times \bar{P}_{zw1} + \sum v_{z2} \times \bar{P}_{zw2} + A_{nf} \cdot V_{ua} \quad (8.5)$$

式（8.3）—（8.5）中，$area_{规划面积}$ 表示规划治理总面积，计算中需要根据相关政府规划文件来设定；$area_{陡坡面积}$ 表示水源区或其某区域内坡度大于 25°的陡坡面积，为水源区或其某区域内土地总面积。n_i 表示水源区或其某区域内每平方千米各类主要农产品产出量；$x_i\%$ 表示水源区或某区域内各类主要农产品占总产出比例；p_i 表示水源区或某区域内各类主要农产品当年价格。其中，i 从 1 至 7 分别为小麦、稻谷、玉米、大豆、油菜籽、花生、蔬菜。

AAI 表示近三年来地区平均引进资本量；HPI/TPI 表示现有污染企业工业产值占工业总产值的比重；$AI_{already}$ 表示最近一年已经引进的资本量；AI 表示上一年引进的资本量；P 表示工业企业平均利润率。

$\sum v_{z1}$ 表示受水区居民用水总量；$\bar{P}_{zw1}$ 表示受水区与供水区之间居民用水平均价格之差。$\sum v_{z2}$ 表示受水区非居民用水总量；$\bar{P}_{zw2}$ 表示受水区与供水区之间非居民用水平均价格之差；A_{nf} 表示每年新增林地面积；V_{ua} 表示单位林地面积产值。

②投入成本损失与运营费用补偿 TC

$$TC = \sum_{i=1}^{6} C_i + A(A_1 + A_2 + A_3) \times 100\% + A_4 \times 20\% \times r + F_{wp} + F_{wd} + F_{fm} \quad (8.6)$$

式（8.6）中，C_i 表示各类工程费用直接成本，i 从 1 至 6 分别为生活污水处理厂建设成本、垃圾处理厂建设成本、退耕还林工程费用、天然林保护工程费用、小流域治理费用、企业环保投资费用。A 表示固定资产投入原值，在六大类工程投资中，"生产污水处理厂、垃圾处理厂、企业环保设备"等投入中固定资产所占份额较大，可按 100% 计；而"退耕还林工程费用、天然林保护工程费用"多为一次性投入，需要的仅仅是年度的管护费用，在运营费用中计算。小流域治理费用所需要的堤坝维修费、清淤费等，可视同为固定资产折旧费，但其比例应该很低，可按照总投资 20% 的占比概数确定。其中，A_1 为生活污水处理厂建设成本、A_2 为垃圾处理厂建设成本、A_3 为企业环保投资、A_4 为小流域治理费用。r 表示折旧率；F_{wp} 表示污水处理费；F_{wd} 表示垃圾处理费；F_{fm} 表示森林管护费。

③经济红利效应分享 EED

$$EED = (Q_{民} \times P_{民} + Q_{非} \times \lambda) \cdot \omega \quad (8.7)$$

式（8.7）中，ω 表示分享系数；$Q_{民}$ 表示调入水量中民用水量；$P_{民}$ 表示受水区民用水价；$Q_{非}$ 表示调入水量中非民用水量；λ 表示水资源增长对国内生产总值增长的弹性系数。

④生态改善效应贡献补偿 EEI

$$EEI = EEI_r \times \omega + \delta_Q \cdot \delta_V \cdot EED \quad (8.8)$$

式（8.8）中，EEI_r 表示受水区生态环境效益；δ_Q 表示水质判定系数，δ_V 表示水量判定系数。

⑤额外支付意愿 EWTP

这一项用于调节和平衡已有的补偿金额结果，其理论基础是支付意愿法（WTP）和接受补偿意愿法（WTA），受益地区的政府、居民以及企业可根据现有的补偿金额，额外支付给受损地区的金额。特别是高污染、高耗能企业，政府应鼓励相关企业主动承担相应的生态补偿责任，真正做到"谁污染、谁受益"的利益主体，实施"谁补偿"的原则，这是一种值得进一步探讨和深入研究的理念及生态补偿方法。

$$EWTP = EP_{企业} + EP_{政府} + EP_{居民} \quad (8.9)$$

式（8.9）中，$EP_{企业}$ 表示企业的额外支付意愿；$EP_{政府}$ 表示政府的额外支付意愿；$EP_{居民}$表示居民的额外支付意愿。

以上为流域水源区的生态补偿模型，为了更清晰地展示其技术路线图及补偿路径，具体内容见图8—5。

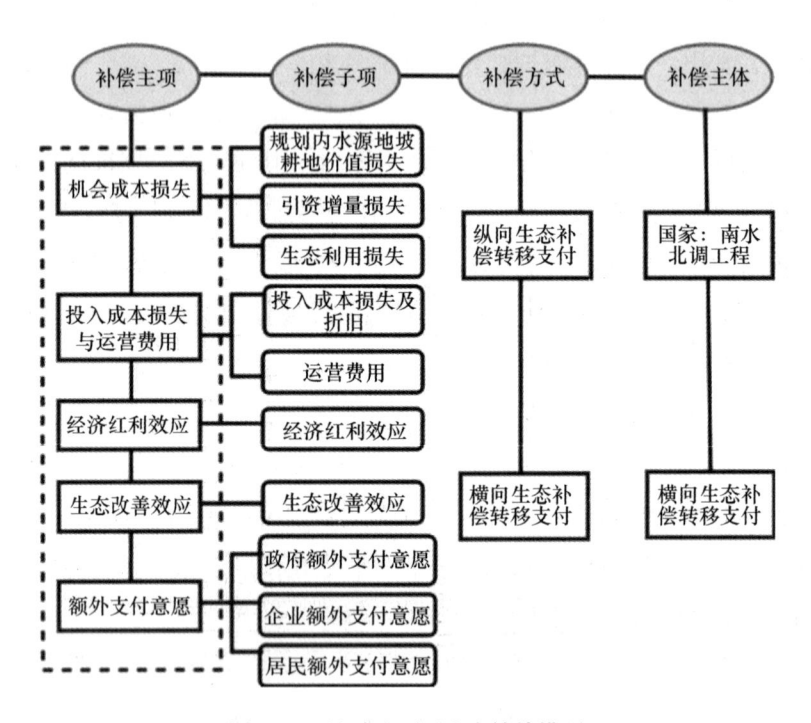

图8—5　流域水源区生态补偿模型

资料来源：笔者整理绘制。

第三节　中国区域制度下区域生态补偿的难点

一　责任机制：多重利益主体的复杂关系

生态补偿的责任机制，是以保护生态环境、促进人与自然和谐为目的，以明确生态补偿利益相关者的责任关系为重点，以辨识出清晰的补偿主体和补偿客体为核心功能的制度安排。生态补偿的责任机制主要针对区域性生态保护和环境污染防治领域，是一项具有经济激励作用、与

"污染者付费"原则并存、基于"受益者付费和破坏者付费"原则的环境经济制度安排。就我国当前的区域制度而言，生态补偿责任机制落实的重难点表现为利益主体的多重性以及相互之间复杂的利益关系。

中央政府与地方政府的关系。财政转移支付是中央政府补偿机制最重要的手段；首先，财政转移支付可以为地方生态保护建设提供直接的资金支持；其次，财政转移支付可以补偿地方因生态保护而导致的财政收入减少；再次，针对欠发达地区、重要生态功能区、水系源头地区和自然保护区的财政转移支付，对于区域性污染防治以及区域性重点环境保护具有重要的意义；最后，针对具有国家意义的生态功能区的生态补偿，可实现功能区因满足更高的生态环境要求而付出的额外建设和保护的投资成本。

区域内部政府与企业的关系。地方政府具有双重身份，既是中央政府的地方区域代表又是客观存在的独立利益，所以经常发生利益冲突，时常陷入两难境地。政府作为国有资源的所有者，努力实现资产收益最大化是其目的；政府作为社会利益管理者，最大程度提高社会福利水平是其执政的一个重要目标，也是检验其执政水平的一个标准；政府作为宏观经济的管理者，实现全社会经济的有序稳健发展是其重要追求；而作为政权主体，政府又以社会安定为最高目标。政府的双重身份要求政府充分发挥市场机制作用，动员全社会积极参与，逐步建立公平公正、积极有效的生态补偿机制，逐步加大补偿力度，努力实现生态补偿的法制化、规范化，推动各个区域走上生产发展、生活富裕、生态良好的文明发展道路。

当前我国生态补偿问题的焦点在于一些区域为其他区域提供了正面的外部作用，并因此从那些区域获得生态补偿，其运作也是实施区域生态补偿的难点。上级政府的调节在各区域横向利益发生冲突的时候显得尤为重要。在上级政府主持下积极探索区域间生态补偿方式，促进各区域之间协调发展，以统筹区域协调发展为主线，以体制创新、政策创新和管理创新为动力，坚持"谁开发谁保护、谁受益谁补偿"的原则，因地制宜选择生态补偿模式。

二 补偿方式：过度依赖于政府体制

完善的生态补偿机制不仅需要确定公平合理的补偿标准，还需要建立完善的生态补偿机制以及采用高效适用的补偿方式。就我国当前的区域生态补偿实践来看，生态补偿机制是由各级政府主导的，刚性和单一的补偿方式往往缺乏灵活性和多样性。

补偿资金的来源问题是生态补偿机制的首要问题，同时也是我国区域生态补偿中各级政府面临的一个难点问题。现有生态补偿主要集中在森林、草原、矿产资源开发等领域，流域、湿地、海洋等生态补偿尚处于起步阶段，耕地及土壤生态补偿尚未纳入工作范畴。同时，补偿标准普遍偏低，资金来源渠道和补偿方式单一，资金支付和管理办法不完善。当前由政府主导下的区域生态补偿，其补偿资金的来源主要是政府财政，或是全部由中央政府负担，或是上级政府与相关责任区域共同负担，中央（上级）政府均承担了重要责任。

过度依赖于政府体制、政府的财政收入及其转移支付制度、政府层级之间的委托代理关系以及内部的强制性手段等，是我国当前区域生态补偿实践中的一个基本特征。这种状况有其存在的客观原因，"区域外部性"的特殊性和现状区域制度的制约，但也存在一些实践上的弊端。

三 补偿机制：法律的不完善与制度上的缺失

区域生态补偿必须强调机制建设，单一的区域生态补偿政策、措施并不等同于机制，而补偿机制则必须是可持续性的和积极有效的。区域生态补偿的机制作为一种复杂的社会过程，其由法律和制度要素构成，其内容包含明确补偿责任、补偿标准、补偿方式等保障体系，用以实现长效的生态补偿。

在我国现行区域制度下，区域生态补偿机制建设最重要的是相关政策法规及制度建设的滞后，需加快建立完善的法律法规、政府公共管理制度、政府间转移支付制度和政府管理体制。一是需进一步健全生态补偿相关法律法规。当前我国有关生态补偿的相关法律条文由于缺乏基础性的指导，出现彼此重叠、交叉的情况较多，甚至有的还表现出相互的矛盾，此外，很多法律条文缺少具体的实施细则，使得生态补偿缺乏可落地性和可操作性。二是需建立政府公共管理制度。区域问题的治理需要建立有组织完善、设计精细、有的放矢的一套政府公共管理制度，以落实生态补偿机制。三是改善政府支付制度缺陷。区域生态补偿很大程度上依赖于政府的转移支付，即上级政府对下级政府，或是同级政府之间的支付制度。这种政府间支付制度上的缺陷也构成区域生态补偿机制建设的难点。

第九章

北京市自然资源资产管理

第一节 北京市水资源管理

一 北京市水资源管理机构

(一) 北京市水务局

北京市水务局是北京市政府组成部门,是水资源管理的主要行政机关。市水务局的主要行政职责有11项,分别是:①贯彻落实国家关于水务工作方面的法律、法规、规章和政策,起草本市相关地方性法规草案、政府规章草案,并组织实施;拟订水务中长期发展规划和年度计划,并组织实施。②负责统一管理本市水资源(包括地表水、地下水、再生水、外调水);会同有关部门拟订水资源中长期和年度供求计划,并监督实施;组织实施水资源论证制度和取水许可制度,发布水资源公报;指导饮用水水源保护和农民安全饮水工作;负责水文管理工作。③负责本市供水、排水行业的监督管理;组织实施排水许可制度;拟订供水、排水行业的技术标准、管理规范,并监督实施。④负责本市节约用水工作;拟订节约用水政策,编制节约用水规划,制定有关标准,并监督实施;指导和推动节水型社会建设工作。⑤负责本市河道、水库、湖泊、堤防的管理与保护工作;组织水务工程的建设与运行管理;负责应急水源地管理。⑥负责本市水土保持工作;指导、协调农村水务基本建设和管理。⑦承担北京市人民政府防汛抗旱指挥部(北京市防汛抗旱应急指挥部)的具体工作,组织、监督、协调、指导全市防汛抗旱工作。⑧负责本市水政监察和行政执法工作;依法负责水务方面的行政许可工作;协调部门、区县之间的水事纠纷。⑨承担本市水务突发事件的应急管理工作；监督、指导水务行业安全生产工作，并承担相应的责任。⑩负责本市水务科技、信息化工作；组织重大水务科技项目的研发，指导科技成果的推广应用。⑪参与水务资金的使用管理；配合有关部门提出有关水务方面的经济调节政策、措施；参与水价管理和改革的有关工作。

北京市水务局的主要机构包括：水资源管理处、工程建设与管理处、郊区水务处、排水管理处、供水管理处、节约用水办公室、安全监督处（应急工作处）、河长制工作处等内部职能处室；以及北京市官厅水库管理处、北京市密云水库管理处、北京市十三陵水库管理处、北京市城市河湖管理处、北京市京密引水管理处、北京市永定河管理处、北京市潮白河管理处、北京市北运河管理处、北京市东水西调管理处、北京市凉水河管理处、北京市水文总站、北京市人民政府防汛抗旱指挥部办公室、北京市水务信息管理中心、北京市水政监察大队等下属事业单位或机构。

（二）北京市环境保护局等其他政府部门

北京市环境保护局涉及水资源管理的主要职责体现在水环境保护、水污染治理等环保领域。具体职责体现在以下四个方面：①组织拟订并监督实施重点区域、重点流域污染防治规划和饮用水水源地环境保护规划。②负责本市重大环境问题的统筹协调和监督管理。协调推动与周边省区市区域、流域污染防治工作；统筹协调重点区域、流域的污染防治工作；协调解决区县之间的区域、流域环境污染纠纷。③承担落实本市污染减排目标的责任。④负责本市环境污染防治的监督管理。制定水体、大气等的污染防治管理制度并组织实施；负责环境监察和环境保护行政稽查，组织开展环境保护执法检查；负责限期治理、排污申报登记、排污收费等制度的实施；参与促进清洁生产；会同有关部门监督管理饮用水水源地环境保护。内设机构包括水环境管理处、环境监测处、污染源管理处、应急管理处、科技和国际标准处等职能处室；以及北京市环境监察总队（环境监察处）、北京市环境保护科学院、北京市环境保护监测中心等下属机构。

二 主要的水资源管理法律法规和规章制度

（一）法律法规

目前，北京市开展水资源管理涉及的国家法律法规主要有：《中华人民共和国宪法》《南水北调工程供用水管理条例》《中共中央关于全面推进依法治国若干重大问题的决定》《中共中央国务院关于加快水利改革发展的决定》《水政监察工作章程》《城镇排水与污水处理条例》《中华人民共和国水土保持法》《中华人民共和国水法》《中华人民共和国防洪法》《中华人民共和国城乡规划法》《中共中央国务院关于加大改革创新力度加快农业现代化建设的若干意见》《国务院办公厅关于加强节能标准化工作的意见》《中华人民共和国水污染防治法》《水利部关于印发〈大中型水利工程征地补偿和移民安置资金管理稽察暂行办法〉的通知》《中华人民共和国水文条例》等。

（二）地方规章制度

当前，北京市制定的与水资源管理相关的地方规章制度主要有：《北京市南水北调工程保护办法》《北京市建设工程施工现场管理办法》《北京市水污染防治条例》《北京市湿地保护条例》《北京市河湖保护管理条例》《北京市动物防疫条例》《北京市水土保持条例》《北京市排水和再生水管理办法》《北京市节约用水办法》《北京市城市自来水厂地下源保护管理办法》《北京市水政监察工作考核办法》《北京市排污费资金征收使用管理暂行办法》《北京市自建设施供水管理办法》《北京市排水许可管理办法》《北京市排水和再生水设施建设管理暂行规定》《北京市排水和再生水设施运行管理暂行规定》《村镇污水处理设施运行考核暂行办法》《北京市超定额超计划用水累进加价费征收使用管理办法》《北京市水利工程建设安全生产管理暂行规定》《北京市实施〈中华人民共和国水法〉办法》《北京市实行最严格水资源管理制度考核办法》《北京市水污染防治工作方案》。

特别值得一提的是《北京市实施〈中华人民共和国水法〉办法》。该办法认真总结了十多年来本市现行水管理法规的实践经验，吸收了国内外水资源管理的新经验、新理论，是对北京市水问题认识的一次飞跃。

《北京市实施〈中华人民共和国水法〉办法》共包括8章69条，除了第一章总则和第八章附则外，其余六章分别是水资源规划、水资源开发利用、水资源和水域的保护、水资源配置、节约用水和法律责任。它的突出特点主要有五个方面：一是明确规定由水行政主管部门负责本行政区域内水资源的统一管理和工作，实现了北京市水资源的统一管理；二是把节约用水和水资源保护放在突出位置；三是加强水资源的开发、利用、节约和保护的规划和管理，采取最严格的措施保护水资源；四是适应水资源可持续利用的要求，通过合理配置水资源协调好生活、生产经营和生态环境用水，注重用水过程中对生态环境的保护；五是适应依法行政的要求，强化法律责任。

（三）地方规划

北京市是水资源严重短缺的特大型城市。在全面深化改革和加快推进生态文明体制改革的大背景下，在首都水安全保障形势依然严峻的形势下，目前北京市可以说已经建立了全国最严格的水资源保护制度体系。《北京市实施〈中华人民共和国水法〉办法》《北京市实行最严格水资源管理制度考核办法》《北京市水污染防治工作方案》等制度体系，构成了目前北京市水资源规划管理、开发利用、节约保护等基本制度体系，符合北京市的基本市情，也与北京市目前的发展阶段特征相适应。在此基础上，北京市还探索性推行了水影响评价审查制度等水资源管理创新举措。

为了保护及合理开发利用水土资源，有效地预防和治理水土流失，改善生态环境，促进本市经济和社会的可持续发展，根据《中华人民共和国水土保持法》《〈中华人民共和国水土保持法〉实施条例》以及《北京市实施〈中华人民共和国水土保持法〉办法》《北京市生态环境建设规划》的规定，北京市在1999年土壤侵蚀遥感调查的基础上，按照水利部颁发的水土保持"三区"（即重点预防保护区、重点监督区和重点治理区）划分参考标准，将北京市水土流失重点防治区进行了"三区"划分。除此之外，北京市水资源管理相关的中长期规划还有：《北京市"十三五"时期城乡供排水设施建设规划》《北京市大型灌区续建配套与节水改造"十一五"规划》《北京市"十一五"时期水资源保护及利用规划》

《北京市"十五"时期水利发展规划》《北京市城市供水"十一五"规划》《北京城市饮用水供水设施改造和建设规划》。

尤其值得一提的是，为贯彻落实最严格水资源管理制度，细化落实三条红线指标，深化水行政审批制度改革，实现首都量水发展，改变北京水资源短缺的困局，2013年北京市在全国首次试点开展水影响评价制度，2015年3月31日在全市范围全面推行水影响评价制度。2016年3月15日，北京市政府办公厅发布《北京市实行最严格水资源管理制度考核办法》，市政府每年年初向各区政府下达水资源开发利用控制、用水效率控制、水功能区限制纳污"三条红线"考核目标，考核结果将直接影响区政府领导班子综合评价。2016年11月25日，北京市第十四届人民代表大会常务委员会第三十一次会议修改地方性法规《北京市生活饮用水卫生监督管理条例》。2015年12月25日，为深入贯彻落实《国务院关于印发水污染防治行动计划的通知》精神，北京市人民政府制定了《北京市水污染防治工作方案》。

三　北京市水资源管理的主要内容

北京市因水而建，因水而兴，水资源的供给是北京市经济发展和社会稳定的基础。然而，随着经济社会快速发展，外来人口大量涌入，水资源短缺严重。新中国成立以来，北京地区先后出现过几次大的水危机，特别是20世纪80年代初期连续5年枯水和1999—2007年的连续枯水年带来的水资源危机，严重影响了北京市的发展，水资源短缺成为经济社会发展的瓶颈。水资源短缺是北京市经济社会可持续发展的瓶颈，最严格的水资源管理制度是缓解水资源短缺形势的必然要求。实行最严格的水资源管理制度，建立最严格的水资源开发管理制度、水资源利用管理制度、水资源保护制度和节水管理制度，适应北京市水资源紧缺的需求，适应北京市社会经济发展的需求，适应北京市建立世界城市的需求。

(一) 水资源管理的体制

实施水务一体化管理是改变传统水资源管理体制的唯一途径，长期以来，水资源管理城乡分割、部门分割，"管水的不管供水，供水的不管治污"。2004年5月，北京市政府正式组建了北京市水务局作为负责北京市水行政管理的市政府组成部门，统筹全市水资源保护、管理、节约、利用，统一水源、输水、供水、节水、排水、污水处理、再生水利用的全过程管理，使得水务实现了一体化管理；各区县也陆续组建了区县水务局，优化了水务站/水管所管理体制。另外，北京市打破乡镇行政区划，按市内流域建立 107 个水务站，监管流域内的河道、水源、供水、治污工作。同时明确农村水务建设管理主体，乡镇共建立 3298 个农民用水协会。政府出资聘用 10800 名农民管水员，协助水务站、农民用水协会管理涉水事务。建成了包括市水务局、区县水务局、水务站、农民用水协会（管水员）的 4 级水务管理体制，水务管理从上到下，管理执行能力较强，水源保护、水务设施管护、用水计量收费、节约用水 4 项管理落到实处。

（二）水资源总量管理

北京市从 2002 年开始全面征收水资源费对水资源的使用进行控制；同时实行年度用水计划管理，北京市政府与区县签订责任书对各区县的用水进行计划管理并根据行业用水定额制定单位用水指标，进行年度考核。《北京市实施〈中华人民共和国水法〉办法》《北京市节约用水办法》《北京市城市自来水厂地下水源保护管理办法》以及《取水许可制度实施办法》等相关法律法规针对北京市的取水许可、地下水开采利用、开凿机井等的管理进行了详细的规定。

1. 用水计划管理，多水源联合调度

北京市依据《北京市实施〈中华人民共和国水法〉办法》和《北京市节约用水办法》对北京市的用水进行管理，对社会单位进行计划用水和超计划用水累进加价管理。同时，北京市大力实施水资源的联合调度，先后实施境内地表水联调、地表水与地下水联调、源水与再生水联调、雨洪水联调、本地水与外调水联调，形成地表水、地下水、再生水、雨洪水、外调水"五水"联调的供水格局。同时加紧南水北调北京段工程建设，已完成南水北调水源同当地水源统一配置规划，将形成"六水联调"的格局。

2. 严格控制开采地下水，遏制超采势头

北京市水行政主管部门会同有关部门按照区域或者自然地质单元，

定期进行地下水分区评价，划分严重超采区、超采区和未超采区。同时，北京市严格保护管理城市自来水厂地下水源，按照《北京市城市自来水厂地下水源保护管理办法》的规定，根据各水厂所处的地理位置、地貌以及水文地质环境条件，划定地下水源保护区，并在保护区内划分核心区、防护区和主要补给区。

3. 全面征收水资源费，取水许可管理

为了加强北京市水资源的管理，促进水资源合理开发利用，根据《中华人民共和国水法》《取水许可制度实施办法》《北京市实施〈中华人民共和国水法〉办法》《北京市节约用水办法》等有关水法规的规定，北京市水务局于2005年6月下达了《关于严格取水管理工作的通知》严格规定了取水管理的详细内容，主要包括取水主体需缴纳水资源费以及新建、改建、扩建建设项目的建设单位申请取水许可的，应当附具水资源论证报告书。

(三) 节约用水管理

面对严峻的考验，2005年北京市政府颁布了《北京市节约用水办法》大力推进节水型城市建设，实行计划用水、定额管理；把节约用水作为水务工作的战略方针，统筹法规、行政、经济、技术、工程等各项措施，扎实推进节水型社会建设。

1. 节水管理办法

《北京市节约用水办法》要求各级人民政府建立节约用水责任制，把节约用水工作纳入国民经济和社会发展计划，健全节约用水社会化服务体系，推广节水新技术、新工艺、新设备，培育和发展节水产业，组织开展节约用水宣传活动，提高全社会的节约用水意识。具体办法包括建立节约用水的奖惩制度、实行节水器具市场准入制度以及采取坚决措施控制公共和个人用水浪费，建立责任制等。

2. 调整产业结构，严行定额管理

北京市加大产业结构和产品结构的调整，控制城市发展规模，加强供水管网的配套、管理和维护，推广应用国内外先进的节水技术，并在2002年以前完善了全市各行业的用水定额规范。一是按照发展首都经济的要求，调整北京的工业结构和布局。严格控制发展高耗水、高污染、高耗能产业，同时加快了对传统工业（如电力、钢铁及印染、造纸、电镀、制革等）的改造速度。二是在科学调整农业种植结构、加强灌溉用水管理的同时，建设节水灌溉工程。大力发展设施农业滴灌、果树小管出流等高效节水工程，同时大力发展再生水灌区替代清水资源。三是加强对城镇生活用水的管理。一直以来，北京市加快自来水企业供水设施维修改造，推广住宅和公共节水便器、淋浴器，限制种植高耗水草坪，对洗车业、洗浴业等高耗水行业制定严格的管理规范等多种措施改变目前城市公共用水浪费现象。四是实行总量控制、定额管理是北京市建设节水型社会管理体系的核心工作以及实行最严格水资源管理制度的关键环节。北京市水务局每年根据水资源情况，制订全年用水计划，根据行业用水定额，制定单位用水指标。对年用水量超过 10 万立方米的用水大户进行跟踪管理，保证年度用水总量不突破可供水资源量。

3. 发挥价格杠杆作用，推行阶梯水价

北京市积极推进水价改革。充分发挥水价的调节作用，工业和服务业实施用水超计划累进加价，对高耗水行业实行严格的差别水价政策，调整产业结构和用水结构。合理调整了城镇居民生活用水价格，逐步推行居民阶梯水价。

（四）水环境管理

为了缓解水环境污染带来的不利影响，北京市加强对水环境的管理，从 2009 年开始起对朝阳、海淀、顺义等 9 个区县进行河流断面水质的考核，与各区县负责部门签订责任书，力求实现减排的目标。

北京市环保局统一监管各企业的水污染物排放，进行水污染物排污许可证的办理和事务的管理。不允许再建设对水环境造成污染的企业，原有企业污水必须达标排放。同时北京市将开源的目光投向了北京全市每年产生的近 13 亿立方米污水上。在加快污水处理设施建设的同时，大力推广污水再生利用。从 2001 年开始北京市先后出台实施了《北京市区污水处理厂再生水回用总体规划纲要》《北京市节约用水办法》《北京市促进再生水利用发展意见》《北京市促进再生水利用发展意见》《北京市区再生水循环利用方案》《北京市排水和再生水管理办法》等再生水利用方面的方案与办法，通过一系列措施改善了北京市的水环境。

四 北京市水资源管理存在的问题及建议

(一) 北京市水资源管理存在的问题

过去 60 多年里，北京市水务不断创新发展，水务局的成立也在一定程度上提高了水务管理效能。但是，经济社会发展对水资源的需求持续增加，如何更合理的配置和利用十分有限的水资源，落实最严格的水资源管理制度，北京市水资源管理仍有许多值得改进和提高的地方。

1. 水资源管理体制有待完善

为了适应最严格水资源管理制度的要求，北京市在水资源管理体制上还有很多方面需要完善。如水规划计划、水政策及水资料信息尚未完全统一；流域管理与行政区域管理相结合的水资源管理体制尚不健全。管水部门间缺乏有机配合与协调，政事不分、政企不分的运行机制导致政府管理职能弱化。另外，河道的管理事权不明晰。这种管理体制严重影响了水资源供需平衡和水环境改善，不利于取水许可制度的实施，不利于节约用水，也不利于地表水与地下水联调等措施的落实。

2. 水资源管理政策法规体系仍需健全

近年来，北京市已制定了一些有关水管理的法规、规章，对强化水资源管理起到了一定的作用。但这些多是北京市各有关部门根据自身管理职责制定的，缺乏全局性的通盘考虑，水资源管理政策法规体系尚不健全。各部门在制定管理法规、规章时缺乏统一依据，在工作中难免产生矛盾，给水资源可持续利用带来许多实际问题。

3. 水资源管理能力亟待提高

最严格水资源管理制度能否执行、执行到什么程度，关键取决于各级水行政主管部门的管理能力和水平。没有完善的监测系统和全面的监测信息，实行最严格的水资源管理将无所依据。从北京市水资源管理现状看，水资源管理仍然存在基础工作不够扎实、管理能力和手段薄弱等问题，这与实行最严格水资源管理制度的要求差距很大。管理能力和管理水平能否尽快适应实行最严格的水资源管理制度的要求，将面临严峻的挑战。

(二) 北京市水资源管理相关建议

北京市实行最严格的水资源管理制度，需要从水资源开发利用、用水效率、水功能区限制纳污三方面确立控制红线。将三条红线作为考核指标，一旦超标将发布超标预警，告之单位采取措施并与单位领导干部年终考核挂钩。为了确保北京市最严格水资源管理制度的实施，水务部门需要尽快建立完善与三条红线相适应的制度标准体系，加快制订出台规划水资源论证、地下水管理等相关管理办法，完善配套法规建设。抓紧制定当前亟须的水资源节约、保护、地下水管理等技术标准。进一步完善取水、用水、排水和水质计量监测手段，加强城市供水水源地和重要河流断面水量水质在线监测，加快建设水资源水环境管理监控体系，为强化监督考核提供技术支撑。具体来说，针对现有水资源管理制度存在的问题需要从以下几个方面着手。

1. 水资源统一管理，完善公众参与机制

为了保证最严格水资源管理制度的顺利实施，要从根本上理顺水资源管理体制，强化政府的管理职能。水务部门在管理过程中，实行政、事、企分开，正确处理好水资源的开发利用与经济社会发展等的关系，重视与其他行业部门的协商与协作，加强对水资源的集中统一管理。同时，积极探索水资源的综合管理模式，推动城乡水务一体化发展。最终建立城乡水资源开发、利用、治理、配置、节约、保护统一管理的水务新体制。此外，充分利用各种媒体，广泛宣传实行最严格水资源管理制度的重要性、紧迫性以及有关政策措施，提高全社会的水资源节约和保护意识。进一步提高水资源管理和决策的透明度，通过听证、公开征求意见等多种形式，广泛听取意见，积极完善公众参与机制。

2. 完善水资源管理法规体系，健全规划水资源论证

为了满足最严格水资源管理制度的要求仍需要修订和制订《北京市河湖管理条例》《北京市城乡供水条例》《北京市南水北调工程保护办法》《北京市污泥处置办法》和《北京市水文管理办法》配套法规等，以保障最严格水资源管理制度的有效实施。同时要修订和完善《北京市节约用水办法》《北京市取水许可制度实施细则》《北京市水资源费征收管理办法》等法规、规章。并且严格依照这些规章制度解决北京水资源

开发利用的过程中产生的一系列问题。

另一方面，应进一步健全建设项目节水设施"三同时"管理制度，新建、改建、扩建建设项目，配套制定节水措施方案，进行节水评估，建设节水设施。在加快推进水资源论证立法方面，需要进一步完善水资源论证报告书审查和资质管理制度，建立水资源论证公众参与制度。同时需要修订《建设项目水资源论证导则》标准，编制重点类建设项目水资源论证技术要求等。

3. 加快水资源信息化建设，提高监管能力水平

水资源信息化建设是切实提高水资源管理综合能力和管理水平，实现水资源管理向动态、精细、定量和科学管理转变，落实最严格的水资源管理制度的重要支撑。在北京市现有水资源管理制度的基础上，应以各级水资源管理系统建设为抓手，全面推进信息化技术〔包括网络、通讯、3S（GIS/GPS/RS）、遥测、数据库、多媒体等〕在水资源管理中的应用，提高水资源开发利用科学决策水平，充分地发挥水利工程的效益，提高水资源管理能力与水平，落实最严格的水资源管理制度。

第二节　北京市国土资源管理

一　北京市国土资源管理机构

国土资源管理包括对国土资源调查与评价、测绘、规划、所有权与使用权、财政与税收、资产、市场等诸多方面的管理。国土资源管理体制是指国土资源管理机构设置和管理职能权限划分所形成的体系和制度，是我国行政管理体制的一部分。2004年以来，我国国土资源实行省级以下垂直管理，这是新时期我国国土资源管理工作对国土资源系统提出的新要求，也是改革国土资源体制的有效途径。2009年，根据北京市人民政府机构改革方案和《北京市人民政府关于机构设置的通知》（京政发〔2009〕2号），设立了北京市国土资源局（简称市国土局）；2016年，在全面深化改革提升城市规划建设管理水平背景下，北京市规划委和北京市国土资源局合并了成立北京市规划和国土资源管理委员会。涉及北京市土地利用总体规划和土地供应计划的职责，还与北京市发展改革委员

会密切相关。我国的国土资源体制是动态与静态的统一体，它既伴随着我国经济体制的演变而变化，又在一定的时期内保持稳定性。

北京市规划和国土资源管理委员会（简称市规划国土委），是负责北京市城乡规划管理和土地、矿产资源管理的市政府组成部门，同时挂首都规划建设委员会办公室（简称首规委办）的牌子。中央有关文件要求，在有条件的城市探索城市规划管理和国土资源管理部门合一。2016年7月23日，北京市规划委和北京市国土资源局正式合并，成立了北京市规划和国土资源管理委员会，从管理职能上实现"两规合一"，促进城市规划转型与土地利用方式转变相融合，使空间规划与土地利用规划更一致，更好地发挥规划的引领和控制作用。

北京市规划和国土资源管理委员会下设村镇规划处、城市设计处、规划管理与土地利用一处、规划管理与土地利用二处、规划管理与土地利用三处、建设工程核验处、耕地保护处（集体土地管理处）、地籍管理处（地名管理处）、地质与矿产资源管理处、地质环境处、规划与土地管理督察处等职能处室。在北京市规划和国土资源管理委员会的15项职责中，绝大部分与国土资源规划、管理、利用、保护有关。其中与国土资源密切相关的核心职责主要有：

①贯彻落实国家关于国土资源管理、测绘地理信息管理等方面的法律、法规、规章和政策；起草本市相关地方性法规草案、政府规章草案，拟订相关管理规范和技术标准，并组织实施和监督检查。

②承担优化配置本市城乡空间和国土资源的责任；统筹协调城乡发展建设近期与远期、局部与整体的供给需求关系；研究拟订城乡规划建设用地调控相关政策和措施；负责组织国土资源节约集约利用工作；开展国土资源经济形势分析；拟订土地市场管理、地价调控等政策措施。

③组织编制、实施本市城市总体规划、土地利用总体规划以及中心城区、城市副中心、各新城的总体规划和控制性详细规划；组织编制、实施特定地区规划和公共服务设施、城市基础设施、生态环境建设等专项规划；依法审查、审批有关城乡规划和土地利用总体规划；统筹衔接其他各类专项规划。

④负责本市建设工程项目规划管理和土地管理相关工作；依法承担

建设工程项目规划管理和土地管理相关行政审批工作；负责土地储备、土地供应、土地市场交易等工作；负责建设工程项目的选址论证、土地预审、国有建设用地使用权划拨和有偿使用等工作。

⑤承担本市耕地保护和节约集约利用土地资源的责任；负责耕地保护、基本农田保护和土地用途管制的监督管理；组织实施土地整理和土地复垦；依法承担农用地转用和集体土地征收相关行政审批工作；负责农村集体土地及相关乡村建设工程管理工作。

⑥负责本市土地权属管理，统一负责全市的不动产登记工作；组织土地资源调查、评价及土地动态监测工作；负责土地确权、土地定级和地籍管理；依法调处土地权属纠纷；负责指导、监督土地登记、房屋登记、林地登记等不动产登记工作；负责地名管理工作。

⑦承担规范本市国土资源市场秩序的责任；拟订基准地价，确定土地使用权出让有关价格，指导土地价格评估工作；对土地市场和地价实施动态监测。

⑧依法组织土地相关收入的征收，规范征收行为，配合有关部门拟订收益分配制度，指导、监督土地整理复垦开发资金的收取和使用。

⑨负责本市城市设计工作；负责城市雕塑和公共空间景观风貌规划管理工作等。

⑩负责本市城乡规划实施和土地资源管理的督察工作；依法承担建设工程的规划核验；负责对土地使用主体、建设单位、设计单位从事城乡规划和土地利用相关活动的监督检查；负责国土资源执法监察工作，依法查处有关违法行为。

⑪负责国土资源科技管理与基础信息数据库、测绘地理信息系统的规划、建设、管理工作；拟订国土资源领域科技与信息化建设发展规划，并组织实施；负责国土资源管理相关档案的监督和管理工作。

二 主要的国土资源管理法律法规和规章制度

（一）国家法律法规

北京市现有与国土资源管理相关的国家法律法规主要有：《中华人民共和国土地管理法》《国务院关于加强国有土地资产管理的通知》《中华

人民共和国农村土地承包法》《基本农田保护条例》《中华人民共和国土地管理法实施条例》《城市房地产开发经营管理条例》《中华人民共和国土地增值税暂行条例》《中华人民共和国城镇国有土地使用权出让和转让暂行条例》《外商投资开发经营成片土地暂行管理办法》《土地复垦规定》《中华人民共和国城乡规划法》《中华人民共和国城市房地产管理法》《国务院办公厅关于规范国有土地使用权出让收支管理的通知》《中华人民共和国城镇土地使用税暂行条例》《中华人民共和国测绘法》《中华人民共和国测绘法》《全国土地整治规划（2016—2020年）》《土地复垦条例》《国有土地上房屋征收与补偿条例》《建设项目用地预审管理办法》《地质勘查资质管理条例》《土地调查条例》《中华人民共和国耕地占用税暂行条例》。

（二）地方法规制度

北京市现有与国土资源管理相关的地方性法规制度主要有：《北京市基本农田保护条例》《北京市实施〈中华人民共和国耕地占用税暂行条例〉的办法》《北京市人民政府转发北京市国土房管局关于加强国有土地资产管理建立土地储备制度的意见》《北京市人民政府办公厅关于加快北京商务中心区建设暂行办法》《北京市闲置土地处理办法》《中关村科技园区条例》《北京市人民政府办公厅关于北京市国有企业改革中划拨土地使用权管理若干意见》《北京市房地产抵押管理办法》《北京市人民政府关于加强农村村民建房用地管理若干规定》《北京市实施〈中华人民共和国测绘法〉办法》《北京市关于中央在京党和国家机关使用土地管理问题批复》《北京经济技术开发区条例》《北京市征收防洪工程建设维护管理费暂行规定》《北京市农村集体所有荒山荒滩租赁条例》《北京市国有土地有偿使用收入征收管理办法》《北京市国有建设用地供应办法（试行）》《北京市建设征地补偿安置办法》《北京市人民政府关于进一步治理整顿土地市场秩序加强土地管理工作的意见》《北京市测绘条例》《北京市城市房地产转让管理办法》《北京市人民政府办公厅转发国务院办公厅关于暂停审批各类开发区文件的通知》《北京市集体土地房屋拆迁管理办法》《北京市人民政府办公厅转发市国土房管局关于北京市实施国土资源部〈划拨用地目录〉细则的通知》《北京市耕地开垦费收缴和使用管理

办法》《北京市违反土地管理规定行政责任追究办法》《北京市人民政府关于调整中关村科技园区政策区域范围的通知》《中关村科技园区土地一级开发暂行办法》《北京市人民政府办公厅关于加强和改进本市耕地占补平衡工作意见》《北京市征收外商投资企业土地使用费规定》《北京市实施〈中华人民共和国城镇国有土地使用权出让和转让暂行条例〉办法》《北京市人民政府批转市国土房管局关于加强国有土地资产管理建立土地储备制度意见的通知》《北京市人民政府关于实施〈北京经济技术开发区条例〉办法（2006年修正）》《北京市实施〈中华人民共和国城镇土地使用税暂行条例〉办法（2007年修改）》《北京市人民政府关于全面实行工业用地招标拍卖挂牌出让的实施意见（试行）》《北京市人民政府关于修改〈北京市城市房地产转让管理办法〉的决定》《北京市城乡规划条例(2009年)》《北京市人民政府关于更新出让国有建设用地使用权基准地价的通知》。

（三）部门规章制度

北京市现有与国土资源管理相关的部门规章规制度主要有：《城市房地产抵押管理办法》《土地违法案件查处办法》《确定土地所有权和使用权的若干规定》《土地利用年度计划管理办法》《建设项目用地预审管理办法》《国土资源听证规定》《协议出让国有土地使用权规定》《土地权属争议调查处理办法》《国土资源信访规定》《划拨用地目录》《征用土地公告办法》《国土资源行政复议规定》《在京中央国家机关用地土地登记办法》《关于违反土地管理规定行为行政处分暂行办法》《闲置土地处置办法》《建设用地审查报批管理办法》《国有企业改革中划拨土地使用权管理暂行规定》《节约集约利用土地规定》《国土资源行政处罚办法》《土地复垦条例实施办法》《国土资源行政复议决定履行与监督规定》《土地估价师资格考试管理办法》《土地调查条例实施办法》《土地利用总体规划编制审查办法》《建设项目用地预审管理办法》《土地登记办法》《招标拍卖挂牌出让国有建设用地使用权规定》《耕地占补平衡考核办法》《土地利用总体规划管理办法》《国土资源行政应诉规定》《建设项目用地预审管理办法》《不动产登记条例实施细则》。

(四) 专项规划

北京市现有与国土资源管理相关的规划主要有:《全国土地整治规划(2016—2020年)》《中华人民共和国国民经济和社会发展第十三个五年规划纲要》《京津冀协同发展规划纲要》《京津冀协同发展土地利用总体规划(2014—2020年)》《北京市国民经济和社会发展第十三个五年规划纲要》《中共北京市委北京市人民政府关于贯彻落实〈京津冀协同发展规划纲要〉的实施意见》《北京市土地利用总体规划(2006—2020年)》《北京市"十三五"时期土地资源整合利用规划》。

三 北京市国土资源管理的主要内容

北京市国土资源管理的主要内容包括以下几个方面:

(一) 贯彻落实京津冀协同发展战略,为建设和谐宜居之都加强供地保障

一是调整完善土地利用总体规划。加强土地利用规划管控,严格规范规划调整。根据《北京市土地利用总体规划(2006—2020年)》《北京市"十三五"时期土地资源整合利用规划》等土地利用规划,提出建设用地减量发展目标,研究控制城乡建设用地规模机制,扎实开展永久基本农田划定工作。按照疏解非首都功能和"瘦身健体"的要求,提前做好土地利用调控指标的测算和分解预案,同步推进市、区、乡三级土地利用总体规划调整完善工作,加强与城市总体规划修改工作的衔接。完善规划实施评价技术与方法,加强市级土地利用总体规划评估,加快区级土地规划实施评价成果审查。继续做好土地利用总体规划动态维护、规划修改技术审查和规划数据库更新工作。深入开展"多规合一"为基础的空间规划整合研究工作。

二是土地供应总量调减、有保有压。确定"减量发展、结构调整、保障民生、节约集约"的总体思路,实施总量控制、供需双向调节、差别化供地政策,优先保障民生项目用地,优先支持高端产业用地需求。适度降低土地供应总量,不断完善住宅用地供应体系,优先安排保障性安居工程用地,确保保障性安居工程用地"应保尽保"。主动协调平原地区百万亩绿化造林工程用地安排,实现土地供应总量与首都经济社会发

展相协调。加大棚户区改造用地政策支持力度，专题研究市属国有企业参与棚改并利用企业自有用地开发涉及的供地政策问题。积极探索、稳妥推进留地安置、实物补偿等征地多元化补偿安置方式，制定实施征地补偿区片指导价，切实保护被征地农民合法利益。

三是合理把控土地供应节奏，稳定市场预期。按照京津冀协同发展、疏解北京非首都功能的要求，结合城市战略定位和产业结构调整方向，合理把控供地节奏。不断完善和创新交易方式，在稳控地价的同时，将民生保障与城市发展有机结合，营造了良性土地市场竞争环境。按照"瘦身、控增、提速、降债"的总体思路推进土地储备开发工作，土地储备在增强政府宏观调控能力、实现城市规划等方面的积极效应充分显现。以功能优先、成本统筹为原则加快推进在施土地储备开发项目，实现建设用地减量和资金安全回收。

(二) 转变国土资源利用方式，推进国土资源节约集约利用

一是优化国土资源利用方式。加强新增建设用地管控，严格控制新增建设占用农用地和生态用地。调整产业项目供地审核方式，严格控制非首都核心功能的产业项目用地供应。开展存量工业用地盘活政策研究，加强土地批后监管，健全完善土地批后动态巡查、闲置土地处置工作机制。结合各区县自身特色，持续推进国土资源节约集约模范县（市）创建活动。通过全方位、多层次的推进节约集约利用国土资源，北京市人均城乡建设用地、单位 GDP 增长消耗建设用地量逐年降低，国土空间开发格局正在不断优化。

二是以产业用地为重点深入推进国土资源节约集约利用。依托开发区土地集约利用更新评价，推进产业用地精细化管理，研究低效工业用地认定标准。依托新版基准地价，研究工业用地差别化地价政策，继续执行工业用地全市统筹优选增量的供应模式。积极开展存量工业用地盘活政策研究，摸底市属国有企业存量用地，为中心城人口疏解提供用地空间。继续开展单位 GDP 建设用地下降目标评估。全面开展国土资源节约集约模范县市创建活动，率先实现创建活动"全覆盖"。加强土地批后监管，开展土地利用动态巡查制度落实情况的专项检查。依法推进闲置土地处置工作，对国务院第二次大督查发现的闲置土地问题抓紧抓实

整改。

（三）推进国土资源管理改革创新，完善国土资源综合管理

一是全力推进不动产统一登记工作。积极推进以土地为基础的不动产统一登记制度及宗地统一编码建设，北京市成为全国首个全域范围内向社会提供不动产统一登记服务的省级单位。编制不动产统一登记职责机构整合方案，加强上下联动、左右协调，实现登记职责、机构人员整合、窗口设立到位，加快推进不动产统一登记信息平台建设，不动产统一登记信息系统并网升级并不断完善，实现业务需求同信息建设的有效对接和充分融合，加强登记工作规范和配套制度建设，规范开展不动产统一登记。完善不动产登记工作规范，开展《北京市不动产登记条例》立法工作。做好历史数据整合，搭建完整的数据库，满足登记发证基础数据需要。建立不动产登记监督指导常态化制度，不断提升便民服务水平，全方位保障不动产登记工作的顺利开展。

二是规范推进农村土地管理制度改革。首先，稳步推进农村集体土地确权发证工作。深化地籍管理，农村集体土地确权登记发证工作全面完成，全市二次调查主要数据成果得到广泛应用。在完成全市农村集体土地所有权确权发证工作的基础上，完成了以总登记形式进行的全市农村集体建设用地使用权确权发证工作，全市共调查集体建设用地48254宗，调查面积44712.63公顷，完成确权18942宗，登记发证9705宗。其次，农村集体经营性建设用地入市试点取得实质突破。立足北京市实际，把入市改革试点与破解首都可持续发展难题相结合，创新体制机制和政策制度，加快建立城乡统一的建设用地市场。组建市、区两级试点工作领导机构，完成试点实施方案编制报批，切实加强试点工作组织领导。制定印发《北京市农村集体经营性建设用地入市试点办法》等13个配套文件，探索集体土地租赁住房用地政策，确保试点规范有序，风险可控。

三是深化行政审批制度改革。明确了北京市国土资源局承担的行政职权事项，公布了《北京市国土资源局市级行政审批事项清单（2015年版）》，梳理了《北京市国土资源局区县级行政审批事项清单》。进一步规范投资项目审批事项，进一步调整和优化审批流程，对内部审批经手环节进行精简，进一步提高办事效率，试点以联审方式减少审批环节，加

快办事速度，成效明显。规范行政处罚行为，公布了行政处罚权力清单、流程图，制定《北京市国土资源局行政处罚裁量基准（2016年版）》，实现国土资源行政处罚裁量基准统一、裁量模式统一、公示文本统一。审批事项由80项精简为28项，精简比例达到65%。

四是创新土地整治规划工作。按照国土部批复的海淀区创新土地整治规划实施机制工作方案和市政府批准的实施方案要求，围绕"人口可控、建设减量、产业提升、生态改善"目标，加快落实创新土地整治规划实施机制，探索实施程序和政策工具，形成系列创新成果，编制《海淀区土地整治功能单元规划技术指南》等指导办法，实现创新成果的标准化和制度化，有效推进整治工程的开展。同时，注重总结推广应用，结合中关村大街改造相关工作，为破解土地资源利用瓶颈、引导创新土地整治规划实施机制提供政策支撑。

（四）全面落实依法行政，不断提升国土资源保护监管水平

一是严格落实耕地保护责任。坚守耕地红线，基本农田保护目标、高标准基本农田建设任务严格落实。强化管控性保护，落实省级政府耕地保护责任，严格执行耕地占补平衡制度。推进建设性保护，编制基本农田保护区专项规划，大力实施土地整治，确保全市基本农田数量不减少，质量有提高。开展耕地保护责任目标履行情况自查和责任书签订工作。通过争取国家政策支持、增减挂钩试点、推进在施项目、源头控制占用、建立通报制度等措施落实耕地占补平衡。加强耕地占补平衡与建设用地预审、土地利用总体规划动态维护工作衔接。出台了《北京市城乡建设用地增减挂钩试点管理办法》和《北京市土地整治项目管理办法》。扎实推进高标准基本农田建设。开展建设占用耕地耕作层土壤剥离利用，切实加强设施农用地利用管理。

二是规范供地、征地管理，严格国土资源执法监察。积极推进重大项目落地，完善协议出让项目用地公示程序，落实出让地价评估技术规范。规范征地公示、公告程序，开展征地多元化补偿调研工作，清查交通基础设施项目征地情况，初步拟定分类解决意见。严格国土资源执法监察，落实督办、督察、审计整改任务。加强对土地违法行为的督查整改工作，违法建设、销售"小产权房"行为得到控制。进一步优化12336

违法线索办理流程，继续加大公开曝光和挂牌督办典型案件工作力度。不断推进执法监管创新，充分发挥基层国土所作用，执法监察力度明显加大。各区县分局积极协调区县政府采取有力措施加强违法用地管控。不断完善"全面覆盖、全程监管、科技支撑、执法督察、社会监督"的综合监管体系，土地矿产违法违规形势逐步好转。矿产资源实现合理开发、利用，地质工作不断拓宽服务领域，清洁能源、城市地质、地质遗迹保护等工作全面加强。

三是实施科技创新驱动发展，加强信息技术支撑作用。加强重点领域、重点项目的科技支撑，组织开展《京津冀土地优化利用一体化管控关键技术与应用》《非首都核心功能疏解的用地保障研究》等项目。科技创新能力不断提升，北京市国土资源标准体系初步建立，建设完成"标准文本库"，标准化工作取得新突破。市局和分局党组成立网络安全和信息化工作领导小组，进一步加强全局网络安全和信息化工作的统筹力度。北京市国土资源监测指挥中心投入使用，接入应急办视频会议系统、气象会商系统等，提供实时监控、决策会商、应急指挥等服务。综合监管平台应用全面深化，国土资源"一张图"数据资源不断丰富，"管、建、用"三位一体的信息化管理机制不断完善。

四　北京市国土资源管理存在的问题及建议

（一）存在的主要问题

首先，由于在国土资源的实际管理过程中，没有进行科学合理化的规划，这就使得土地资源得不到科学合理的利用。在全面深化改革提升城市规划建设管理水平背景下，合并北京市规划委和北京市国土资源局，成立北京市规划和国土资源管理委员会，就是为了通过"多规合一"，彻底解决国土资源利用和城市建设规划之间的统一协调问题。有必要将国土资源管理工作融入大局，落实首都城市战略定位，推进京津冀协同发展，同时需要进一步提高破解"城市病"的能力。

其次，执法监察工作不同程度存在机制欠缺、管理不善问题。在国土资源的实际管理过程中制度建设不够完善，一些管理条例在实际的执法工作上没有得到有效落实，形同虚设；国土资源的审批及核实过程中责任没有明确化，法律出台后具体执法过程中，执法主体及执法队伍在执法责任落实时比较容易出现相互推诿现象；执法主体整体素质有待提高，习惯以传统思维推进工作，行政诉讼、行政复议败诉率上升；在实际工作过程中滥用职权的问题比较突出，有些执法人员擅自扩张法定权力等。国土资源保护的观念不强，工作中敢于碰硬、敢于担当的劲头不足。基层执法队伍工作压力大、不稳定等问题。

再次，由于经济利益驱动强劲，加上执法手段及执法力量相对比较薄弱，执法手段不够强硬，实际执法难度比较大，违法用地用矿行为尚未得到根本遏制，新的违法形式屡见不鲜，非法占用土地及违法开采矿产资源等问题比较严重。

最后，在国土资源管理工作中，技术支撑体系建设相对较为滞后。国土资源检测技术没有得到科学化实施，主要就是测绘管理及土地资源的管理技术没有得到科学化应用，这样就得不到准确的数据资料。还有就是缺少大量的国土资源检测人才等，这也是对国土资源管理效率提高产生阻碍的重要因素。

(二) 北京市加强国土资源管理的建议

1. 坚持首都城市战略定位，全力推动京津冀协同发展

优化国土空间开发格局，强化土地用途管制。科学布局生产空间、生活空间、生态空间，综合调控各种空间需求，推进"多规合一"。统一土地分类标准，科学划定生态保护红线和城市增长边界，确定生态红线区、集中建设区和限制建设区，实行"两线三区"全域空间管控。强化土地用途管制，严控市域特别是平原地区土地开发强度，坚决遏制城市"摊大饼"式发展。严格控制城乡建设用地总量规模，五环内严禁新增建设用地，全市范围内城乡建设用地规模实现负增长。

坚决落实非首都功能疏解任务。围绕首都战略定位要求和疏解北京非首都功能的工作任务，全面梳理分析北京市土地利用情况，研究疏解配套政策。严控增量、做好减法，严格控制非首都核心功能的产业项目用地供应，在疏解中做好棚户区改造、保障房建设、城乡一体化和相关产业的调整工作。

加强土地资源供给侧结构性改革。按照减量发展、结构调整、有效

疏解和节约集约的原则，充分发挥土地供应计划、利用计划的引导作用，增强计划约束性。继续适度降低土地供应总量，保持基础设施用地供应规模和比例，减少工业用地供应，适度保持商品住宅和商服用地供应平稳，确保保障性安居工程和棚户区改造用地"应保尽保"，保障养老设施、"高精尖"研发产业、生态环境等用地供应。落实重大项目协调督办机制，积极支持首都新机场、2022年冬奥会、2019年北京世界园艺博览会、环球主题公园等重点项目建设。进一步加快在施土地储备开发项目推进，引导全市形成合理规模和布局，严格控制新增规模，新增项目要符合首都城市发展定位和模式，探索土地储备融资和政府购买土地储备开发服务等新模式。建立资金库和土地储备库，按照"先供先摊、战略储备"的原则，合理安排土地上市交易。

推进节约集约用地，提高可持续发展水平。加强顶层设计，研究北京市节约集约用地工作思路。开展区域城市建设用地节约集约利用更新评价。建立完善开发区用地评价动态更新机制，建立产业用地调查评价基础信息数据库。依托新版基准地价，开展工业用地价格调研，研究提出工业用地差别化地价政策。继续落实单位GDP建设用地下降30%目标。做好地价监测和基准地价更新工作。开展低效工业用地摸底调查，研究提出北京市低效工业用地认定标准。在部分区县试点开展工业用地弹性供应制度，探索实施其他盘活存量工业用地相关政策。继续推进新一轮国土资源节约集约模范县（市）创建活动。加强土地批后监管，完善土地动态巡查制度及闲置土地处置工作机制，推进闲置土地处置工作常态化。

严控新增，疏解盘活存量，落实最严格的节约用地制度。严格控制新增，优化重组空间结构，严禁不符合首都功能的产业用地供应，从严控制新增教育医疗机构以及行政性、事业性服务机构和企业总部用地供应；实行建设项目用地标准控制，加强土地使用标准执行的监督检查。疏解盘活存量，着力疏解中心城地区四类非首都功能，有序推动北京市属行政和事业单位整体或部分向市行政副中心转移，大力推进绿化隔离带等重点地区存量低效用地腾退减量。实施中心城地区、市行政副中心和新城差别化用地政策，大力支持城市副中心建设，配合通州区政府开展土地和地质矿产资源勘查等工作，摸清底数、为高水平的规划建设和管理城市副中心奠定基础。

统筹生态用地，落实最严格的生态保护制度。加强生态空间用途管制，修复城市生态环境系统，强化生态保护责任考核，完善生态保护补偿机制。规划到2020年，生态红线区面积占全市国土面积比例达到70%左右，森林覆盖率达到44%，平原地区森林覆盖率达到30%以上。

2. 积极稳妥推进国土资源领域改革

积极推进集体经营性建设用地改革。按照中央和国土资源部统一部署，在市委市政府领导下，扎实推进集体经营性建设用地入市试点各项工作，总结集体经营性建设用地入市交易试点经验，完善有关政策措施，确保形成可复制、可推广的经验。

深入推进简政放权。进一步推进行政审批标准化，对北京市国土资源管理部门实施的审批事项逐项制定业务手册和办事指南，明确事项名称、设定依据、实施主体等要素，进一步细化"批不批"标准和规则，并向社会公开。严格执行行政处罚裁量基准，最大限度减少自由裁量权，提高管理服务水平。组织协调落实权力清单和责任清单相关工作。按照市政府部署，结合国土部全面推进法治国土建设的意见，研究具体实施意见。加强政府信息公开制度和平台建设，深化主动公开，规范依申请公开。全面推行对内部审批经手环节精简，提高办事效率。研究建立自我纠错机制。

加强征地和土地利用政策研究。按照市政府统一安排，做好市政府148号令修改前期调研工作，广泛征求社会各方意见，确定148号令的修改内容。继续探索征地多元化补偿方式。进一步研究重大工程边角地问题的办理方式，深入开展完善交通基础设施项目征地手续相关工作。加强综合政策的集成和研究，做好养老用地、旅游业用地、设施农业用地的政策研究工作。加强土地利用系统建设，形成审批、监管、基础、服务四大体系，加强土地利用全生命周期管理研究。

3. 全面推进依法行政，加快法治国土建设

坚守耕地保护红线，落实最严格的耕地保护制度。从严控制建设占用耕地，坚持耕地保护数量质量并重，强化耕地保护共同责任，完善耕

地保护约束激励机制，通过加大土地整治力度、试点增减挂钩、争取国家统筹等多种途径，强化新增占用耕地审核，研究解决占补平衡难题。进一步完善土地整治体制机制，启动城乡建设用地增减挂钩项目。完成永久基本农田划定工作。完善耕地开垦费收缴政策。完成全市耕地后备资源调查评价工作，建立耕地后备资源调查评价数据库。组织开展耕地质量等别年度更新评价。

严肃查处国土资源违法行为。继续发挥"四早"机制优势，完善《国土资源发现、制止、查处、报告监督管理办法》。强化打击新生违法违规用地建设行为，加强对"小产权房"、"大棚房"、高尔夫球场用地的动态监管，做到"四必查"，即发现违法必查、信访举报必查、媒体曝光必查、督察审计必查，在土地违法严控增量、化解存量上下功夫。继续加大立案和非立案方式查处拆改执法力度，加强措施创新与长效遏违机制建设，改变卫片执法检查方式，严格土地违法高发区暂缓拨付政府土地收益的数据审核标准，逐步推进违法用地信息上图公示监管机制。研究掌握违法规律，变被动查处为主动预防。改变公开通报和挂牌督办方式，由区县自曝变为全市按违法占地面积、危害程度、影响大小通报，提高震慑效果。加强执法监察基础工作和培训教育，进一步修改完善基层国土所考核标准，规范和改进12336举报电话，由受理违法线索举报转变为加强服务管理。加大打击非法开采矿产资源工作力度，做好矿产资源专项整治行动的后续工作和破坏矿产资源价值鉴定工作。

第三节 北京市林业资源管理

一 北京市林业资源管理机构

北京市林业资源管理基本解决了多头管理问题，北京市林业资源管理职能主要集中在北京市园林绿化局。北京市园林绿化局（简称市园林绿化局），是负责本市园林绿化工作的市政府直属机构，同时挂首都绿化委员会办公室（简称首都绿化办）牌子。北京市园林绿化局下设义务植树处、规划发展处、造林营林处（生态林建设管理办公室）、城镇绿化处、林政资源处（木材管理办公室）、公园风景区处、林场处（花卉产业处)、野生动植物保护处等职能处室。在北京市园林绿化局公开的13项职责中,几乎所有的职责权限都与林业资源管理有关,主要包括:

(1) 贯彻落实国家关于园林绿化工作方面的法律、法规、规章和政策,起草北京市相关地方性法规草案、政府规章草案,并组织实施;制定园林绿化发展中长期规划和年度计划,会同有关部门编制城市园林专业规划和绿地系统详细规划,并组织实施。

(2) 组织、指导和监督北京市城乡绿化美化、植树造林和封山育林等工作;组织、协调和指导防沙治沙和以植树种草等生物措施为主的防治水土流失工作;负责园林绿化重点工程的监督检查工作;组织、指导生态林的建设、保护和管理;组织、协调重大活动的绿化美化及环境布置工作。

(3) 承担管理和保护北京市森林资源的责任;组织编制林木采伐限额,监督检查林木凭证采伐、运输,组织实施林权登记、发证工作;负责森林资源的调查评估、动态监测、统计分析等工作;指导集体林权制度改革,拟订集体林权制度和林业改革意见,并组织实施;依法调处林权纠纷。

(4) 组织制定北京市园林绿化管理标准和规范,并监督实施;拟订公园、自然保护区(本规定中自然保护区指森林和野生动植物类型自然保护区及湿地保护体系,下同)、风景名胜区等建设标准和管理规范,并组织实施;拟订古树名木保护等级标准;负责市级(含)以上园林绿化建设项目专项资金使用的监督工作。

(5) 承担保护北京市陆生野生动植物的责任;组织、指导陆生野生动植物资源的保护和利用工作,组织开展陆生野生动物疫源疫病的监测工作;依法组织开展生物多样性保护和林木种质资源保护工作,组织、指导林木、绿地有害生物的监测、检疫和防治工作。

(6) 承担组织、指导和监督检查北京市森林防火工作的责任;组织拟订森林防火规划和森林火灾扑救应急预案,并监督实施;指导森林防火基础设施和扑救队伍建设;承担北京市森林防火指挥部(北京市森林防火应急指挥部)的具体工作;负责北京市森林公安工作,管理森林公安队伍;依法查处破坏森林资源的案件。

（7）负责北京市公园、风景名胜区的行业管理；组织编制公园、风景名胜区发展规划，监督、指导公园、风景名胜区的建设和管理；负责公园、风景名胜区资源调查和评估工作。

（8）依法负责北京市园林绿化行政执法工作；负责北京市园林绿化的普法教育和宣传工作。

（9）研究提出北京市林业产业发展的有关政策，拟订相关发展规划；负责林果、花卉、蜂蚕、森林资源利用、林木种苗等行业管理。

（10）拟订北京市园林绿化科技发展规划和年度计划，指导相关重大科技项目的研究、开发和推广；负责园林绿化信息化的管理；负责组织、指导、协调林业碳汇工作；负责园林绿化方面的对外交流与合作。

（11）承担首都绿化委员会的具体工作；负责首都全民义务植树活动的宣传发动、组织协调、监督检查和组织实施评比表彰工作。

二　主要的林业资源管理规章政策制度

（一）国家法律

与北京市林业资源管理相关的国家法律主要包括：《中华人民共和国森林法》《中华人民共和国草原法》《中华人民共和国动物防疫法》《中华人民共和国行政处罚法》《中华人民共和国农业技术推广法》《中华人民共和国农业法》《中华人民共和国进出境动植物检疫法》《中华人民共和国野生动物保护法》《中华人民共和国野生动物保护法》《中华人民共和国种子法》《中华人民共和国行政许可法》《中华人民共和国防沙治沙法》《最高人民法院关于审理破坏森林资源刑事案件具体应用法律若干问题的解释》《最高人民法院关于审理破坏野生动物资源刑事案件具体应用法律若干问题的解释》。

（二）国家法规

与北京市林业资源管理相关的国家法规主要包括：《中华人民共和国森林法实施条例》《中华人民共和国植物新品种保护条例》《中华人民共和国野生植物保护条例》《退耕还林条例》《中华人民共和国濒危野生动植物进出口管理条例》《林业行政处罚程序规定》《风景名胜区管理处罚规定》《中华人民共和国自然保护区条例》《关于加强城市生物多样性保

护工作的通知》《建设部关于印发〈城市绿地系统规划编制纲要（试行）〉的通知》《国家林业局公布林木良种名录》《城市绿线管理办法》《国家林业局、公安部关于森林和陆生野生动物刑事案件管辖及立案标准》《游乐园管理规定》《占用征用林地审核审批管理办法》《林木和林地权属登记管理办法》《关于印发〈城市古树名木保护管理办法〉的通知》《营利性治沙管理办法》《关于印发创建"生态园林城市"实施意见的通知》《国家林业局营造林质量考核办法（试行）》《林业标准化管理办法》《主要林木品种审定办法》《引进林木种子苗木及其它繁殖材料检疫审批和监管规定》《关于做好国家重点风景名胜区核心景区划定与保护工作的通知》《林业行政处罚听证规则》《林木种子生产经营许可证管理办法》《关于印发〈国家重点公园管理办法〉（试行）的通知》《重大动物疫情应急条例》《关于印发〈城市湿地公园规划设计导则（试行）〉的通知》《国家级森林公园设立、撤销、合并、改变经营范围或者变更隶属关系审批管理办法》《突发林业有害生物事件处置办法》《关于印发〈国家园林城市申报与评审办法〉、〈国家园林城市标准〉的通知》《关于加强公园管理工作的意见》《关于严格限制在风景名胜区内进行影视拍摄等活动的通知》《关于印发〈城市园林绿化企业资质标准〉的通知》《开展林木转基因工程活动审批管理办法》《林木种子质量管理办法》《森林资源监督工作管理办法》《城市绿化条例（2017年修订）》。

（三）地方法规制度

与北京市林业资源管理相关的地方性法律法规制度主要包括：《北京市森林资源保护管理条例》《北京市古树名木保护管理条例》《北京市公园条例》《北京市绿化条例》《北京市湿地保护条例》《北京市绿化补偿费缴纳办法》《北京市建设工程绿化用地面积比例实施办法》《北京市林地防火区护林防火戒严期火源管制办法》《北京市实施〈森林病虫害防治条例〉若干规定》《北京市实施〈中华人民共和国野生动物保护法〉办法》《北京市人民政府关于百花山和松山自然保护区管理暂行规定》《〈北京市森林资源保护管理条例〉实施办法》《林木种苗质量检验机构考核办法》《北京市实施〈中华人民共和国种子法〉办法》《北京市林业植物检疫办法》《北京市重点保护陆生野生动物造成损失补偿办法》《国

家级风景名胜区规划编制审批办法》《建设项目使用林地审核审批管理办法》《北京市实施〈森林防火条例〉办法》。

（四）地方规划

2001年3月，北京市林业局印发了《北京市2001—2010年防沙治沙生态体系建设规划》。2006年12月，北京市园林绿化局印发了《北京市林木种苗"十一五"发展规划》。2004年，为落实《北京城市总体规划（2004—2020年）》，专门编制了专业规划《北京市绿地系统规划》，并且与新城规划、中心城"街区控规"紧密衔接。2009年，北京市园林绿化局印发了《北京市园林绿化科技发展规划（2009—2020年）》。2007年12月，北京市园林绿化局下发了《北京市"十一五"时期园林绿化发展规划》。2008年5月22日，北京市园林绿化局、北京市发展和改革委员会、北京市科学技术委员会、北京市财政局、北京市农村工作委员会、北京市农业局联合印发了《北京市花卉产业2008—2015年发展规划》。

湿地公园是湿地保护的一种重要类型，是妥善处理湿地保护与合理利用关系的重要手段，也是北京市生态建设和自然保护事业的重要组成部分。2012年5月15日，北京市园林绿化局组织编制了《北京市湿地公园发展规划（2011—2020年）》。该规划提出了今后十年北京市湿地公园的发展思路、发展目标、总体布局、重点任务和政策措施，是全市园林绿化规划体系的重要组成部分，是今后十年北京市湿地公园建设发展的指导性文件。

2012年7月23日，北京市政府批准了《北京市林地保护利用规划（2010—2020年）》（以下简称《规划》）。《规划》是依据国务院批复的《全国林地保护利用纲要（2010—2020年）》下达北京市指标及国家林业局有关要求编制的，是北京市第一个中长期林地保护利用规划。《规划》阐明了北京市未来十年林地保护与利用的战略目标，明确了北京市林地保护利用的指导思想、目标任务和政策措施，是指导北京市未来十年林地保护利用工作的纲领性文件。《规划》对于保护首都园林绿化建设成果，引导全市严格保护林地，合理利用林地，优化林地资源配置，实现国家下达北京市的目标和任务，充分发挥森林的生态、经济和社会效益，促进首都经济社会可持续发展具有重要的意义。《规划》由北京市园林绿化局会同各区县政府和市有关部门结合实际组织实施。

2016年8月10日,根据《北京市国民经济和社会发展第十三个五年规划纲要》的精神和"十三五"时期首都园林绿化发展需要,北京市园林绿化局会同北京市发展和改革委员会编制完成了《北京市"十三五"时期园林绿化发展规划》。该规划提出了今后五年北京市园林绿化行业的发展思路、发展目标、重点任务和政策措施,是全市"十三五"规划体系的重要组成部分,是"十三五"时期北京市园林绿化行业发展的指导性文件。

2017年8月1日,为深入贯彻落实国家及北京市关于"十三五"应对气候变化工作的总体部署,进一步加强北京市园林绿化应对气候变化工作,确保"十三五"目标任务圆满完成,北京市园林绿化局研究制定了《北京市园林绿化应对气候变化"十三五"行动计划》和《北京市园林绿化应对气候变化"十三五"行动计划任务落实分工表》,并经2017年7月7日第17次局(办)党组会审议通过。

三 北京市林业资源管理的主要内容

北京市林业资源管理主动适应经济发展新常态,自觉服务首都城市战略定位,紧紧围绕建设国际一流的和谐宜居之都,大力推进"生态园林、科技园林、人文园林"建设,圆满完成了以平原百万亩造林为代表的一批重大生态工程,完成了一系列重大活动的景观环境布置和服务保障任务,京津冀协同发展生态建设实现率先突破。全市基本形成"山区绿屏、平原绿海、城市绿景"的大生态格局,不断扩大了环境容量和绿色空间,城市宜居环境显著改善。

(一)实施平原百万亩造林工程,不断完善全市生态空间布局

为改善首都空气质量,缓解人口资源环境压力,提升城市宜居环境,2012年,市委、市政府做出了实施平原百万亩造林工程的重大决策。到2015年年底,累计完成平原造林105万亩,植树5400多万株,超额完成了规划任务。平原地区森林覆盖率由14.85%提高到25.6%,显著提升了城市生态承载能力,完善了首都生态空间布局。在工程建设中,一是围绕落实"两环、三带、九楔、多廊"空间规划加大造林力度,新增森林

83.9万亩,新增万亩以上绿色板块23处、千亩以上大片森林210处,对50多条重点道路、河道绿化带进行了加宽加厚,显著扩大了环境容量和生态空间;二是围绕疏解非首都功能和改善城乡环境加大造林力度,在城乡接合部和绿化隔离地区共拆除违法违规建筑1735万平方米,新增城市景观生态林22.3万亩,显著改善了海淀唐家岭、丰台槐房、朝阳金盏、昌平北七家、通州宋庄等城乡接合部地区环境脏乱差的落后面貌;三是围绕重点区域生态修复和环境治理加大造林力度,充分利用腾退建设用地、废弃砂石坑、河滩地沙荒地、坑塘藕地、污染地,实施生态修复36.4万亩;结合中小河道治理和农业结构调整,恢复建设森林湿地5.3万亩,五大风沙危害区得到彻底治理,永定河沿线形成14万亩的绿色发展带,昌平沙坑煤场、怀柔大沙坑、燕山石化污染地变成了优美的森林景观;四是围绕提高市民绿色福祉加大造林力度,在新城、城市重点功能区、重点村镇周边,建成了东郊森林公园、青龙湖森林公园、蔡家河"九曲花溪、多彩森林"等18个特色公园和500多处休闲绿地,为市民提供了更多的生态休闲空间。

(二)大幅拓展城乡绿色空间,全面提升宜居生态环境

发动社会力量广泛参与全民义务植树,市绿色景观环境明显改善,基本形成了城市休闲—近郊郊野—新城滨河—远郊森林的圈层式公园布局。继续推进京津风沙源治理、三北防护林建设、太行山绿化等国家级重点生态工程建设,山区生态功能显著增强,森林的生态服务功能显著提升。按照"村庄周围森林化、河渠道路风景化、基本农田林网化"的要求,开展了沟路河渠村"五边"绿化建设工程,显著优化农村绿色环境,提升了农村人居环境。大力加强了野鸭湖、汉石桥、翠湖等重点湿地和松山、百花山国家级自然保护区基础设施建设,湿地生态功能显著提升,生物多样性保护成效显著。

(三)显著提高应急保障能力,有力加强资源保护管理

1. 明显增强森林火灾综合防控能力

全面加强森林防火基础设施和扑救队伍建设,完善预警监测和应急指挥体系,全市专业森林消防中队达到116支、2800人,森林防火瞭望覆盖率达到70%,视频监控覆盖率达到58%,通讯覆盖率达到75%,确

保未发生重大森林火灾。

2. 进一步加大林业有害生物防控

建成国家、市、区县三级监测测报体系，加大动态监测和普查普防力度，加强无公害防治和生物防治，无公害防治率达到100%。

3. 不断强化林地绿地资源保护管理

实施了全市林地保护执法检查、非法侵占林地绿地排查清理、清除"拉拉秧"等专项治理，建立了林地绿地台账管理制度。全面加强野生动物疫源疫病监测和救护工作，完成古树名木复壮3600余株。

4. 进一步加强公园和风景名胜区精细化管理

经市政府批准，公布了主要公园名录和25个历史名园名录，划定了全市公园和风景名胜区边界；推行了以"一制度六台账"为主要内容的公园精细化管理模式，构建了公园景区三级管理平台和网络工作平台，管理服务能力不断提升。对设在公园中的私人会所和高档餐饮经营场所进行了专项整治；全面完成了涉林、涉绿、涉风景名胜区的高尔夫球场清理整顿。

5. 不断加大林业执法力度

先后开展"春季行动""亮剑行动"和"清网行动"等一批专项行动，依法查处各类涉林涉绿案件。市森林公安局先后破获了多起非法收购、运输、出售野生动物制品的重大刑事案件。

（四）充分释放林业多种功能兴绿富民

1. 传统林业产业加快提质增效

通过创新经营机制和投融资机制，新建、更新和改造高效节水果园，花卉产业发展迅速，启动平原地区10万亩规模化苗圃建设。

2. 新型林业产业快速发展

累计发展林下经济54.6万亩，实现产值33.2亿元；开展"百万市民观光采摘游"、花卉业"三节一展"等系列花果节庆文化活动，全市观光果园达到1300个，果品采摘直接收入4.9亿元；全市森林公园达到31个，年接待游客600万人次，实现综合经营收入2.5亿元。

3. 生态建设有力促进农民绿岗就业

通过完善山区生态林管护补偿机制、建立生态效益促进发展机制，使4.6万农民养山就业、山区百万农民实现生态增收；通过推进山区生态建设、森林经营和郊野公园管护等解决10万农民就业；特别是通过实施平原造林工程和加强森林资源管护，吸纳13万农民绿岗就业，成为新型集体林业工人。

4. 食用林产品品质进一步提升

食用林产品质量安全检查和监测监督全面加强，年均抽检果品近3000批次，样品平均合格率95%以上。

（五）扎实推进园林绿化改革，不断完善体制机制

1. 不断深化集体林权制度改革

按照"均股不分山、均利不分林"的原则，基本完成了以勘界确权、明晰产权、落实股权、保障收益权为核心的集体林权制度改革主体任务，市政府建立山区公益林生态效益促进发展机制，使48万户、119万山区农民人均年增收200元。围绕深化林改，在房山区启动全国集体林业综合改革试验示范区建设；在全市开展林权抵押贷款、森林保险、家庭林场、林业规模经营、生态林管护机制改革等一批试点示范。

2. 生态空间布局研究取得重要进展

结合城市总规修改，开展北京园林绿化空间规划策略研究，提出包括京津冀在内的首都园林绿化生态空间布局调整建议，探索制定国际一流和谐宜居之都园林绿化指标体系。开展园林绿化资源生态红线划定研究，完成中心城规划范围内1.2万余公顷公共绿地的城市绿线划定，"代征绿地移交备案工作机制"取得突破。

3. 全面启动国有林场改革工作

按照中央部署，市政府成立全市国有林场改革工作领导小组，制定《北京市国有林场改革实施方案》并获国家正式批复，召开全市动员大会。配合市有关部门启动八达岭地区建立国家公园体制试点工作。

4. 进一步深化行政审批制度改革

梳理园林绿化"7+X"权力清单105项，向社会公布行政审批事项70项；精简取消行政审批11项、下放5项；建立进驻市政务服务中心的并联审批机制。

(六) 推进京津冀林业资源管理协同发展

1. 谋划区域合作的发展思路

认真贯彻国家《京津冀协同发展规划纲要》和市委、市政府的《关于贯彻〈京津冀协同发展规划纲要〉的意见》精神，积极配合国家和市相关部门制定有关规划、政策，同时，开展北京市林业推动区域协同发展实施方案的编制工作，提出总体思路和目标任务。

2. 完善区域合作的体制机制

与津冀两地林业部门建立生态建设联席会议制度，完善林业有害生物防治、森林防火联防联控机制，并在规划编制、信息共享等方面加强协同合作。开展京冀跨区域林业碳汇交易试点。

3. 加强生态建设项目的区域合作

重点实施京冀生态水源保护林建设、森林防火基础设施和林业有害生物联防联治项目，累计投入资金6亿元，在张承地区官厅水库、密云水库上游潮河、白河、永定河流域重点集水区营造生态水源保护林60万亩，加强森林防火、林业有害生物、野生动物疫源疫病监测等基础设施建设，实现森林资源保护联防联治。配合国家和市有关部门开展张家口坝上地区122万亩退化林分改造试点项目，完成退化林分改造25万亩、近自然森林经营15万亩。

(七) 基础工作全面加强，行业管理水平明显提高

1. 持续加大资金投入力度

在国家和市级重点工程特别是平原造林工程的带动下，全市园林绿化行业投资实现了多年来少有的高增长，平原百万亩造林工程、郊野公园、园博园、滨河森林公园、健康绿道、城市绿地和京津风沙源治理等重大工程总体上投资规模不断扩大，投资结构不断优化，投资方向更加合理。

2. 不断完善政策法规体系

在法制建设方面，市人大和市政府分别颁布实施了《北京市湿地保护条例》《北京市森林防火办法》，配合市人大开展《北京市公园条例》执行情况检查，公布园林绿化行政处罚裁量基准。在政策支撑方面，配合有关部门以市委、市政府名义印发关于农业结构调整、关于城乡一体

化、关于推进生态文明建设等重要政策文件；市政府制定出台关于平原造林工程、城市空间立体绿化、花卉产业发展、城市绿线划定、公园会所整治，以及关于完善绿化隔离地区和"五河十路"绿色通道生态林用地及管护等一批重要政策；联合市有关部门研究制定平原地区规模化苗圃、森林保险、碳排放权抵消、代征绿地移交及平原地区生态林保护管理、公园和村庄绿化养护标准、屋顶绿化和垂直绿化投资标准等一批具体政策。

3. 科技创新和交流合作成果丰硕

启动科技创新行动计划，实施平原造林、增彩延绿、集雨节水、园林绿化废弃物利用等一批科技支撑工程；引进国际先进技术和开展北京市重大科技攻关项目多项。制定修订各类标准186项。积极引进森林疗养、森林体验教育、自然讲解等国际先进理念，建成八达岭森林体验中心、西山森林文化示范区，首都园林绿化国际合作交流网络逐步形成。加强林业碳汇工作，建立了覆盖全市的林业碳汇计量监测网络；成功实施"顺义区碳汇造林一期"和"房山区石楼镇碳汇造林"两个林业碳汇交易项目。实施园林绿化资源动态监管项目建设，完善网上审批等信息管理平台。

4. 不断强化行业管理职能

市、区主管部门不断健全完善平原造林管护、农村林业改革、食用林产品质量监管等内设机构，有力强化行业管理职能。与城管部门明确了城市绿地网格化管理职责，健全全市园林绿化行政执法体系，有5个区建立或明确园林绿化综合行政执法机构。以基层林业站为载体，全市平原地区林木养护体制机制基本建立，形成了市、区、乡镇和养护单位四级管理体系，14个区均成立管护机构或指定现有机构负责养护，102个乡镇林业站负责林木养护管理，基层监管人员达1100余人，构建起"政府主导、部门监管、市场运作、专业养护、农民就业"的体制机制。

四 北京市林业资源管理存在的问题及建议

（一）林业资源管理存在的主要问题

林业资源属于可再生的自然资源，是我国资源的重要组成部分之一，是经济、生态发展的基础，在我国国民经济发展中发挥着重要作用。城市林业资源是生态化、社会化、综合化的林业资源，其主要功能是为城市的持续发展提供生态屏障，满足市民对城市生态环境不断增长的需求。当前，北京市林业资源管理主要存在以下问题：

1. 林业资源管理机制制度尚不完善

由于我国森林资源保护与管理法律法规的制定较晚，相比于其他发达国家的森林资源保护法律发展，还处于较为落后的状态。现阶段我国森林资源保护管理条例还存在着不够健全、不够完善的地方，在很多特殊情况下，难以对现有森林资源进行有效管理和合理保护。完善的林业资源管理系统应该包括调查、统计、规划、设计、监测、采伐等各个环节，目前我国林业资源管理主要依靠政府投入，尽管北京市已算是投入最多的，但政府力量仍然有限，不少林区仍未建立起完善的管理体系，林业资源调查、统计、监测体系尚没有完全建立。由于林业资源管理法规不健全，执法不到位，不少林业资源的管理处于无序状态；一些不合理的开采行为未及时有效地制止或者依法给予处罚。

除此之外，林业行政执法在保护森林资源和促进林业发展等方面起到重要作用，但是也存在一些不容忽视的问题，主要表现在执法透明度不高、执法力量分散、执法环境差、执法监督不到位。林业行政执法中存在问题的原因是多方面的。有社会共性的问题，也有林业自身的原因。总的看主要有思想观念没有转变、法律法规不完善、执法主体不合格、执法人员素质不高等原因。

2. 基层林业管理资源配置不合理

一是机构配置不合理。对于林业资源管理来说，基层工作站是林业资源管理的基础环节，主要负责宣传相关的林业知识，组织人们植树造林，开展与林木相关的管护等工作。根据国家对林业资源管理的相关规定，基层工作站需要配备站长、副站长、林政员、营林员、资源管理员和出纳员等多种类型工作人员。但是，由于林业资源管理关注程度不高，基层工作站普遍存在人手不够、一人多职现象。在这样的工作压力下，加上个别林业基层人员的保护意识不强，极易产生工作疏忽，出现工作漏洞，导致各种资源管理问题。

二是基础设施建设维护不到位。部分林区相应的基础配套设施建设不全，如林区公路建设不完善，后期维护不到位，许多路面存在断痕、裂缝、翻浆、坑洼等现象。林区工作站的工作环境相对落后，部分偏远林区工作人员生活与工作条件较为艰苦，林区种植基地发展不平衡，相应的设备工具落后，优质树苗不能完全配套，信息技术没能得到应有的利用。

三是林业管理科研及推广投入不足。虽然一些林区资源条件比较优越，但是相应的科研及成果转化却投入不足，使得林业资源没有好的技术开发或者有了好的科研成果却无法得到好的转化与应用，林业资源管理的科研及推广宣传工作不及时，很多人都缺乏林业资源管理利用的创新创业意识，林业资源管理科研及推广的资金多依靠国家拨款，民间资本缺乏进入渠道。由于观念和技术、管理上的落后和制约，北京市城市林业资源管理还存在着管理水平和质量不高，经营管理粗放等问题，严重影响了城市林业资源的健康可持续利用。

四是基层林业资源管理责任分配不明。林业资源管理是林业管理中的一项重要工作内容，是一项专业性要求较强、细化操作程度较高的执行管理工程，需要严格按照完善严谨的工作机制开展各项工作任务，以便在实际的操作过程中，明确相关工作人员的责任。北京市林业资源管理体系存在着步骤混乱、监测反馈程序缺失和责任分配模式陈旧等特点，导致林业资源管理存在较多的问题。相关的审核人员，不能明确技术管理人员的工作职责，导致审核粗放、相互推诿和监控敷衍等情况的产生，严重影响了林地资源的测量，无法促进林地工作的稳步推进。

3. 绿地建设与城市发展不均衡

目前，城市建设和林业绿地工作缺乏科学系统的规划和布局，随着经济社会快速发展，林地侵占、林木盗挖现象时有发生。北京市规模不断扩大，不断有高速公路、商住房等建设项目需要向着森林资源区域发展，经常会出现少批多占、未批先占等问题，森林资源保护和森林资源利用两者之间的矛盾日益突出。受到集体林权制度改革以及林业政策的调整，当前林地价值越来越高，部分行政村以林地权属不明等原因要求归还林地，林地管理工作越发混乱。随着城市化发展步伐不断加快，城镇绿化用树也越来越多，古玩市场在林木方面的需求量也持续加大，受利益驱使，很多不法分子频繁盗挖林木，很大程度上增加了森林资源保护工作的压力和难度。绿地建设与城市发展不均衡，使得绿化结果难以在城市发展中得以体现，不利于北京市林业绿化的可持续发展。

4. 林业资源生态功能发挥不突出

一是北京市森林资源总量分布及生态功能不均衡。总体来看，北京市森林资源覆盖率较高，但呈现山区多、平原少，城外多、城区少的格局，从满足城市居民生改善态环境需求而言，森林资源覆盖率总量仍相对不足。特别是随着城市一体化化进程的加快，森林总量的不足、生态的脆弱无法满足北京建设世界城市的需要。现有森林分布不均，结构不尽合理，林分质量不高，尤其人工林，大多为低矮的单层林结构，空间利用不充分，导致森林生态功能未能充分发挥。因此，开展低效林改造、中幼林抚育和森林健康经营，提高森林质量，增加森林碳汇，提升森林生态系统的整体功能。

二是北京市林种结构及群落结构布局不合理。由于北京市原生林群落已基本破坏殆尽，现有的林分人工林和经济林居多，天然次生林面积也很少，普遍存在林分结构简单、树种单一，主要集中在北部低山丘陵地带，生态功能较低，稳定性差等问题。目前北京人工造林树种主要集中于侧柏、油松、国槐、杨、柳等树种上，造林树种树对单调，物种多样性低，林分结构单一，稳定性较差，应根据造林地条件适度增加北京乡土树种造林比例，提高林分质量。

(二) 北京市加强林业资源管理的建议

1. 严格落实林地红线管理

为了实现对生态建设空间的有效保护，国家林业局专门针对林地划分了林地目标红线和森林等红线，林地目标红线是最基础的红线，同样是保护生态以及森林资源的底线。北京市应严格落实林地红线管理。首先，结合林地实际情况，制定针对性的林地保护利用规划，对于各类建设项目使用林地进行严格审查，保证规划的权威性以及严肃性得到维护和遵守。其次，对于建设类使用林地在审批要严格把关，林业资源的管理经营单位，必须要以林地林权管理作为日常管理工作的核心，制定最为严格的林地管理制度，加大林地保护力度，建立林地管理制度长效机制。再次，做好林地的分类管理以及定额管理，将定额管理的调控作用充分全面地发挥出来，严厉打击不合理用地现象。针对部分容易造成环境污染、资源大量浪费，以及无法实现对林地及时恢复的项目，必须要坚决抵制。最后，针对征收林地的审批手续进行规范，加大监督管理力度，各项职责得到落实，及时发现存在的问题，采取针对性的解决措施进行处理。

2. 建立完善的基层林业管理系统

通过不断加强和完善基层林业站的管理系统，改革和完善林业资源管理的内部机构。首先，发挥北京市现有基层乡镇政府和村民体制优势，从根本上完善林业资源管理和保护能力。其次，要想充分发挥基层林业站的管理作用，要对林业资源管理人员的结构加以调整，并进行相关的培训和指导，提高他们的业务能力和综合素质。要大力提供资金支持，保障基层林业资源管理工作人员的工资、奖金、福利等，保证他们工作的积极性。最后，提高办公和执法的资金费用，将执法过程中的罚款收入和没收的违法所得全部纳入财政账户，避免将罚没收入和工作人员的业绩、薪资挂钩，防止权力滥用的现象发生。加大基础设施投入，加大高科技设备投入，改善林业地区的硬件条件。

3. 加强林业法制建设，加强林业执法力度

目前我国虽然已初步建立起了社会主义市场经济法制体系，但许多法律法规都还有待于健全和完善，其中生态环境建设方面的法律法规尤为薄弱。要继续完善林业方面，尤其是城市林业资源管理保护的相关政策法规，全面推进林业法制建设。北京市应加大林业执法力度，有效落实各项林地法律制度，完善行政执法监督机制，强化行政执法责任制，加强执法队伍建设，定期集中开展专项行动，及时阻止非法占地等现象。森林公安需要充分发挥其主力作用，将工作的重点放在办大案等方面，针对群众反映的不法行为，集中力量侦破打击。在办案过程中，一定要坚持文明执法、执法必严、违法必究原则，做好违法犯罪事实的界定。

4. 转变林业部门职能，加强林业公共服务

首先，研究制定专门的林业科技推广办法或条例，打通科技资源平

台,规范国家公共投资、社会捐助实施的科研成果的共享制度,探索以基层林业站为节点,依托有关公共林业科研机构、研究院所、规划设计单位技术资源,加快完善林业科技推广服务体系。其次,继续优化林业综合服务管理,研究进一步削减审批事项、放活经营,减少林业经营的交易成本,逐步建立对商品林以产权交易服务管理、公益林经营监督管理和林地动态监督管理为核心的服务监督管理体系。最后,完善信息公开制度、加强市场信息服务供给,结合国家信息公开制度和政府办公信息化建设,以多种渠道及时公开有关林业政策调整、各种审批进程与结果等信息。

5. 提高城市林业经营管理水平,建设个性化城市林业

建立健全林业生态建设目标责任制。北京市应参考防沙治沙目标责任制的做法,尽快出台《政府生态建设目标责任考核办法》,将林业生态建设列为政府经济社会发展的重要指标,实行任期目标管理。将森林覆盖率、森林蓄积量、沙化土地治理面积、自然湿地保护面积、自然保护区面积等反映可持续发展能力的生态建设指标纳入地方各级政府领导班子和领导干部政绩考核内容,并建立离任评价机制。

统筹规划,实现多彩绿化效果。城市林业的营造应统筹规划,体现美学价值,提倡绿色植物多样性,打造丰富多彩的绿化效果。通过常绿与落叶搭配,速生与慢生结合,并通过合理配置乔、灌、藤、草比重,呈现出季相变化和景观动态效果,营造一个赏心悦目的北京市城市森林体系。受市区建筑的影响,绿化空间缺乏,因此必须充分利用城市空间,见缝插绿,利用边角空地种树植草,大力倡导立体绿化,墙壁、阳台、屋顶绿化与地面绿化相结合,全面提高市区绿化覆盖率。

遵循人文景观原则,打造丰富景观效果。古树名木是一个城市的活文物,反映了城市的历史和文明程度,应通过立法加以保护。城市森林不同于自然森林,它是人工建造的,受城市地理环境条件的制约,与居民关系密切。因此,应充分发挥北京市森林园林艺术效果,不拘泥于传统的封闭的小园林设计,以追求自然美为最高宗旨,采用开放的自然式园林设计,并通过植物种属选择、种植设计,以求产生丰富的色相、季相变化,从而营造出不同的生境,创造自然气息浓厚、丰富多彩的景观

效果。同时可根据北京市特有的自然地理特点，发展有特色的片林和森林群落。在近郊森林中还可为游人设置一些垂钓、野炊等游乐休憩场所。

打造森林公园特色主体形象。利用首都得天独厚的优势，大力发展森林旅游产业，打造独具特色的北京市森林公园。随着旅游者阅历的丰富，旅游需求个性化趋势愈加明显，文化体验型产品倍受青睐。确立森林旅游地的主题形象，突出地方性、时代性和森林特色，为开发个性化项目提供创意元素和平台。主题形象是森林旅游地人地关系的集中反映，围绕主题来开发旅游项目有利于避免开发同质化、低水平产品。地域文化对于项目差异化具有不可替代的作用。开发地方性突出的项目，就是从传统文化和乡土知识中汲取项目设计的灵感，反映当地人与森林的传统和谐关系，既体现东道社区自然资源和文化的完整性，又使人们在获得自然景观审美的同时获得人文生态审美。围绕森林环境和森林资源管理任务来提炼项目特色，使森林旅游具有有别于其他类型旅游的特色。

6. 加强林业资源规划管理，健全林地资源监测体系

对于林业资源的保护、利用和开发，要进行科学合理的规划。需要分区、分类的规划林地功能，处理经济利益和民生利益之间的关系，制定林地保护与利用规划，将森林的用地划分为商品经济林区和生态公益林区。更加有效地保护森林资源和生态环境，更好地保障规划区群众的利益。针对林地资源落实连续清查制度，结合林地资源数据，针对性的制定林业发展规划。采取以林养林的经济性策略，整合利用森林资源开展旅游业，建立森林公园，吸引更多游客，提高森林资源的经营产出，同时进一步增强人们保护森林资源及生态环境的意识。

健全林地资源监测体系。一是打造一支专业化的林地资源监测队伍；二是应用先进的 GIS 等信息定位系统，提高监测工作效率和质量，降低林地侵占、林木盗伐等现象出现的可能，提高林业的现代化建设水平；三是建立林地资源数据管理系统，规范数据采集、处理、分析等流程，使森林资源管理水平得到显著的改善和提高；四是健全林地资源评估体系，实现对林地资源的准确、全面评估。

第四节 北京市矿产资源管理

一 北京市矿产资源管理机构

（一）北京市规划与国土资源管理委员会

北京市矿产管理职责主要集中于北京市发展与改革委员会、北京市规划与国土资源管理委员会等部门。北京市规划与国土资源管理委员会（首规委办）是负责北京市城乡规划管理和土地、矿产资源管理的市政府组成部门。北京市规划与国土资源管理委员会（国土资源），在其十五项职责中，与矿产资源管理规划相关的职责包括4项，分别是：

①负责本市地质勘查、矿产资源储量管理和矿产资源开发、利用、保护的监督管理；拟订矿产资源开发、利用和保护规划，并组织实施；整顿和规范矿产资源开发秩序；负责地质环境保护和地质遗迹保护的监督管理；组织、协调、指导和监督地质灾害防治工作；组织监测、监督防止地下水过量开采引起的地面沉降和地下水污染造成的地质环境破坏；承担监督管理古生物化石、地质遗迹、矿业遗迹等重要保护区、保护地的工作。②监督指导矿业权评估工作，确定矿业权价款；规范和监管矿业权市场，监督管理矿业权人勘查、开采活动。③依法组织土地相关收入和矿产资源专项收入的征收，规范征收行为，配合有关部门拟订收益分配制度，指导、监督土地整理复垦开发资金的收取和使用。④负责本市城乡规划实施和土地、地质环境、矿产资源管理的督察工作；负责城乡规划和国土资源执法监察工作，依法查处有关违法行为。

从北京市规划与国土资源管理委员会（国土资源）网站中的地矿管理专栏可以看出，北京市地矿管理主要包括五个方面的内容：一是矿业权管理，包括探矿权审批、采矿权审批、矿业权出让转让、矿产执法、矿产资源依法收费；二是地质灾害管理，包括预警预报、避险自救常识、应急预案、应急演练、地质灾害发生披露；三是资质管理，包括地质灾害资质、地质勘查资质；四是地质资料和储量管理，包括北京市地质资料管理与服务、矿产资源储量统计、压覆重要矿产资源审批；五是其他，包括矿产资源规划、地矿专项工作、地质与矿产类政策法规等。

（二）北京市发展与改革委员会

北京市发展与改革委员会与矿产能源管理相关的职责主要有两项。一是推进可持续发展战略，负责北京市节能减排和应对气候变化的综合协调工作；组织拟订发展循环经济、全社会能源资源节约和综合利用的规划及政策措施，并协调实施；参与编制生态建设、环境保护规划，协调生态建设、能源资源节约和综合利用的重大问题；综合协调节能环保产业和清洁生产促进有关工作，组织实施节能监察和考核工作。二是负责组织拟订北京市能源发展战略、中长期规划并协调实施；衔接能源总量平衡；监测分析能源运行情况，提出相关政策建议；协调能源发展、城市能源运行保障的重大问题；组织拟订电力、煤炭行业规范和技术标准，并承担相应的监督管理责任；承担北京市电力事故应急指挥部的具体工作。

北京市发展与改革委员会下设与此相关的处室有能源发展处、新能源利用处等。其中：能源发展处负责研究提出本市能源发展战略、中长期规划及政策措施并协调实施；统筹煤炭、电力、成品油、天然气、供热等行业发展规划与国民经济和社会发展规划、计划的衔接平衡；研究提出能源设施重大项目布局并组织实施；衔接能源总重平衡，协调能源领域有关重大问题。新能源利用处负责研究提出本市新能源和可再生能源发展战略，拟订中长期发展规划及政策措施，并组织实施；统筹新能源和可再生能源发展规划与国民经济和社会发展规划、计划的衔接，平衡负责新能源和可再生能源的行业管理；研究提出新能源和可再生能源重大项目布局，综合协调解决新能源和可再生能源发展有关重大问题。

二 主要的地矿资源管理规章政策制度

（一）国家法律法规

1986年3月19日，第六届全国人民代表大会常务委员会第十五次会议通过《中华人民共和国矿产资源法》，并于1996年8月29日第八届全国人民代表大会常务委员会第二十一次会议修订；1994年3月26日，《中华人民共和国矿产资源法实施细则》（国务院令第152号）公布施行。根据《中华人民共和国矿产资源法》的有关规定，1994年2月27日，

《矿产资源补偿费征收管理规定》（国务院令第150号）发布施行，并经1997年7月3日《国务院关于修改〈矿产资源补偿费征收管理规定〉的决定》（国务院第222号令）修改。根据《中华人民共和国矿产资源法》，1998年2月12日，《矿产资源勘查区块登记管理办法》（国务院令第240号）、《矿产资源开采登记管理办法》（国务院令第241号）、《探矿权采矿权转让管理办法》（国务院令第242号）相继公布施行。

2002年3月19日，国务院发布《地质资料管理条例》（国务院令349号）；2002年12月20日，国土资源部第7次部务会议通过《地质资料管理条例实施办法》（国土资源部令第16号），自2003年3月1日起施行。2003年11月26日，国土资源部发布《矿产资源登记统计管理办法》（中华人民共和国国土资源部令第23号），自2004年3月1日起施行。1995年1月3日原地质矿产部发布的《矿产储量登记统计管理暂行办法》同时废止。2003年11月19日，国务院第29次常务会议通过《地质灾害防治条例》（中华人民共和国国务院令第394号），自2004年3月1日起施行；根据《地质灾害防治条例》，2005年5月12日，国土资源部第1次部务会议通过《地质灾害治理工程勘查设计施工单位资质管理办法》（国土资源部令第30号）、《地质灾害治理工程监理单位资质管理办法》（国土资源部令第31号），自2005年7月1日起施行。2008年3月3日，国务院公布《地质勘查资质管理条例》（国务院令第520号），自2008年7月1日起施行。2014年7月9日，国务院第54次常务会议通过《国务院关于修改部分行政法规的决定》，对《矿产资源勘查区块登记管理办法》《矿产资源开采登记管理办法》《探矿权采矿权转让管理办法》《中华人民共和国土地管理法实施条例》等进行了修改，自公布之日起施行。2016年1月5日，国土资源部第一次部务会议审议通过《国土资源部关于修改和废止部分规章的决定》，对《地质资料管理条例实施办法》（国土资源部令第16号）、《矿山地质环境保护规定》（国土资源部令第44号）、《土地调查条例实施办法》（国土资源部令第45号）、《古生物化石保护条例实施办法》（国土资源部令第57号）、《中华人民共和国海洋石油勘探开发环境保护管理条例实施办法》（国家海洋局令第1号）、《中华人民共和国海洋倾废管理条例实施办法》（国家海洋局令第2号）

等6部规章的部分条款予以修改，废止《土地估价师资格考试管理办法》（国土资源部令第35号）1部规章，自公布之日起施行。

当前，与矿产资源管理密切相关的法律法规主要有：《中华人民共和国矿产资源法》《中华人民共和国矿产资源法实施细则》《矿产资源补偿费征收管理规定》《中华人民共和国资源税暂行条例》《探矿权采矿权转让管理办法》《矿产资源开采登记管理办法》《矿产资源勘查区块登记管理办法》《地质灾害防治条例》《中华人民共和国测绘法》《地质资料管理条例》《关于进一步做好关闭整顿小煤矿和煤矿安全生产工作的通知》《中华人民共和国测绘法》《最高人民法院、最高人民检察院关于办理非法采矿、破坏性采矿刑事案件适用法律若干问题的解释》《全国矿产资源规划（2016—2020年）》《国务院关于加强地质灾害防治工作的决定》《古生物化石保护条例》《地质勘查资质管理条例》《地质灾害危险性评估单位资质管理办法》《矿产资源登记统计管理办法》《矿产资源登记统计管理》《地质资料管理条例实施办法》《古生物化石管理办法》《地质环境监测管理办法》《矿产资源规划编制实施办法》《古生物化石保护条例实施办法》《矿山地质环境保护规定》《古生物化石保护条例实施办法》《地质灾害治理工程监理单位资质管理办法》《地质灾害治理工程勘查设计施工单位资质管理办法》。

（二）地方法规制度

1993年11月26日，北京市第十届人民代表大会常务委员会第七次会议通过《北京市实施〈中华人民共和国矿山安全法〉办法》，并于1997年和2001年进行了两次修正。1998年4月16日，北京市第十一届人民代表大会常务委员会第二次会议通过《北京市矿产资源管理条例》，并经2006年7月28日北京市第十二届人民代表大会常务委员会第二十九次会议《关于修改〈北京市矿产资源管理条例〉的决定》修正。1999年8月17日，北京市人民政府第17次常务会议通过《北京市地热资源管理办法》，根据2001年8月27日北京市人民政府令第82号修正公布。2009年12月21日，为加强北京市矿山地质环境治理项目的管理工作，使项目立项、实施和验收等工作更加规范和完善，北京市国土资源局编制了《北京市矿山地质环境治理技术指南（试行）》。

2010年6月23日，为进一步规范北京市探矿权审批管理，推进矿产资源合理勘查，提高勘查工作质量，降低勘查投资风险，加强矿产资源勘查实施方案审查和管理工作，北京市国土资源局下发了《关于规范全市矿产资源勘查实施方案管理工作的通知》。2011年5月9日，为进一步加大打击非法违法生产经营建设行为的工作力度，有效防范遏制各类重特大事故的发生，按照国务院安委会的要求，北京市国土资源局开展了严厉打击非法开采矿产资源行为专项行动，下发了《关于严厉打击非法开采矿产资源行为的通知》。2012年2月29日，为促进矿山企业珍惜合理利用矿产资源，提高矿产资源的综合利用水平，规范全市矿产资源补偿费免（减）申请审批工作，根据《矿产资源补偿费征收管理规定》（国务院令第150号）（以下简称《规定》）和《北京市实施〈矿产资源补偿费征收管理规定〉办法》（北京市人民政府令1994年第29号）及有关规定，北京市国土资源局制定《北京市矿产资源补偿费免（减）审批办法》（京国土矿2012年第106号）。

2014年6月16日，北京市依据《北京市国民经济和社会发展第十二个五年规划纲要》和《国土资源部关于贯彻落实全国矿产资源规划发展绿色矿业建设绿色矿山工作的指导意见》等，编制了《北京市绿色矿业发展规划（2013—2020年）》（以下简称《规划》）。《规划》是北京市发展绿色矿业的纲领性文件，是国土资源管理部门依法行政，加强绿色矿山建设管理的依据，是矿山企业建设绿色矿山的行动指南。规划范围为北京市所辖行政区域，规划矿种主要为固体矿产，兼顾地热资源。《规划》以2012年为基期，2015年为近期，2020年为远期。

2015年11月3日，北京市国土资源局印发了《北京市国土资源局行政处罚裁量基准》（2016年版），2006年1月10日印发的《非法占用土地等违法行为行政处罚标准（试行）》（京国土监〔2006〕7号）废止。

2016年11月25日，北京市第十四届人民代表大会常务委员会第三十一次会议决定对下列地方性法规《北京市实施〈中华人民共和国矿山安全法〉办法》《北京市矿产资源管理条例》《北京市森林资源保护管理条例》《北京市河湖保护管理条例》做出了集中修改。

当前，与矿产资源管理密切相关的地方法律法规主要有：《北京市地热资源管理办法》《北京市实施〈中华人民共和国矿山安全法〉办法》《北京市河道砂石开采管理暂行规定》《北京市实施〈中华人民共和国测绘法〉办法》《北京市征收防洪工程建设维护管理费暂行规定》《北京市测绘条例》《北京市矿产资源管理条例》。

三 北京市矿产资源管理的主要内容

党的十八大以来,为服务经济社会发展和推进生态文明建设,国家在矿业权出让与监管制度建设、矿业领域生态文明建设、资源节约管理等方面呈现出崭新面貌。与典型资源城市在新发展理念指引下矿产资源开发、利用、管理上的复杂情况不同,作为首都的北京市矿产资源开发利用极少,矿产资源管理的特色主要体现在矿产资源勘探、监测等基础管理和地质生态保护等方面,矿产资源管理相对比较简单且独具首都特大城市特色。

(一) 完善采矿权交易制度,规范矿产资源开发秩序

在生态文明体制建设中,矿业权出让制度改革的重要性越发凸显。按照中央部署,国土资源部会同财政部等部门研究制定了《矿业权出让制度改革方案》,2017 年由中办、国办联合印发实施。此次矿业权出让制度改革重点是,完善矿业权竞争出让制度,严格限制矿业权协议出让,下放审批权限,强化监管服务。在此背景下,北京市严格规范了矿产资源开发秩序。采矿权交易全部进入矿业权交易市场进行公开交易。

党的十八大以来,国土资源部在油气资源探矿权竞争性出让、开放市场方面作了积极探索并迈出了实质性步伐,同时通过矿业权人信息公示制度完善了矿产资源管理监督制度。2011—2015 年,国土资源部按照"放开市场、盘活区块、激发活力、加强监管"的总体思路,探索进一步放开油气勘查开发市场,先后开展了 5 轮竞争出让。2015 年 9 月,国土资源部印发《矿业权人勘查开采信息公示办法(试行)》,对原有矿产资源勘查开采监管方式进行改革,将年检制改为信息公示制。矿业权人信息公示制度,2016 年开展试点,2017 年在全国实施,对我国矿产资源监督管理制度作了系统性完善。2017 年 4 月,矿产资源管理改革中又迎来重大突破,国务院发布实施了《矿产资源权益金制度改革方案》。在此背

景下，北京市研发并运行"北京市国土资源局矿业权交易监管系统"，实现对矿业权交易的全程监管。全年共有77个矿业权项目进入矿业权交易市场进行公开交易。

（二）推进绿色矿山试点，恢复治理矿山地质环境

党的十八大以来，我国矿业领域生态文明建设步伐明显加快。通过开展国家级绿色矿山试点，试点矿山加大了数字化、现代化矿山建设，提高了企业生产效率，降低了成本；大力开展了关键技术改造，提高了资源利用水平；治理了矿山生态环境；推动了企业履行社会责任。2017年3月，国土资源部会同财政、环保、质监、银监、证监等部门印发《关于加快建设绿色矿山的实施意见》，对当前加强绿色矿山建设、发展绿色矿业提出了系统性的设计，如提出建立国家省市县四级联创、企业主建、第三方评估、社会监督的绿色矿山建设工作体系、推进绿色矿山建设采用矿山自建自评、第三方评估、名录管理、达标入库、自动享受相关政策的新机制，特别是从用矿、用地、财政、金融4方面加大了对发展绿色矿业的政策支持力度。在此背景下，北京市编制完成《北京市绿色矿业发展规划》，积极推进绿色矿山建设，首云铁矿等4个矿山成为国家级绿色矿山，鲁家山等9个矿山成为国土资源部绿色矿山试点单位。

矿山地质环境是生态环境的重要组成部分。党的十八大以来，国土资源部联合各相关部门综合施策，推动各地区大力开展矿山地质环境恢复和综合治理工作，将矿山地质环境治理作为山水林田湖修复的重要任务，并选择重点地区开展试点；与有关部门报请国务院办公厅印发了《关于加快推进采煤沉陷区综合治理的意见》，建立了采煤沉陷区综合治理部际联席会议制度。2016年7月，国土资源部联合工信、财政、环保、能源等部门下发的《关于加强矿山地质环境恢复和综合治理的指导意见》，以严格矿山开发准入管理、强化源头保护的新理念，提出了矿山环境保护和恢复治理的一些新举措，如全面实行矿产开发利用方案、矿山地质环境保护与治理恢复方案、土地复垦方案同步编制、同步审查、同步实施"三同时"制度，明确历史遗留工矿废弃地复垦利用和吸引社会资金开展矿山地质环境治理恢复新政策，鼓励各地探索PPP模式、第三

方治理等，提出构建"政府主导、政策支持、社会参与、开发式治理、市场化运作"矿山地质环境治理新机制等，初步搭建了矿山地质环境恢复和综合治理的政策创新框架。在此背景下，北京市加大了关闭矿山环境治理力度。开展安全生产领域"打非治违"专项行动，严厉打击非法开采矿产资源行为。

（三）加强矿产资源勘查与调查评价，加强矿产资源勘查储量管理

开展自然资源统一确权登记是《生态文明体制改革总体方案》和《中央全面深化改革领导小组 2016 年工作要点》中确定的一项重要任务。2017 年 3 月，国土资源部印发《探明储量的矿产资源纳入自然资源统一确权登记试点工作方案》，选择福建、贵州省开展探明储量的矿产资源所有权统一确权登记试点。为深入贯彻落实党中央、国务院关于加快推进生态文明建设等重大决策部署和中央领导同志重要批示精神，2017 年 7 月，国土资源部下发《自然保护区内矿业权清理工作方案》，决定开展各类保护区内矿业权清理工作。在此背景下，北京市加强矿产资源勘查与调查评价，加强矿产资源勘查储量管理。严格矿产资源勘查行政许可和地质勘查单位资质审批。开展城市地质土壤调查与评价、页岩气资源前期研究和潜力调查评价。

（四）积极落实矿产资源节约管理制度与标准建设

矿产资源是我国经济社会发展的重要基础资源，也是生态环境的构成要素之一。党的十八大以来，矿产资源全面节约和高效利用在管理制度措施、标准建设等方面取得了令人瞩目的新进展。2012 年以来，国土资源部相继出台了一些规范性文件，矿产资源节约管理的制度、标准进入实质性建设阶段。2016 年 12 月，国土资源部发布《关于推进矿产资源和高效利用的意见》，首次全面勾勒出矿产资源节约管理的基本原则、管理内涵以及管理思路等。随后，国土资源部、国家发展改革委、工信部、财政部、国家能源局联合发布《〈矿产资源开发利用水平调查评估制度工作方案〉的通知》，明确到 2020 年建成调查评估常态化、科学化、标准化和激励约束差别化的开发利用水平调查评估制度。2017 年 8 月，国土资源部选择石油、天然气、煤、铁等 11 个矿种为试点矿种，黑龙江、浙江等 7 省（区）为试点地区，开展试点工作。在此背景下，北京市开展

矿产资源潜力评价，已完成锰、钼、铬、银、萤石5个矿种的资源潜力预测评价；推进了地质资料汇交监管平台和地质资料集群化信息共享服务平台建设，按年度推进了全市性的重点基础地质调查；围绕老矿山挖潜，开展密云铁矿资源勘查评价工作，矿产资源储量利用现状调查走在全国前列。

科学合理的矿产资源利用"三率"评价标准体系是引领、促进矿业生产力发展的客观要求。党的十八大以来，我国矿产资源"三率"标准建设工作有序推进，国土资源部共公告发布了33个矿种的三率指标最低要求，先后发布了5批共272项先进适用技术。在此背景下，北京市开展矿产资源开发利用情况年度检查和重要矿产"三率"综合调查与评价，同时开展矿产资源节约与综合利用以奖代补绩效评价，逐步提高资源利用水平。

（五）推进矿政管理领域简政放权，加强地热资源管理。

党的十八大以来，政府通过简政放权、放管结合、优化服务创新政府管理方式，营造公平市场环境，激发社会活力，矿业权管理"放管服"改革不断深化。2013年，取消了地质矿产类审批事项25项，清理了全部非行政许可审批事项；2015年清理规范了9项涉及地质矿产行政审批相关中介服务事项；2016年清理规范了两项中介服务事项；2017年起，矿业权审批不再要求矿业权人提交矿产资源勘查项目年度报告或开发利用年度报告。2016年国土资源部出台《关于化解钢铁煤炭行业过剩产能推进脱困升级的意见》，明确要求3年内停止划定矿区范围，已核准的煤矿建设项目要与去产能任务挂钩并经省级人民政府有关部门公告后，方可办理采矿登记手续，将涉及煤炭企业兼并重组的矿业权登记手续一律下放到省级国土资源管理部门登记发证等。在此背景下，北京市积极落实矿业权管理"放管服"工作，严格管理地质矿产类审批事项和非行政许可审批事项。

2016年11月，国务院正式批复同意《全国矿产资源规划（2016—2020年）》，由国土资源部会同国家发改委、工信部、财政部等6部门共同发布实施。该规划是我国进入"十三五"全面建成小康社会关键时期出台的一部重要规划，为维护国家资源安全、引领矿业供给侧结构性改革、规范资源勘查与开发利用行为提供了依据和指南。北京市依据《北京市绿色矿业发展规划（2013—2020年）》在发展绿色矿业的同时，重点根据社会经济发展需要加强了地热资源管理。基本完成了《北京市浅层地热能资源规划文本》，编制了《北京市地热开发利用方案编制大纲和审查大纲》，加强地热资源合理开发利用，提高地热资源监督管理水平。完成北京市地热资源综合利用现状调查，启动昌平新城地热资源调查评价项目，出具浅层地温能地质条件评估意见。地热资源管理基础数据库初步建立，地热温泉经营服务规范化和标准化工作取得阶段性进展，编制完成第一期地热温泉导引图。制定地热井泵室和地热井封井、回填井技术要求，进一步规范地热资源的开发利用。

（六）拓展地质服务工作领域，不断提升城市地质综合服务能力

加强地质勘查行业管理，城市地质土壤调查评价工作取得阶段性成果。深入开展地质资料信息服务集群化产业化，稳步推进数字城市地质工作。积极建设地质资料汇交监管平台和地质资料共享服务平台，开展"北京数字城市地质资料数据中心建设试点"项目，加强地质资料汇交监管平台建设与利用，地质资料管理不断加强。开展典型区域小城镇水工环地质综合调查试点等全市性重点基础地质调查工作。密云水库周边、西部山区百花山地区矿山地质环境治理示范工程项目有序开展，在生产矿山地质环境治理实施顺利，地质环境图系编制工作初步完成。地质遗迹、矿山遗迹和古生物化石保护工作持续推进，地质（矿山）公园建设继续推进。

不断提升城市地质综合服务能力。逐步建立京津冀三地统一的矿权市场化流转制度，初步形成统一信息发布、统一交易规则和统一交易平台的基本原则。扎实有序推进矿产资源领域专项整治行动，规范矿产资源开发和管理秩序。开展北京市砂石土矿、矿泉水开发利用情况调研，完成矿业权与规划区（保护区）重叠项目梳理，扎实推进固体矿山采矿权延续、绿色矿山建设、矿山环境治理、安全生产等工作。积极推进"十三五"时期地质勘查规划的编制，较好地完成了探矿权年检、地质勘查资质监督检查、地质勘查成果通报和地勘行业统计及矿产储量管理等工作。

（七）落实大气环境治理和清洁行动计划，提高地质灾害防治管理水平

大力开展矿山地质环境恢复治理工作，加快推进废弃矿山治理项目，做好国道、省道两侧裸露岩壁治理工作。继续做好固体矿山采矿权延续和关闭工作，积极推进绿色矿山建设，加强检查和动态监督，确保2017年年底前全部建设成为绿色矿山。积极推动广泛使用地热清洁能源，摸清资源储量、完善规划，推进地热资源在远景区和空白区的勘查开发，严控增量，加强价格杠杆调节作用，实施用途管制、严格控制洗浴用途。重点做好通州行政副中心、首都二机场、延庆地区地热资源勘查工作，加大通州核心区清洁能源的利用力度。继续推进京津冀逐步建立三地统一矿权市场化流转制度。抓紧制定北京市"十三五"地质勘查发展规划，积极参与"一部三省（市）"地质调查合作机制，落实《支撑服务京津冀协同发展地质调查实施方案》，重点是围绕北京行政副中心、冬奥会场馆、新机场、新农村、城市规划等重大工程建设，先行开展针对性综合地质调查工作，积极开展北京市城市地下资源环境三维模型建设的探索与实践。

提高地质灾害防治管理水平。编制《北京市1∶5万地质灾害详查规范》《北京市"十三五"时期地质灾害防治规划》等规范性文件，推进防灾管理规范化。根据《北京市"十三五"时期地质灾害防治规划》修订和完善地质灾害防治工作方案、应急预案，发布了《北京市地质灾害治理项目实施技术指南》，进一步提高地质灾害人防物防技防水平。加强地质灾害隐患点巡查排查检查，及时更新隐患点台账，筹划出台隐患点销账制度和避险场所建设规范。充分利用显示屏、语音提示杆、微信公众号、高德地图、卡通宣传片等方式，扩展地质灾害宣传覆盖范围。进一步加强汛情会商、预警发布、实情掌握、信息报送、应急演练工作，健全地质灾害野外监测建管用一体化的制度和规定，加强预警能力建设，出台预警阈值，充分发挥地质灾害应急指挥平台的指挥中枢作用，促进地质灾害防治管理水平整体提升。加快推进地质灾害治理项目的实施，积极探索地面沉降控制区的划定和突发地质灾害风险区划定工作。

四 北京市加强矿产资源管理的建议

（一）优化矿产资源勘查开发利用格局，加强地质调查评价等基础性工作

强化地质矿产管理，实现矿产资源规划、调查、勘查、开发、利用、保护、监督全覆盖。编制实施矿产资源总体规划，划定矿产资源重点勘查区、重点矿区和禁止、限制勘查开采区域，严格矿山开采准入，对不同矿种和不同矿区实行差别化管理，从空间和源头上管控矿产资源勘查开发。加强地质调查评价等基础性工作。适应国民经济发展新需要，运用高新技术，持续开展1∶5万及更大比例尺的区域地质矿产调查、重要矿集区资源潜力评价和基础地质矿产图件更新工作等，全面提高基础地质覆盖程度和工作精度，为地质找矿、工程建设和农业发展提供可靠依据。拓展地质工作服务领域，实现地质工作转型升级，开展城市地质、农业地质、旅游地质、环境地质等特色地质服务工作。加大贫困地区矿产资源调查评价和勘查力度，支撑精准扶贫、精准脱贫。

（二）加快境外矿产勘查开发基地建设，加大重要新兴矿产资源勘查开发力度

以建立境外矿产资源勘查开发基地为目标，调整境外地质找矿思路，统筹协调全省境外地质找矿力量，形成境外地质找矿合力。发挥国有地勘单位技术、信息等方面的优势，与优势矿业企业建立境外矿产资源风险勘查开发联盟，围绕"一带一路"倡议，加快"走出去"步伐，积极参与国家能源通道建设和境外能源资源勘查开发合作，努力在中亚、南亚、非洲和南美等政治经济相对稳定、成矿条件较好的地区，建立境外矿产资源勘查开发基地。持续实施地质找矿突破战略行动，加强地热资源等清洁能源矿产调查评价与勘查。

（三）建立矿产资源开发利用监管新机制

全面实施矿业权人勘查开采信息公示制度，完善中介服务机构和评审专家监管机制，落实"双随机一公开"，健全以"黑名单"为内容的诚信体系和信用约束制度。坚持矿产资源综合勘查和综合利用，提升矿产资源开发利用水平，以"三率"指标为"底线"，落实矿产资源开发利用调查评估制度。落实探明储量矿产资源所有权统一确权登记制度，夯实矿产资源管理基础。规范国家出资勘查形成的探矿权采矿权价款管理，维护国家权益。

（四）完善矿业权市场交易与社会化服务

充分发挥市场在矿产资源配置中的决定性作用，完善矿业权出让和公开交易制度，建立和完善统一规范、公开透明、竞争有序的矿业权市场体系。围绕重大项目建设，优化压矿审批程序，统筹处理好保障重点建设与维护矿业权人权益的关系。加强地质资料汇交管理，特别是实物地质资料的汇交管理，提高地质资料社会化服务水平。

（五）加大矿山地质环境保护与治理力度

落实生态文明建设要求，加快发展绿色矿业，保护矿山地质环境。开展矿山地质环境详细调查，全面落实矿山地质环境保护和治理责任，构建政府主导、政策扶持、社会参与、开发式治理、市场化运作的治理新模式。开展"三区两线"及特定生态保护区范围内露天矿山开发及生态环境综合整治行动，推动新建生产矿山、历史遗留矿区地质环境的有效保护和恢复治理。加强地质灾害综合防治体系建设，加快推进中小型地质灾害隐患综合治理，进一步提升基层地质灾害防治能力。

（六）加快地质勘查开发科研与创新步伐

开展"深地"探测及相关研究，聚焦城镇化对城市地下空间的需求，探索开展城市地下空间三维调查，为拓展城市地下空间、保护地下资源提供支持。开展地球深部地质找矿重大科技问题攻关，探索建立深部找矿立体综合勘查技术体系，向地球深部要资源能源，提高资源储备、缓解资源能源紧缺，保障资源安全和可持续发展。以科技创新为驱动，调结构、转方式，加快地质勘查行业转型升级，提高发展质量和效益。完善产学研协同创新机制和模式，加强科技创新人才引进和培养，加大新技术、新方法、新工艺推广力度，提高工程技术水平。加强地质环境、地质工程、地质测绘领域科技攻关和成果转化，构建多形式、多渠道、多层次、宽领域的服务体系。

第十章

北京市自然资源资产负债表编制及分析

第一节 北京市自然资源资产负债表编制的基本概念框架

一 自然资源资产负债表的概念界定

探索编制自然资源资产负债表，是党的十八届三中全会首倡提出的生态文明体制改革的一项重要基础性制度建设。本章参考借鉴国家资产负债表的编制方法和技术手段，在《自然资源资产负债表编制探索》（史丹等著）一书基础上，对"自然资源资产负债表"的相关概念、核心要素、基础框架和列报方法等进行了修正和完善，并依托北京市现有的各种统计数据和参考资料，构建了北京市自然资源资产负债表。

自然资源资产负债表，就是借鉴利用会计学中的"资产负债表"概念和工具，对土地资源、森林资源、水资源等主要自然资源进行账户管理，并定期形成能够反映一国或地区自然资源基础禀赋和利用状况的报表体系。同时，自然资源资产负债表也是定期反映和揭示人类活动对自然资源环境影响的信息披露方式，可以看成是某一特定时点生态责任主体对所拥有的自然资源资产价值和所承担的生态环境责任义务（即环境负债）所拍的一张"快照"，反映的是一国或地区在某一时点上对于自然资源环境的权利义务状态。自然资源资产负债表是综合反映一国或地区自然资源"家底"、使用状况及其生态环境权利义务的信息披露方式。它可以有实物量和价值量等多种表现形式。

自然资源资产负债表包括自然资源资产、自然资源负债和自然资源净资产三大核心要素，自然资源资产负债表的核心概念界定如下：（1）自然资源资产：是指天然存在、有使用价值、产权明确、可提高人类当前和未来福利的自然环境因素的总和；（2）自然资源负债：是生态责任主体在某一时点上承担的预期会导致经济利益流出的自然资源"现时义务"，该"现时义务"的履行会导致该生态责任主体未来经济利益流出，它从经济实质来看是人类在利用自然资源过程中应该承担但尚没有履行的环境责任；（3）自然资源净资产：是一国或地区所拥有的全部自然财富总和，它在数量上应该等于自然资源资产减去自然资源负债，即全部自然资源资产减去全部自然资源负债后的净值。

二　自然资源资产负债表的基本要素

借鉴环境经济核算体系（SEEA2012）和国民经济核算体系（SNA2008）国家资产负债表的分类、核算以及列报办法，本章采用资产负债表的列报方式对北京市的自然资源资产、自然资源负债和自然资源净资产进行披露。北京市自然资源资产负债表的基本要素包括：

（一）自然资源资产

自然资源资产，主要是指天然存在、有使用价值（包括经济效益、社会效益、生态效益）、产权明确、可提高人类当前和未来福利且具有稀缺性的自然环境因素。"自然资源"是人类赖以生存的物质基础和前提条件，是人类生产生活最基础的物质要素。按照环境经济学的定义，所谓自然资源就是蕴藏于自然界中的有用途和有价值的物质。联合国环境经济核算体系（SEEA2012）、我国《环境保护法》和《中国自然资源手册》对自然资源进行了不同类型划分。一般而言，自然资源资产可分为能源资源资产、矿产资源资产、土地资源资产、森林资源资产、水资源资产、海洋资源资产、草原资源资产等。北京市自然资源资产共包括五类：能源资源、矿产资源、土地资源、林业资源和水资源，自然资源资产按照自然资源类型进行列报。

（二） 自然资源负债（环境负债）

自然资源负债，就是生态责任主体在某一时点上承担的尚没有履行的自然资源"现时义务"，该"现时义务"的履行会导致该生态责任主体经济利益流出，或者会导致自然资源资产的减少，或者需以其他资产或劳务等形式进行偿还弥补。它从经济实质来看是人类在利用自然资源过程中应该承担但尚没有履行的环境责任。从人与自然的关系来看，自然资源由初始的自然物形态进入到人类社会经济系统转化人类的利用物形态，最终再以残余物形态退出进入到自然环境中。自然资源负债就是指在自然资源相对于人类价值判断的"自然物形态—利用物形态—残余物形态"循环过程中，需要由人类主动干预才能消除其不利影响的环境责任。比如，退出人类社会经济活动循环的大多数残余物或废弃物，对其妥善处理的责任就是人类必须承担且应该承担的自然资源负债（环境负债）。虽然在 SEEA（2012）中心框架中不存在"环境负债"这一概念，也没有"环境负债"专门账户，但在其第四章"环境活动账户和相关流量"中专门对"环境活动"进行了详细界定，并将"环境活动"细分为环境保护和自然管理两大类型，同时专门设立了"环境活动账户"予以核算反映。从会计核算复式记账法的逻辑不难看出，"环境活动账户"核算的内容从本质上来看就是"人类偿还环境债务的活动"。

（三） 自然资源净资产

自然资源净资产，它是一国或地区所拥有的全部自然财富总和（绿色财富），它在数量上等于自然资源资产减去自然资源负债，即全部自然资源资产减去全部自然资源负债后的净值。

三 自然资源资产负债表体系的理论框架

自然资源资产负债表是综合反映一国或地区自然资源"家底"、使用状况及其生态环境权利义务的信息披露方式。通过报表体系进行列报是其主要的信息披露方式。自然资源资产负债表按照不同的分类标准，它可以进行不同的分类。从揭示的权利义务关系来看，自然资源资产负债表可以分为自然资源资产报表、自然资源负债报表和自然资源净资产报表；从反映的时序特征关系来看，自然资源资产负债表可以分为存量报表和流量报表。存量报表反映特定时点的自然资源资产或自然资源债务状况，强调的是时点状态；流量报表反映一定期间自然资源资产或自然资源负债的变动情况，强调的是时期变化。

（一）自然资源资产报表

1. 自然资源资产表

自然资源资产报表可以从存量和流量两个角度进行披露列报。自然资源资产表显示一国或地区在某一时点上自然资源资产的"存量"，自然资源资产变动表反映一定时间内自然资源资产"存量"的变化。由于存量反映的是特定时点（比如会计年末）的状况，因此自然资源资产在列报框架上应包括"期初"和"期末"两个时点；从自然资源资产存量和流量的关系来看，"期初"和"期末"两个时点之间的变化就是自然资源资产的流量变动情况，主要通过自然资源资产变动表来反映。按照自然资源的物理特质和功能属性，参考 SEEA 自然资源资产账户的分类方法，可以将自然资源资产划分为矿产和能源资源、土地、土壤资源、木材资源、水生资源、其他生物资源、水资源七大类，自然资源资产表的理论框架如表 10—1（自然资源资产表）所示。

表 10—1　　　　　　　自然资源资产表（理论框架）

自然资源资产类型	期初存量			期末存量		
	实物量	单位	价值量	单位	实物量	单位	价值量	单位
1 矿产和能源资源								
1.1 石油资源								
1.2 天然气资源								
1.3 煤和泥炭资源								
1.4 非金属矿产资源（不包括煤和泥炭资源）								
1.5 金属矿产资源								
2 土地								
3 土壤资源								
4 木材资源								
4.1 培育木材资源								

续表

自然资源资产类型	期初存量				期末存量			
	实物量	单位	价值量	单位	实物量	单位	价值量	单位
4.2 天然木材资源								
5 水生资源								
5.1 培育水生资源								
5.2 天然水生资源								
6 其他生物资源（不包括木材资源和水生资源）								
7 水资源								
7.1 地表水								
7.2 地下水								
7.3 土壤水								

资料来源：笔者整理绘制。

2. 自然资源资产变动表

借鉴 SEEA 中心框架中自然资源资产账户的核算规则，可以对一定期间的自然资源资产账户变化情况（即流量）进行列报披露。SEEA（2012）中自然资源资产账户核算从环境资产的期初存量开始，到环境资产的期末存量结束，遵循"期初存量+存量增加（存量增长、发现新存量、上调估值、重新分类）－存量减少（开采、存量正常损失、下调估值、重新分类）+存量重新估价＝期末存量"这一账户核算逻辑。对于上述每一项具体自然资源，可以根据 SEEA（2012）中心框架的自然资源资产账户披露列报其在一定期间的变化情况。比如，森林和其他林地的实物资产账户（公顷）变化情况遵循"森林和其他林地期初存量+存量增加（造林、自然扩张）－存量减少（伐林、自然缩减）＝森林和其他林地期末存量"的变化规律。

SEEA（2012）中资产存量从核算期期初到期末的变化，按照存量变动的方向主要分为两类：存量增加和存量减少。其中，存量增加又细分为"存量增长、发现新存量、上调估值、重新分类"四类，存量减少又细分为"开采、存量正常损失、下调估值、重新分类"四类。本章在探索编制北京市的自然资源资产变动表时，借鉴 SEEA（2012）资产存量变化的核算思路，将自然资源资产按照存量变动的方向分为存量增加和存量减少两类，对于导致每一项自然资源变化的因素，按照影响因素大致划分为人为因素和自然因素，由此构建自然资源资产变动表的理论框架。同时，具体核算形式应该既包括实物量又包括价值量，具体理论框架详见自然资源资产变动表（表10—2）所示。

表10—2　　　　　　　　自然资源资产变动表（理论框架）

资产类别	期初数	增加 人类活动	增加 自然因素	减少 人类活动	减少 自然因素	期末数
1 矿产和能源资源						
1.1 石油资源						
1.2 天然气资源						
1.3 煤和泥炭资源						
1.4 非金属矿产资源（不包括煤和泥炭资源）						
1.5 金属矿产资源						
2 土地						
3 土壤资源						
4 木材资源						
4.1 培育木材资源						
4.2 天然木材资源						
5 水生资源						
5.1 培育水生资源						
5.2 天然水生资源						
6 其他生物资源（不包括木材资源和水生资源）						
7 水资源						
7.1 地表水						
7.2 地下水						
7.3 土壤水						

资料来源：笔者整理绘制。

(二) 自然资源负债报表

通过前述对自然资源负债的界定可以看出，自然资源负债，就是生态责任主体在某一时点上承担的尚没有履行的自然资源"现时义务"，该"现时义务"的履行会导致该生态责任主体经济利益流出，或者会导致自然资源资产的减少，或者需以其他资产或劳务等形式进行偿还弥补。它从经济实质来看是人类在利用自然资源过程中应该承担但尚没有履行的环境责任。按照权责发生制的一般原则，当出现应该承担但尚没有履行的环境责任或义务时，自然资源负债（环境负债）就产生了。从环境负债产生的根源来看，引致环境活动的事项或活动，就是产生自然资源负债（环境负债）的根源。按照这一理论逻辑，本章提出按照引致"环境活动"的事项或活动类型标准，来对自然资源负债进行分类。

"环境活动"是 SEEA（2012）中心框架的重要核心概念，SEEA（2012）中心框架专门以一章的篇幅对"环境活动"进行账户管理和核算。在 SEEA（2012）中心框架第四章"环境活动账户和相关流量"中，环境活动的范围被界定为"以减少或消除环境所受压力或者更有效利用自然资源为主要目的的那些经济活动"。环境活动的实例包括但不限于：恢复被污染的环境，养护和自然资源管理，以及投资开发旨在预防或减少污染的技术。这些种类繁多的环境活动被分为两大类型：环境保护和自然管理。

环境保护活动指以预防、减少和消除污染及其他形式环境退化为主要目的的各种活动。这些活动包括但不限于预防、减少或处理废物和废水；预防、减少或消除空中排放；处理和处置受污染的土壤和地下水；预防或降低噪声和震动水平；保护生物多样性和大地景观，包括它们的生态功能；监测自然环境（空气、水、土壤和地下水）的质量；环保研究和开发；以及以环保为导向的一般管理、培训和教学活动。

自然资源管理活动指那些以保护和维护自然资源存量防止耗减为主

要目的的活动①。这些活动包括但不限于减少对自然资源的提取（包括通过自然资源回收、回用、再循环和替代）；恢复自然资源存量（增加或补充自然资源存量）；自然资源的一般管理（包括监测、控制、监视和数据收集）；以及生产用于管理和养护自然资源的货物和服务。

不难发现，上述"增加或者导致环境压力的那些活动"和"不太有效或者低效利用自然资源的那些活动"，就是环境负债产生的根源。资源管理和环境保护两类环境活动，本质上都是为了承担环境责任而发生的，可以视之为偿还环境负债的活动（过程），其结果是降低或减少环境负债。因此，核算上述"增加或者导致环境压力的那些活动"和"不太有效或者低效利用自然资源的那些活动"所产生的环境责任，就是环境总负债；实际发生的"环境保护或自然管理"活动，就是SEEA（2012）中心框架"环境活动账户和相关流量"核算的内容，可视为"人类偿还环境债务的活动"。两者之间的差额，则是应该承担但尚没有履行的自然资源负债（即期末环境负债）。按此逻辑，自然资源环境负债列报，应该是披露当期期末应该承担但尚未履行的环境责任。

因此，按照环境负债的产生根源，参考借鉴SEEA（2012）中心框架"环境活动"的分类方法，本章认为导致"环境责任"的人类活动类型主要分为两类：即"增加或者导致环境压力的那些活动"和"不太有效或者低效利用自然资源的那些活动"，它们分别与SEEA（2012）中心框架中的"环境保护"和"自然管理"两类环境活动相对应。当然，对于这些环境负债，还可以按照不同的标准进行分类，比如：按其偿还责任是否有法律强制性特征，可以将环境负债细分为法定负债（或显性负债）和推定负债（或隐性负债）。

因此，按照环境负债产生的主要根源，可以将环境负债分为（应计）资源管理负债、（应付）环境保护负债。具体而言，资源管理负债是人类在利用自然资源过程中导致的资源管理责任，它主要是指对自然资源不

---

① 资源管理活动可能导致相关次级环境惠益，例如保护和恢复野生生物和自然生境。但是，为了生物多样性和景观保护（例如管理受保护的森林）而专门开展的活动，以及为保持自然环境的特定功能或质量而开展的活动，应被视为环保活动。

当使用或过度消耗所形成的负债,资源管理负债可细分为不可再生资源管理负债和可再生资源管理负债两类;环境保护负债是人类活动(主要是经济活动)导致的环境保护责任,它主要是指在经济发展和人类活动过程中对生态环境所造成的损害,环境保护负债可细分为废水排放负债、废气排放负债、工业固废排放负债、生活垃圾排放负债四类(见图10—1、表10—3)。本书根据 SEEA(2012)第四章"环境活动账户和相关流量"的功能属性构建自然资源负债的分类标准,从而形成自然资源负债的主要列报项目。①

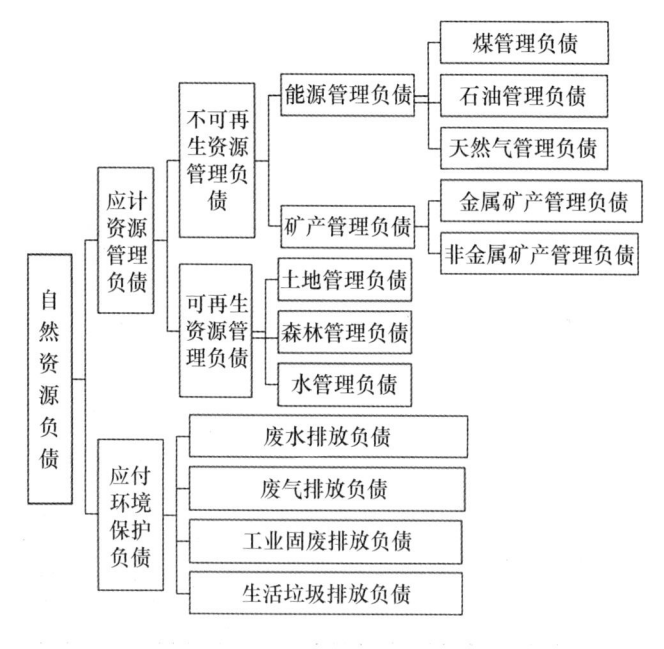

图10—1 自然资源负债分类

资料来源:笔者整理绘制。

---

① 值得注意的是,SEEA 2012 没有将环境保护和自然资源管理成本作为负债核算,而是根据实际自然资源债务"偿还"情况通过设置功能账户以核算此类成本。具体而言,SEEA 2012 主张设置环保支出账户和自然资源管理账户两个功能账户作为 SNA2008 的卫星账户,这样做的优势是回避理论上的自然资源负债争议,且在核算技术和数据基础上更具操作性。

表 10—3　　自然资源负债的分类

SEEA 中环境活动分类：类别概览		自然资源资产负债表中的负债分类	
大类	小类	大类	小类
一、环境保护	1. 保护周围空气和气候	一、（应付）环境保护负债	1. 向空气中的排放
	2. 废水管理		2. 废水排放
	3. 废物管理		3. 废物排放
	4. 保护和补救土壤、地下水和地表水		4. 土壤、地下水和地表水损失
	5. 减小噪声和震动（不包括工作场所保护措施）		5. 噪声和振动
	6. 保护生物多样性和景观		6. 生物多样性和景观损失
	7. 辐射防护（不包括外部安全）		7. 辐射危害
	8. 环保研发		8. 其他环境责任
	9. 其他环保活动		
二、资源管理	10. 矿产和能源资源管理	二、（应付）资源管理负债	9. 矿产和能源资源利用应承担的负债
	11. 木材资源管理		10. 木材资源利用应承担的负债
	12. 水生资源管理		11. 水生资源利用应承担的负债
	13. 其他生物资源管理（不包括木材和水生资源）		12. 其他生物资源利用应承担的负债
	14. 水资源管理		13. 水资源利用应承担的负债
	15. 资源管理研发活动		14. 其他资源利用应承担的负债
	16. 其他资源管理活动	三、（应付）自然负债	15. 因地震应承担的负债
			16. 因海啸应承担的负债
			17. 因台风应承担的负债
			……

资料来源：笔者整理绘制。

对于自然资源负债的变化，也需要进行科学客观地反映。从资产负债表的列报规则和整体框架构建上来看，"期初数 + 本期增加数 - 本期减少数 = 期末数"这一变化列报规则仍然适用于自然资源环境责任的变化。值得注意的是，各项自然资源负债的确认必须以应该承担而尚未履行的环境保护和资源管理责任为依据。根据期初应承担而尚未履行的环境保护和资源管理责任，确定评估计量其期初数；在该时期内，由于工业发展等因素导致的新增的环境保护和资源管理责任，增加当期自然资源负债；实际发生的各项环境保护和资源管理投入，除增加自然资源资产外，应减少当期自然资源负债；期初自然资源负债加上当期新增加的自然资源负债，再减去当期减少的自然资源负债，就是期末自然资源负债数（如表10—4所示）。在SEEA（2012）第四章"环境活动账户和相关流量"中，关于各主体对于环境"责任"的投入，既可能形成环境"资产"的来源，也可能导致环境"负债"的减少。各主体增加环境投入，应在自然资源资产变动表中作为自然资源资产增加量或在自然资源负债表中作为自然资源负债减少量来进行处理。

表10—4　　　　　　　　自然资源负债变动表（理论框架）

负债类别	期初数	增加 人类活动导致	增加 自然因素导致	减少 人类活动导致	减少 自然因素导致	期末数
1（应付）环境保护负债						
1.1 向空气中的排放						
1.2 废水排放						
1.3 废物排放						
1.4 土壤、地下水和地表水损失						
1.5 噪声和振动						
1.6 生物多样性和景观损失						
1.7 辐射危害						
1.8 其他环境责任						
2（应付）资源管理负债						
2.1 矿产和能源资源利用应承担的负债						
2.2 木材资源利用应承担的负债						
2.3 水生资源利用应承担的负债						
2.4 其他生物资源利用应承担的负债						
2.5 水资源利用应承担的负债						

续表

负债类别	期初数	增加 人类活动导致	增加 自然因素导致	减少 人类活动导致	减少 自然因素导致	期末数
2.6 其他资源利用应承担的负债						
3（应付）自然负债						
3.1 因地震应承担的负债						
3.2 因海啸应承担的负债						
3.3 因台风应承担的负债						
……						

资料来源：笔者整理绘制。

（三）自然资源资产负债表列报（理论框架）

按照 SEEA（2012）第五章"账户的整合与列报"的基本原则和核心理念，根据前面自然资源资产分类及其列报和自然资源负债分类及其列报的理论框架体系，在 SEEA（2012）运用会计学账户工具广泛进行实物账户、资产账户和功能账户核算基础之上，本书进一步借鉴 SNA2008 国家资产负债表的信息列报和披露方法，以编制自然资源资产负债表的形式全面综合揭示一国或地区的自然资源环境"家底"（见表10—5、表10—6）。总体来看，自然资源资产负债表列报遵循"自然资源资产 - 自然资源负债 = 自然资源净资产"这一基本会计恒等式。自然资源净资产，它是一国或地区所拥有的自然绿色财富总和，它在数量上应该等于自然资源资产减去自然资源负债。根据生态系统生产总值（Gross Ecosystem Production，简称 GEP）的定义和核算原理，GEP 就是一国或地区该年在自然资源利用、保护过程中创造出的自然资源绿色财富，它理论上应该等于该国或该地区自然资源净资产的增量，该年期末的自然资源净资产减去该年期初的自然资源净资产。即：GEP = 年末自然资源净资产 - 年初自然资源净资产。

表 10—5　　　　　　　自然资源资产负债表列报（理论框架）

自然资源资产	期初存量 实物量	期初存量 价值量	期末存量 实物量	期末存量 价值量	自然资源负债和净资产	期初存量 实物量	期初存量 价值量	期末存量 实物量	期末存量 价值量
1 矿产和能源资源					1（应付）环境保护负债				
1.1 石油资源					1.1 向空气中的排放				
1.2 天然气资源					1.2 废水排放				
1.3 煤和泥炭资源					1.3 废物排放				
1.4 非金属矿产资源（不包括煤和泥炭资源）					1.4 土壤、地下水和地表水损失				
1.5 金属矿产资源					1.5 噪声和振动				
2 土地					1.6 生物多样性和景观损失				
3 土壤资源					1.7 辐射危害				
4 木材资源					1.8 其他环境责任				
4.1 培育木材资源					2（应付）资源管理负债				
4.2 天然木材资源					2.1 矿产和能源资源利用应承担的负债				
5 水生资源					2.2 木材资源利用应承担的负债				
5.1 培育水生资源					2.3 水生资源利用应承担的负债				
5.2 天然水生资源					2.4 其他生物资源利用应承担的负债				
6 其他生物资源（不包括木材资源和水生资源）					2.5 水资源利用应承担的负债				
7 水资源					2.6 其他资源利用应承担的负债				
7.1 地表水					3.（应付）自然负债				

续表

自然资源资产	期初存量 实物量	期初存量 价值量	期末存量 实物量	期末存量 价值量	自然资源负债和净资产	期初存量 实物量	期初存量 价值量	期末存量 实物量	期末存量 价值量
7.2 地下水					3.1 因地震应承担的负债				
7.3 土壤水					3.2 因海啸应承担的负债				
……					3.3 因台风应承担的负债				
……					4. 自然资源净资产				

资料来源：笔者整理绘制。

表10—6　　　　自然资源资产负债表（基本框架）

单位：实物量单位/价值量单位

自然资源资产	2002	2007	2012	自然资源负债	2002	2007	2012
1. 能源				1. 应计资源管理负债			
1.1 煤				1.1 不可再生资源管理			
1.2 石油				1.1.1 能源管理			
1.3 天然气				1.1.2 矿产管理			
2. 矿产							
2.1 金属矿				1.2 可再生资源管理			
2.2 非金属矿				1.2.1 土地管理			
3. 土地				1.2.2 森林管理			
3.1 农用地				1.2.3 水管理			
3.2 建设用地							
3.3 未使用地				2. 应付环境保护负债			
4. 林业资源				2.1 废水排放负债			
5. 水				2.2 废气排放负债			
5.1 地表水				2.3 工业固废排放负债			
5.2 地下水				2.4 生活垃圾排放负债			
5.3 地表水与地下水重复计算				3. 自然资源净资产			
合计				合计			

资料来源：笔者整理绘制。

第二节 北京市自然资源资产负债表编制研究

一 自然资源资产负债数据收集的基本原则

在尝试编制北京市自然资源资产负债表时，本书主要遵循以下几项编表原则：

（1）数据可获得原则：以现有北京市的公开统计数据为基础。它所表征的自然资源资产应可报告、可核查、可考核；它所核算的自然资源资产应依据理由充分、数据基础明确。

（2）编制可操作原则：以理论为支撑、方法简便适用。自然资源资产表是一个具有较强的层级结构的报表系统，包括自然资源资产实物量统计和价格估算两大部分。具体自然资源资产价值核算包括自然资源核算范围、主要核算指标及口径、价格评估方法等内容。

（3）内容代表性原则：选择北京市主要的自然资源资产类别进行试编。编制自然资源资产表必须能够反映北京市各类自然资源的基本特征与实际情况及重点自然资源资产的管理和保护现状，并通过不同年度的资产表对比来突出自然资源资产的变化情况，以及相关自然生态资源的开发利用和保护情况。

（4）开放可扩展原则：对于纳入报表体系的资产种类，采取先易后难、由简到繁、逐步完善的开放原则，做到报表体系架构具有适当灵活性，可以根据情况适当扩展相关内容。

二 北京市自然资源资产表编制

（一）北京市自然资源资产种类及其实物量数据来源

矿产资源。根据我国《矿产资源法实施细则》中的分类，金属矿产共有铁、锰、铬、钒、钛等59种；非金属矿产共有金刚石、石墨、磷、自然硫、硫铁矿、钾盐、硼、水晶等92种。基于数据可得性和价值重要性原则，北京市自然资源资产负债表在以上151中矿产资源中选取了主要的矿产资源66种（详见表10—7）：金属矿产19种，非金属矿产47种。数据主要来源于北京市规划与国土资源委员会网站中公开的矿产资源储量统计表。

表10—7 　　　　　　　　北京市矿产资源储量统计表

一级分类	二级分类	三级分类	基础数据来源
1. 矿产资源	1.1 金属矿产	铁矿	由北京市规划和国土资源管理委员会网站"政务公开"栏目"数据统计"子栏目中公开发布的"矿产资源储量统计"整理而成（由北京市规划和国土资源管理委员会地质与矿产资源管理处提供）
		锰矿	
		铬矿	
		钛矿（钛铁矿）	
		钒矿	
		铜矿（非伴生矿）	
		铅矿	
		锌矿	
		铝土矿	
		镁矿（炼镁白云岩）	
		钨矿（原生矿）	
		铋矿	
		钼矿	
		铂矿	
		钯矿	
		金矿（岩金、伴生金）	
		银矿	
		镓矿	
		镉矿	
	1.2 非金属矿产	水泥用灰岩	
		熔剂用灰岩	
		冶金用白云岩	
		冶金用石英岩	
		制碱用灰岩	
		电石用灰岩	
		饰面用大理岩	
		饰面用花岗岩	
		红柱石	
		普通萤石（矿石）	

续表

一级分类	二级分类	三级分类	基础数据来源
1. 矿产资源	1.2 非金属矿产	铸型用砂	
		冶金用脉石英	
		耐火黏土	
		铁矾土	
		硫铁矿（矿石、伴生硫）	
		含钾砂页岩	
		含钾岩石	
		泥炭	
		石墨（隐晶质石墨）	
		滑石	
		石棉	
		长石	
		叶蜡石	
		透辉石	
		玉石	
		建筑石料用灰岩	
		制灰用石灰岩	
		泥灰岩	
		玻璃用石英岩	
		玻璃用砂岩	
		水泥配料用砂岩	
		建筑用砂	
		砖瓦用砂	
		水泥配料用脉石英	
		天然油石	
		陶粒页岩	
		砖瓦用页岩	
		水泥配料用页岩	
		陶瓷土	
		砖瓦用黏土	
		水泥配料用黏土	
		饰面用角闪岩	
		铸石用辉绿岩	
		饰面用辉长岩	

续表

一级分类	二级分类	三级分类	基础数据来源
1. 矿产资源	1.2 非金属矿产	饰面用闪长岩	
		建筑用花岗岩	
		饰面用板岩	

资料来源：笔者整理获得。

能源资源。这里主要指不可再生的化石能源。根据我国《矿产资源法实施细则》中的分类，能源资源共 11 种类：煤、煤成气、石煤、油页岩、石油、天然气、油砂、天然沥青、铀、钍、地热。由于北京市缺乏石油、天然气等能源勘探数据，本书选择煤炭、地热等北京市公开披露的能源资源储量数据作为主要化石能源纳入北京市自然资源资产负债表（见表 10—8）。

表 10—8　　　　　　　　北京市能源资源储量统计表

一级分类	二级分类	三级分类	基础数据来源
2. 能源资源	2.1 煤炭	煤炭储量	由北京市规划和国土资源管理委员会网站"政务公开"栏目"数据统计"子栏目中公开发布的"矿产资源储量统计"整理而成（由北京市规划和国土资源管理委员会地质与矿产资源管理处提供）
	2.2 地热	地热储量	《北京市地热资源 2006—2020 年可持续利用规划》

资料来源：笔者整理所得。

土地资源[①]。根据 2007 年 8 月颁布执行的《土地利用分类》国家标准（GB/T 21010 - 2007），土地资源分类采用土地综合分类即土地利用分类，侧重土地的实际利用现状，根据土地的实际利用和覆盖特征对土地

---

① SEEA 认为土地和土壤是两种分列的资产，将土地与自然资源分开，凸显出土地在提供空间方面的作用。而土壤资源则被列为自然资源的一部分。在 SEEA 框架下，土壤资源分类按照某个特定时间点的土地使用类型或土地覆被，例如耕地、草地、森林等等。这其中大部分子项与我国土地资源分类相一致。考虑到，国内常用的土地资源概念，自然资源资产负债表中我们仍然采用土地资源作为一级分类，二级分类则与 SEEA 土壤资源中的大部分类别相对应。

利用类型加以归纳和分类。分类的基本框架采用二级分类体系。一级类12个，二级类57个。一级类：依据土地利用用途和利用方式，设定"耕地""园地""林地""草地""水域""交通运输用地"。依据土地利用方式和经营特点，设定"商服用地""工矿仓储用地""住宅用地""公共管理与公共服务用地"。二级类：依据自然属性、覆盖特征、用途和经营目的等方面的土地利用差异，对一级类具体细化。考虑到本次核算数据可获得性，结合《土地利用分类》国家标准、现行使用的全国土地调查分类，以及《中华人民共和国土地管理法》，我们将北京市土地资源按照二级分类体系进行分类。一级分类是《中华人民共和国土地管理法》中的农业用地、建设用地以及未利用地"三大类"；二级分类则是GB/T 21010-2007中的一级指标，依次作降级处理。具体来看，农业用地包括耕地、园地、林地、草地、湿地五类；建设用地包括城镇村及工矿用地、交通运输用地、水域及水利设施用地、公园绿地四类；未利用地暂不考虑，也不再进行类别细分（见表10—9）。

表10—9　　　　　　　　北京市土地资源实物量数据来源表

一级分类	二级分类	三级分类	基础数据来源
3. 土地资源	3.1 农用地	耕地	《北京市统计年鉴》"主要土地利用状况"
		园地	《北京市统计年鉴》"主要土地利用状况"
		林地	《北京市统计年鉴》"主要土地利用状况"
		草地	《北京市统计年鉴》"主要土地利用状况"
		湿地	首都园林绿化政务网"北京市森林资源情况"（北京市园林绿化局官方网站）
	3.2 建设用地	城镇村及工矿用地	《北京市统计年鉴》"主要土地利用状况"
		交通运输用地	《北京市统计年鉴》"主要土地利用状况"
		水域及水利设施用地	《北京市统计年鉴》"主要土地利用状况"
		绿地	首都园林绿化政务网"北京市森林资源情况"（北京市园林绿化局官方网站）

资料来源：笔者收集整理绘制。

木材（林业）资源①。根据《林业资源分类与代码·森林类型》（GB/T 14721－2010），林业资源可以简单理解为森林资源。但实际上除了森林以外，其他林木、林地②也具有数量巨大的林业资源。一般来看，以林业资源作为一级分类，二级分类可进一步划分为森林、林木、林地，三级分类按照人工林和天然林作为区分。如果再进一步细分，可以根据树种进行分类，按照 GB/T 14721－2010，可以细分为：乔木林、竹林、经济林、灌木林、自定义森林类型（国标中没有包括，而由使用者自行分类定义的森林类型）。然而，此种分类由于囊括了木材（林业）资源和林地资源，与前面土地资源划分存在重复计算问题，且后续林业资源划分过细，数据错漏缺误较为严重。因此，在编制北京市自然资源资产负债表时，以北京市园林绿化局（首都绿化委员会办公室）官方网站公开披露的活立木蓄积量和森林蓄积量作为北京市木材（林业）资源的反映（见表10—10）。

表10—10　　北京市木材（林业）资源资产实物量数据来源表

一级分类	二级分类	三级分类	基础数据来源
4. 木材（林业）资源	4.1 活立木蓄积量		首都园林绿化政务网"北京市森林资源情况"（北京市园林绿化局官方网站）
	4.2 森林蓄积量		首都园林绿化政务网"北京市森林资源情况"（北京市园林绿化局官方网站）

资料来源：笔者整理所得。

水资源。我国分类系统中，水资源一级分类与 SEEA 分类略有不同。SEEA 包括地表水、地下水和土壤水。而根据《中华人民共和国水法》水资源包括地表水和地下水。在二级分类中，《地表水环境质量标准》（GB

---

① 在 SEEA 中，木材资源包括天然木材资源（不包括森林，森林被作为土地资源中单独列出）和人工木材资源，环境资产分类将森林作为土地的一个小类包括在内，而将这块土地上的木材资源单列为一项环境资产。

② 《中华人民共和国森林法》中林地的解释是："林地包括郁闭度0.3以上乔木林地、疏林地、灌木林地、采伐迹地、火烧迹地、苗圃地和国家规划的宜林地"。

3838—2002）中定义地表水是指全国江河、湖泊、运河、渠道、水库等具有使用功能的地表水。在编制北京市自然资源资产负债表时，北京市水资源量选择降水量、地表水资源量、地下水资源量和水资源总量（对地表水与地下水重复计算部分予以扣除）4个数据来反映，相关北京市水资源数据来源于北京市水务局网站公开披露的水务统计年鉴数据（见表10—11）。

表 10—11　　　　北京市水资源资产实物量数据来源表

一级分类	二级分类	三级分类	基础数据来源
5. 水资源	5.1 降水量		《北京统计年鉴》"能源、资源与环境"的"气象情况"
	5.2 地表水		《北京统计年鉴》"能源、资源与环境"的"水资源情况"
	5.3 地下水		《北京统计年鉴》"能源、资源与环境"的"水资源情况"
	5.4 水资源总量		《北京统计年鉴》"能源、资源与环境"的"水资源情况"

资料来源：笔者收集整理所得。

基于以上自然资源资产来源情况，本书在编制北京市自然资源资产表时确定，自然资源资产选取五个一级分类，即矿产资源、能源资源、土地资源、森林资源、水资源，共八个二级分类指标、83个三级分类指标，实物量数据来源于北京市按照现行统计核算标准提供的自然资源环境数据，详细见表10—12。主要以北京市统计局发布的《北京统计年鉴》为主，数据不足部分由北京市规划与国土资源管理委员会、北京市园林绿化局（首都绿化委员会办公室）、北京市水务局等政府部门官方网站提供的行业数据进行补齐。主要数据来源包括：《北京统计年鉴》《北京市水资源公报》《北京水务统计年鉴》《北京国土资源年鉴》《中国林业统计年鉴》《中国矿业年鉴》《中国环境公报》等。

表 10—12　　　　　北京市自然资源资产表（实物量）

一级分类	二级分类	三级分类	计量单位	2005年资源储量	2010年资源储量	2015年资源储量
1. 矿产资源（2007）	1.1 金属矿产	铁矿	矿石/千吨	184703	989294	969945
		锰矿	矿石/千吨	0	20	20
		铬矿	矿石/千吨	0	768	768
		钛矿（钛铁矿）	钛铁矿/TiO$_2$ 吨	6334	248005	249005
		钒矿	V$_2$O$_5$/吨	1390	14920	14920
		铜矿（非伴生矿）	铜/吨	0	66326	66326
		铅矿	铅/吨	0	34259	34259
		锌矿	锌/吨	18851	148716	148716
		铝土矿	矿石/千吨	18	420	420
		镁矿（炼镁白云岩）	矿石/千吨	0	18039	18039
		钨矿（原生矿）	WO$_3$/吨	0	1583	1583
		铋矿	铋/吨	0	488	488
		钼矿	钼/吨	21355	73164	73164
		铂矿	铂/千克	0	1018	1018
		钯矿	钯/千克	0	975	975
		金矿（岩金、伴生金）	金/千克	512	6361	6361
		银矿	银/吨	0	419	419
		镓矿	镓/吨	0	41	41
		镉矿	镉/吨	0	140	140
	1.2 非金属矿产	水泥用灰岩	矿石/千吨	396230	904043	910030
		熔剂用灰岩	矿石/千吨	118316	321284	308030
		冶金用白云岩	矿石/千吨	40503	323178	371871
		冶金用石英岩	矿石/千吨	0	186461	186461
		制碱用灰岩	矿石/千吨	80164	126576	72767
		电石用灰岩	矿石/千吨	40777	96351	96351
		饰面用大理岩	矿石/千立方米	7035	39028	34829
		饰面用花岗岩	矿石/千立方米	400	222110	222110
		红柱石	红柱石/吨	155849	256642	256642
		普通萤石（矿石）	矿石/千吨	0	311	311
		铸型用砂	矿石/千吨	0	3092	3092

续表

一级分类	二级分类	三级分类	计量单位	2005年资源储量	2010年资源储量	2015年资源储量
1. 矿产资源（2007）	1.2 非金属矿产	冶金用脉石英	矿石/千吨	0	1159	1159
		耐火黏土	矿石/千吨	2626	23883	23883
		铁矾土	矿石/千吨	0	412	412
		硫铁矿（矿石、伴生硫）	矿石/千吨	0	178	178
		含钾砂页岩	矿石/千吨	0	208260	208260
		含钾岩石	矿石/千吨	5778	34354	34354
		泥炭	矿石/千吨	1522	9809	9809
		石墨（隐晶质石墨）	隐晶质石墨/千吨	0	102	102
		滑石	矿石/千吨	0	9	9
		石棉	石棉/千吨	0	40	40
		长石	矿石/千吨	0	1600	1600
		叶蜡石	矿石/千吨	92	2949.87	3698
		透辉石	矿石/千吨	711	3073	3073
		玉石	矿石/吨		63826	63826
		建筑石料用灰岩	矿石/千立方米	12818	16818	27792
		制灰用石灰岩	矿石/千吨	202385	347859	328458
		泥灰岩	矿石/千吨	16900	17569	5030
		玻璃用石英岩	矿石/千吨	0	7450	7450
		玻璃用砂岩	矿石/千吨	5109	6877	8495.41
		水泥配料用砂岩	矿石/千吨	8914	16812	22240
		建筑用砂	矿石/千立方米	27500	129500	129500
		砖瓦用砂	矿石/千立方米	0	14990	14990
		水泥配料用脉石英	矿石/千吨	88	213	213
		天然油石	矿石/千吨	0	538	538
		陶粒页岩	矿石/千吨	0	28340	28340
		砖瓦用页岩	矿石/千立方米	231	44780	44780
		水泥配料用页岩	矿石/千吨	16390	43760	43760
		陶瓷土	矿石/千吨	0	914	914
		砖瓦用黏土	矿石/千立方米	660	4010	4010

续表

一级分类	二级分类	三级分类	计量单位	2005年资源储量	2010年资源储量	2015年资源储量
1. 矿产资源（2007）	1.2 非金属矿产	水泥配料用黏土	矿石/千吨	5710	13140	13140
		饰面用角闪岩	矿石/千立方米	550	2000	2000
		铸石用辉绿岩	矿石/千吨	2130	3090	3090
		饰面用辉长岩	矿石/千立方米	0	2470	2470
		饰面用闪长岩	矿石/千立方米	0	6370	6370
		建筑用花岗岩	矿石/千立方米	4667	5908	7149
		饰面用板岩	矿石/千立方米	3239	10773	10773
2. 能源资源	2.1 煤炭	煤炭储量	千吨	287663（2007）	1932621	2090391
	2.2 地热	储存热水量	10^8立方米	179.73	179.73	179.73
3. 土地资源	3.1 农用地	耕地	公顷	227170.43（2009）	223779.38	219326.49
		园地	公顷	141617.22（2009）	139298.50	134857.89
		林地	公顷	743696.19（2009）	742018.50	737078.88
		草地	公顷	84843.14（2009）	85827.05	85066.77
		湿地	公顷	—	51434.10	51434.10
	3.2 建设用地	城镇村及工矿用地	公顷	284791.79（2009）	290782.01	304393.05
		交通运输用地	公顷	44446.42（2009）	45335.78	47062.78
		水域及水利设施用地	公顷	80235.85（2009）	79774.99	78304.28
		绿地	公顷	45590.74（2007）	62672.38	81305.31
4. 木材（林业）资源	4.1 活立木蓄积量	活立木蓄积量	万立方米	1521.4	1854.7	2149.3
	4.2 森林蓄积量	森林蓄积量	万立方米	1295.3	1435.4	1701.1

续表

一级分类	二级分类	三级分类	计量单位	2005年资源储量	2010年资源储量	2015年资源储量
5. 水资源	5.1 地表水	地表水	亿立方米	7.6	7.2	9.3
	5.2 地下水	地下水	亿立方米	15.6	15.9	17.4
	5.3 水资源总量	水资源总量	亿立方米	23.2	23.1	26.8

资料来源：笔者收集整理获得。

(二) 自然资源资产实物量的定价方法

编制北京市自然资源资产表的关键步骤是在自然资源实物量统计基础上实现其价值量核算，而价值量统计则需要科学、适用的定价方法做支撑。关于资源的价值问题，经济学对此争议颇多，而对于自然资源的定价方法，目前国内外也未形成统一的认识。基于不同的自然资源价值理论，自然资源定价方法主要包括：影子价格法、均衡价格法、边际机会成本法、市场估价法、李金昌模型、能量定价法和能值定价法等，这些定价方法各有优缺点，对统计数据的要求也不尽相同。在实践中，为了操作便利，往往采用直接市场方法对自然资源资产进行估价。表10—13列示了各类自然资源资产实物量的定价方法和基本依据。具体到北京市各类自然资源资产，本书采用以下定价方法：

1. 矿产资源

矿产资源采用类市场价格法进行计价，无论金属矿产资源还是非金属矿产资源，定价方法采用均当年某类矿产工业总产值/矿产量作为矿产资源资产价格的确定依据，对个别异常数据情况，采用国际同类矿产资源该年度价格进行调整或修正。

2. 能源资源

能源资源资产采用当年市场价格法，考虑数据的长期可得性，煤炭储量资产价格依据"国家煤炭工业网—统计信息—统计数据—煤炭价格—主要产煤地价格"中"山西煤炭价格"和"内蒙古煤炭价格",计算年加权均值。地热价格采用《北京市地热资源2006—2020年可持续利用规划》中每立方米地热水效益统计的加权平均价格估算。

3. 土地资源

在公开有形的农用地市场未形成之前,通常认为中国农用地价格可以采用征地补偿标准。《土地管理法》规定补偿标准由土地补偿费、安置补助费和地上附着物及青苗补偿费三部分组成,以被征地前三年平均年产值的法定倍数表示,以2015年为例,耕地、园地、林地、草地等各类农用地,均以每亩10万元征地价格计算。建设用地价格按照当年北京市国有建设用地使用权基准地价进行评估,基准地价的表示形式为楼面熟地价;楼面熟地价是指各土地级别(区片)内,完成通平的土地在平均容积率条件下,每建筑面积分摊的完整的国有建设用地使用权的平均价格。

4. 森林资源

森林资源价格主要考虑了林木资源的经济价值和社会生态价值。本章森林资源价格采用前章北京市森林资源价值总量扣除林地价值后的单位面积价格予以估算。

5. 水资源

单位水资源价格是单位水资源经济价格与单位水资源生态价格之和,即单位水资源价格(经济+生态)=单位水资源经济价格+单位水资源生态价格。单位水资源经济价格为分类用水价格的加权平均值,权重为各类用水量占用水总量的比重,即:单位水资源经济价格=工业用水价格×工业用水权重+农业用水价格×农业用水权重+生活用水价格×生活用水权重+生态用水价格×生态用水权重。农业用水权重、工业用水权重、生活用水权重和生态用水权重根据"《北京统计年鉴》—资源和环境—供水用水情况—农业用水总量、工业用水总量、生活用水总量和生态用水总量数据计算"。工业用水价格、农业用水价格、生活用水价格和生态用水价格根据北京市公布的《关于北京市居民用水实行阶梯水价的通知》和《关于调整北京市非居民用水价格的通知》等确定。一般认为,水资源的经济价格仅占水资源总价值的30%,本书将单位水资源生态价格视为单位水资源经济价格的7/3,即单位水资源生态价格=单位水资源经济价格×7/3。

表 10—13　　　　　　　自然资源资产实物量定价依据表

一级分类	二级分类	三级分类	计量单位	年度定价主要方法和基本依据
1. 矿产资源（2007）	1.1 金属矿产	铁矿	矿石/千吨	当年全国该矿工业总产值/矿产量作为金属矿产储量资产单价确定依据
		锰矿	矿石/千吨	
		铬矿	矿石/千吨	
		钛矿（钛铁矿）	钛铁矿/TiO$_2$ 吨	
		钒矿	V$_2$O$_5$/吨	
		铜矿（非伴生矿）	铜/吨	
		铅矿	铅/吨	
		锌矿	锌/吨	
		铝土矿	矿石/千吨	
		镁矿（炼镁白云岩）	矿石/千吨	
		钨矿（原生矿）	WO$_3$/吨	
		铋矿	铋/吨	
		钼矿	钼/吨	
		铂矿	铂/千克	
		钯矿	钯/千克	
		金矿（岩金、伴生金）	金/千克	
		银矿	银/吨	
		镓矿	镓/吨	
		镉矿	镉/吨	
	1.2 非金属矿产	水泥用灰岩	矿石/千吨	当年全国该矿工业总产值/矿产量作为非金属矿产储量资产单价确定依据
		熔剂用灰岩	矿石/千吨	
		冶金用白云岩	矿石/千吨	
		冶金用石英岩	矿石/千吨	
		制碱用灰岩	矿石/千吨	
		电石用灰岩	矿石/千吨	
		饰面用大理岩	矿石/千立方米	
		饰面用花岗岩	矿石/千立方米	
		红柱石	红柱石/吨	
		普通萤石（矿石）	矿石/千吨	

续表

一级分类	二级分类	三级分类	计量单位	年度定价主要方法和基本依据
1. 矿产资源（2007）	1.2 非金属矿产	铸型用砂	矿石/千吨	
		冶金用脉石英	矿石/千吨	
		耐火黏土	矿石/千吨	
		铁矾土	矿石/千吨	
		硫铁矿（矿石、伴生硫）	矿石/千吨	
		含钾砂页岩	矿石/千吨	
		含钾岩石	矿石/千吨	
		泥炭	矿石/千吨	
		石墨（隐晶质石墨）	隐晶质石墨/千吨	
		滑石	矿石/千吨	
		石棉	石棉/千吨	
		长石	矿石/千吨	
		叶蜡石	矿石/千吨	
		透辉石	矿石/千吨	
		玉石	矿石/吨	
		建筑石料用灰岩	矿石/千立方米	
		制灰用石灰岩	矿石/千吨	
		泥灰岩	矿石/千吨	
		玻璃用石英岩	矿石/千吨	
		玻璃用砂岩	矿石/千吨	
		水泥配料用砂岩	矿石/千吨	
		建筑用砂	矿石/千立方米	
		砖瓦用砂	矿石/千立方米	
		水泥配料用脉石英	矿石/千吨	
		天然油石	矿石/千吨	
		陶粒页岩	矿石/千吨	
		砖瓦用页岩	矿石/千立方米	
		水泥配料用页岩	矿石/千吨	
		陶瓷土	矿石/千吨	

续表

一级分类	二级分类	三级分类	计量单位	年度定价主要方法和基本依据
1. 矿产资源（2007）	1.2 非金属矿产	砖瓦用黏土	矿石/千立方米	
		水泥配料用黏土	矿石/千吨	
		饰面用角闪岩	矿石/千立方米	
		铸石用辉绿岩	矿石/千吨	
		饰面用辉长岩	矿石/千立方米	
		饰面用闪长岩	矿石/千立方米	
		建筑用花岗岩	矿石/千立方米	
		饰面用板岩	矿石/千立方米	
2. 能源资源	2.1 煤炭	煤炭储量	千吨	依据"国家煤炭工业网—统计信息—统计数据—煤炭价格—主要产煤地价格"中"山西煤炭价格"和"内蒙古煤炭价格"，计算年加权均值
	2.2 地热	储存热水量	10^8立方米	地热价格采用《北京市地热资源2006—2020年可持续利用规划》中每立方米地热水效益统计的加权平均价格估算
3. 土地资源	3.1 农用地	耕地	公顷	中国农用地价格可以采用征地补偿标准。《土地管理法》规定补偿标准由土地补偿费、安置补助费和地上附着物及青苗补偿费三部分组成，以被征地前三年平均年产值的法定倍数表示
		园地	公顷	
		林地	公顷	
		草地	公顷	
		湿地	公顷	

续表

一级分类	二级分类	三级分类	计量单位	年度定价主要方法和基本依据
3. 土地资源	3.2 建设用地	城镇村及工矿用地	公顷	建设用地按照土地拍卖价格计算，拍卖价格是中国国土资源年鉴中的建设用地招标拍卖金额除以招标拍卖面积计算
		交通运输用地	公顷	
		水域及水利设施用地	公顷	
		绿地	公顷	
4. 木材（林业）资源	4.1 活立木蓄积量	活立木蓄积量	万立方米	采用当年出口木材单价计算，当年出口木材单价＝当年木材出口总额/当年木材出口总量
	4.2 森林蓄积量	森林蓄积量	万立方米	
5. 水资源	5.1 地表水	地表水	亿立方米	工业用水价格×工业用水权重＋农业用水价格×农业用水权重＋生活用水价格×生活用水权重＋生态用水价格×生态用水权重
	5.2 地下水	地下水	亿立方米	
	5.3 水资源总量	水资源总量	亿立方米	

资料来源：笔者收集整理。

表10—14　　　　　北京市自然资源资产表（价值量）

一级分类	二级分类	三级分类	计量单位	2005年	2010年	2015年
1. 矿产资源（2007）	1.1 金属矿产	铁矿	万元	1590982.75	16961453.77	20289300.43
		锰矿	万元	0.00	1117.14	1617.56
		铬矿	万元	0.00	208901.32	118407.17
		钛矿（钛铁矿）	万元	22143.03	345798.49	1492070.00
		钒矿	万元	22.28	926.17	649.35
		铜矿（非伴生矿）	万元	0.00	1843.35	1624.92
		铅矿	万元	0.00	3119.51	3191.96
		锌矿	万元	522.18	13539.48	10182.60

续表

一级分类	二级分类	三级分类	计量单位	2005年	2010年	2015年
1. 矿产资源（2007）	1.1 金属矿产	铝土矿	万元	141.65	7250.30	6678.67
		镁矿（炼镁白云岩）	万元	0.00	682469.49	157861.29
		钨矿（原生矿）	万元	0.00	68.45	86.28
		铋矿	万元	0.00	10.07	54.66
		钼矿	万元	207.62	3757.43	1208.49
		铂矿	万元	0.00	178150.00	79913.00
		钯矿	万元	0.00	170625.00	76537.50
		金矿（岩金、伴生金）	万元	12.22	193.95	332.74
		银矿	万元	0.00	25.35	28.75
		镓矿	万元	0.00	7175.00	3218.50
		镉矿	万元	0.00	24500.00	10990.00
	1.2 非金属矿产	水泥用灰岩	万元	3607151.52	12717035.93	27061377.09
		熔剂用灰岩	万元	1077111.12	4519453.36	9159825.48
		冶金用白云岩	万元	368726.39	4546095.97	11058252.32
		冶金用石英岩	万元	0.00	2622918.64	5544752.85
		制碱用灰岩	万元	729787.48	1780525.42	2163857.48
		电石用灰岩	万元	371220.80	1355354.92	2865170.10
		饰面用大理岩	万元	64044.40	549000.96	1035702.89
		饰面用花岗岩	万元	1661.09	1846072.09	4732494.93
		红柱石	万元	1418799.58	3610144.14	7631710.98
		普通萤石（矿石）	万元	0.00	6181.72	12092.52
		铸型用砂	万元	0.00	43494.70	91946.18
		冶金用脉石英	万元	0.00	9936.01	6386.62
		耐火黏土	万元	12115.82	204746.89	131606.22
		铁矾土	万元	0.00	3532.04	2270.31
		硫铁矿（矿石、伴生硫）	万元	0.00	4702.89	7104.75
		含钾砂页岩	万元	0.00	2929561.87	6192985.28
		含钾岩石	万元	52601.07	483252.51	1021577.91
		泥炭	万元	13855.80	137981.72	291688.24

续表

一级分类	二级分类	三级分类	计量单位	2005年	2010年	2015年
1. 矿产资源（2007）	1.2 非金属矿产	石墨（隐晶质石墨）	万元	0.00	1089.94	1747.31
		滑石	万元	0.00	106.11	180.74
		石棉	万元	0.00	342.92	220.42
		长石	万元	0.00	13716.66	8816.73
		叶蜡石	万元	424.47	25288.98	20377.67
		透辉石	万元	3280.41	26344.56	16933.63
		玉石	万元	0.00	547174.78	351710.37
		建筑石料用灰岩	万元	53319.64	110191.92	153453.48
		制灰用石灰岩	万元	841870.46	2279180.02	1813580.29
		泥灰岩	万元	70299.73	115112.48	27773.14
		玻璃用石英岩	万元	0.00	48812.57	41135.16
		玻璃用砂岩	万元	21252.15	45058.26	46907.39
		水泥配料用砂岩	万元	37079.99	110152.60	122798.12
		建筑用砂	万元	114393.05	848486.92	715034.03
		砖瓦用砂	万元	0.00	98214.82	82767.26
		水泥配料用脉石英	万元	406.01	1826.03	1173.73
		天然油石	万元	0.00	4612.23	2964.63
		陶粒页岩	万元	0.00	242956.37	156166.33
		砖瓦用页岩	万元	960.90	293399.57	247252.69
		水泥配料用页岩	万元	68178.26	286716.51	241620.77
		陶瓷土	万元	0.00	5988.55	5046.65
		砖瓦用黏土	万元	2745.43	26273.61	22141.21
		水泥配料用黏土	万元	23752.16	86093.58	72552.49
		饰面用角闪岩	万元	2287.86	13104.05	11043.00
		铸石用辉绿岩	万元	8860.26	20245.75	17061.43
		饰面用辉长岩	万元	0.00	16183.50	13638.10
		饰面用闪长岩	万元	0.00	41736.38	35171.94
		建筑用花岗岩	万元	19413.54	38709.35	39473.19
		饰面用板岩	万元	13473.42	70584.94	59483.10

续表

一级分类	二级分类	三级分类	计量单位	2005年	2010年	2015年
2. 能源资源	2.1 煤炭	煤炭储量	万元	8785590.32	102664550.74	183901792.98
	2.2 地热	储存热水量	亿元	377.433	844.731	1545.678
3. 土地资源	3.1 农用地	耕地	万元	10222669	20140144	32898973.5
		园地	万元	6372775	12536865	20228683.5
		林地	万元	33466329	66781665	110561832
		草地	万元	3817941	7724434.5	12760015.5
		湿地	万元	2314535	4629069	7715115
	3.2 建设用地	城镇村及工矿用地	万元	868045380.3	1772607142	3092633403
		交通运输用地	万元	134272635.5	273918784.1	473922197
		水域及水利设施用地	万元	240948258.8	479128592.3	783825846.7
		绿地	万元	25576405.27	70318410.71	152040930.5
4. 木材（林业）资源	4.1 活立木蓄积量	活立木蓄积量	亿元	31851.20804	43682.62126	56245.72879
	4.2 森林蓄积量	森林蓄积量	亿元	31903.17723	39773.06275	52372.51486
5. 水资源	5.1 地表水	地表水	亿元	204.5666667	216.6	294.5
	5.2 地下水	地下水	亿元	419.9	478.325	551
	5.3 水资源总量	水资源总量	亿元	624.4666667	694.925	848.6666667

资料来源：笔者收集整理。

三 北京市自然资源负债表编制

根据前面分析，自然资源负债主要是指人类在开发利用自然资源全过程中涉及的按照权责发生制原则应该予以确认计量的环境保护责任、资源管理责任和可能承担的自然灾害损失。这些责任是政府或企业等生态责任主体因过去发生的行为活动或经济业务而应该承担的环境义务，由于我国自然环境资源管理权和损害权（比如废气排放权、废气排放权、废渣排放权、碳排放权等）往往没有市场价值，因此难以直接用市场价格来计量。北京市自然资源负债拟采用第七章中北京市环境损失评估的相关结论来进行估计计量，具体到各类自然资源负债，本书采用如下方法估计自然资源负债价值量。

（一）应计资源管理负债

应计资源管理负债，主要是由于自然资源利用（耗减）导致的现实义务（责任），可以按照各种应付治污成本、应付生态恢复成本、应付生态维护成本、应付超载补偿成本等进行估算。由于北京市对本区域内自然资源的开发利用相对较少，且其管理（利用、耗减）导致的责任（义务）无明确的数据基础作为核算依据，目前并无适当可行的方法手段予以评估，相应的负债价值量确认存在一定困难。本书因此以各种自然资源当年储量价值为基础，采用总价值量的一定比例作为当年自然资源管理负债的估计对价，以此评估各种自然资源管理负债。

不可再生资源管理负债。能源管理负债中，煤炭管理负债：以当年原煤总价值量的0.2%作为当年原煤资源管理负债的入账基础；地热管理负债：以当年地热总价值量的0.8%作为当年地热资源管理负债的入账基础。矿产资源管理负债中，以当年矿产储量总价值的一定比重作为当年矿产资源管理负债的入账价值，具体来看，金属矿产管理负债按照总价值的0.5%确定，非金属矿产管理负债按照总价值的0.7%确定。

可再生资源管理负债。一是土地管理负债。由于土地从统计总量来看几乎不会减少，更多体现为土地用途的转换（比如由农用地转为建设用地，建设用地恢复为城市绿地），在这一用途转换过程中，土地在经济价值上得到了大大提升，追求更大经济价值一般被视为转换土地用途的主要影响因素。本书土地管理负债拟按照当年土地总价值的一定比例（农用地0.05%，建设用地0.02%）来估算土地管理负债，主要反映土地用途变更（农用地转换为建设用地）导致的生态环境义务（责任）。二是森林耗减负债，也按照当年林业总价值的一定比例（0.02%）来估算林业管理负债。三是水资源耗减负债。即以当年水资源总价值量为基础，按照一定比例（5%）来估算水资源负债的入账价值。

(二) 应付环境保护负债

应付环境保护负债是人类活动（主要是经济活动）导致的环境保护责任，它主要是指在经济发展和人类活动过程中对生态环境所造成的损害。环境保护负债可细分为废水排放负债、废气排放负债、工业固废排放负债、生活垃圾排放负债四类。本书认为，各项应付环境保护负债的金额，可以通过环境污染成本来进行估算。即经济活动导致的废水、废气、工业固废和生活垃圾导致的环境污染成本，可作为自然资源利用过程中带来的自然资源（环境）负债（义务）予以确认。尽管由于目前缺少应付环境保护负债核算的相关理论方法，但利用大量测算环境污染成本的技术方法，可以对废水排放负债、废气排放负债、工业固废排放负债、生活垃圾排放负债四类进行价值计量。

按照一般资源环境理论，环境污染成本由污染治理成本和环境退化成本两部分组成。其中，污染治理成本又可分为实际污染治理成本和虚拟污染治理成本。污染实际治理成本是指目前已经发生的治理成本，虚拟治理成本是指将目前排放至环境中的污染物全部处理所需要的成本。从理论上看，应付环境保护负债可视为总的虚拟治理成本（总虚拟治理成本已经包括了环境退化成本）扣除实际治理成本后的余额（欠债）。即应付环境保护负债＝总虚拟治理成本－实际污染治理成本。然而在现实中，虚拟治理成本往往无法直接计算，其估算常利用实际治理成本来进行估算，这导致上述公式无法用于测算应付环境保护负债。

环境退化成本是指在目前的治理水平下，生产和消费过程中所排放的污染物对环境功能造成的实际损害。污染物排放造成的环境退化成本是环境污染价值量核算中最关键也是最困难的部分。由于环境污染成本通常由实际污染治理成本和环境退化成本两部分组成，而实际污染治理成本通常是指目前已经发生的治理成本，因此剩余的环境退化成本大都成为应付环境保护负债的核算内容。在本书中，由于北京市在环境保护上投入资源较多，我们假设其污染治理上不存在负债，那么其应付环境保护负债主要是由环境退化成本来进行测算。由于计算环境退化成本，需要进行专门的污染损失调查，确定污染排放对当地环境质量产生影响的货币价值,从而确定污染所造成的环境退化成本,操作十分困难。本书第七章专门采用污染损失成本法对北京市的环境退化成本进行了测算,本章根据上述测算结果,基于环境污染成本法估算了北京市的应付环境保护负债。具体来说,废水、废气、固废和生活垃圾负债均根据当年排放总量和单位排放物导致的环境退化成本(废气按照人均居民健康经济损失)估算。具体自然资源负债价值量估算类型及其数据来源见表10—15。

表10—15　　　　自然资源负债价值量估算及其数据来源

自然资源负债	负债估计的数据基础来源
1. 应计资源管理负债	—
1.1 不可再生资源管理负债	—
1.1.1 矿产管理负债	—
1.1.1.1 金属矿产管理	金属矿产储量总价值的一定比重(0.5%)
1.1.1.2 非金属矿产管理	非金属矿产储量总价值的一定比重(0.7%)
1.1.2 能源管理负债	—
1.1.2.1 煤	原煤储量总价值量的0.2%
1.1.2.2 地热	地热储量总价值量的0.8%
1.2 可再生资源管理负债	—
1.2.1 土地管理	当年土地总价值的一定比例(农用地为0.05%,建设用地为0.02%)
1.2.2 森林管理	当年林业总价值的一定比例(0.02%)
1.2.3 水管理	当年水资源总价值量的一定比例(5%)
2. 应付环境保护负债	—
2.1 废水排放负债	当年的废水排放量按照环境退化成本4.5元/吨估算
2.2 废气排放负债	当年人口按照大气污染的人均居民健康经济损失估算
2.3 工业固废排放负债	当年工业固废排放总量按照单位污染物引起的环境退化成本估算
2.4 生活垃圾排放负债	当年生活垃圾排放总量按照单位污染物引起的环境退化成本估算

资料来源:笔者收集整理所得。

第三节 北京市自然资源资产负债表的结果及分析

一 北京市自然资源资产表结果及分析

表10—16列出了北京市2005年、2010年和2015年的自然资源资产表（价值量）。可以看出，北京市2005年、2010年和2015年的自然资源资产总量分别为16.73万亿元、33.24万亿元和55.62万亿元。不难发现，北京市自然资源资产呈快速增长态势。其中：2010年北京市自然资源资产总量比2005年增长98.69%，2015年北京市自然资源资产总量比2010年增长67.34%。究其原因：一是北京市矿产、能源等自然资源资产勘探监测较晚，部分自然资源实物量在2005年没有纳入自然资源资产实物量表，这导致2005年北京市的自然资源资产总量价值相对较低；二是2000年以来北京市各种自然资源资产，尤其是土地资源资产价格增长较快，按照当年价格计价的土地资源资产价格快速增长导致占自然资源比重较大的土地资源价值上升较快，从而使得整体自然资源价值快速增长。

表10—16　北京市自然资源资产表（2005、2010、2015）　　单位：亿元

资产类型	2005年	2010年	2015年
1. 矿产资源	1061.3105	6139.862	10559.298
1.1 金属矿产	161.4032	1861.092	2225.395
1.2 非金属矿产	899.9073	4278.77	8333.903
2. 能源资源	1255.992	11111.191	19935.858
2.1 煤炭	878.559	10266.46	18390.18
2.2 地热	377.433	844.731	1545.678
3. 土地	132503.725	270778.52	468658.66
3.1 农用地	5619.425	11181.22	18416.46
3.2 建设用地	126884.3	259597.3	450242.2
4. 林业资源	31851.208	43682.621	56245.729
4.1 活立木蓄积量	31851.208	43682.621	56245.729
5. 水	624.46667	694.925	848.66667
5.1 地表水	204.56667	216.6	294.5

续表

资产类型	2005 年	2010 年	2015 年
5.2 地下水	419.9	478.325	551
5.3 水资源总量	624.46667	694.925	848.66667
自然资源资产合计	167296.7022	332407.119	556248.2117

资料来源：笔者计算获得。

从2005年、2010年和2015年北京市自然资源资产的结构图（图10—2、图10—3、图10—4）可以看出：（1）北京市矿产、能源、土地、林业（林木）和水五大自然资源资产种类中，价值量占比最高的是土地资源，2005年北京市土地资源占自然资源价值的比重为79%。随着社会经济发展，北京市土地资源的价值比重逐年上升，2015年土地资源价值占北京市自然资源价值的比重已达84%。（2）北京市发挥社会生态价值的林业资源重要性相对较高，林业资源资产价值是占比第二高的自然资源种类。2005年林业资源占北京市自然资源价值的比重为19%，但随着土地资产价格的大幅上涨，以及矿产、能源等自然资源勘探实物储量的增长，北京市林业资源的相对价值呈下降态势，2015年林业资源价值占自然资源总价值比重仅为10%左右。（3）北京市矿产资源和能源资源资产价值相对较少，这主要与北京市的地理区域相对较小有关。2005年北京市矿产储量和能源储量资产价值占自然资源总价值的比重约为1%，随着能源、矿产价格的上涨，以及北京市矿产、能源等自然资源勘探实物储量的增长，2015年北京市矿产和能源占自然资源总价值的比重略有上升。（4）北京市自有的水资源总量相对较少，水资源量极度稀缺，加上水资源作为基本的民生用品受政府管制，价格一直不高，因此北京市水资源的价值占自然资源总价值的比重一直不高。2005年、2010年和2015年，北京市水资源占自然资源总价值的比重分别为0.37%、0.21%、0.15%，北京市自有水资源价值占自然资源总价值的比重呈连续下降态势。这一方面说明北京市水资源的价格没有充分反映出资源的稀缺程度，另一方面说明北京市社会经济发展面临水资源制约严重，亟须通过跨区域水资源配置才能够满足北京市水资源的需要。

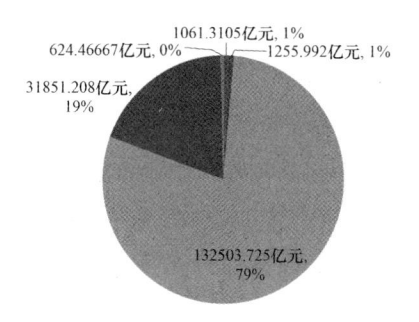

第十章 北京市自然资源资产负债表编制及分析 / 327

图10—2 2005年北京市自然资源资产结构

资料来源：笔者根据表10—16绘制。

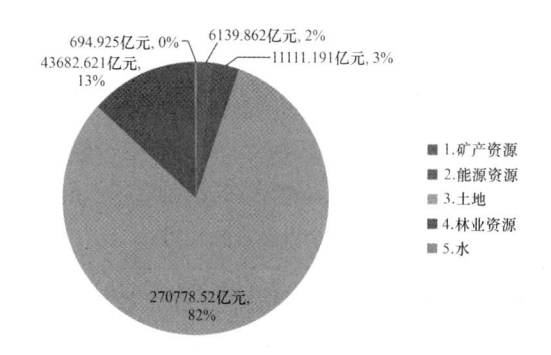

图10—3 2010年北京市自然资源资产结构

资料来源：笔者根据表10—16绘制。

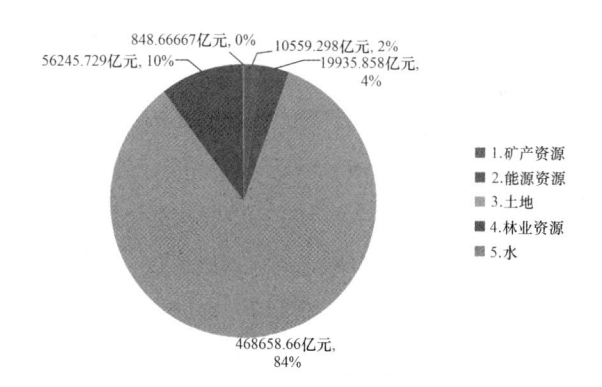

图10—4 2015年北京市自然资源资产结构

资料来源：笔者根据表10—16绘制。

二 北京市自然资源负债表结果及分析

表10—17列出了北京市2005年、2010年和2015年的自然资源负债表（价值量）。可以看出，北京市2005年、2010年和2015年的自然资源负债总量分别为606.03亿元、844.92亿元和1021.29亿元。不难发现，北京市自然资源总负债也呈快速增长态势。从北京市自然资源负债的构成来看，土地资源管理负债和废气排放负债对北京市自然资源总负债的影响较大，表明北京市在土地资源管理领域和大气污染防治领域欠账较多。其中：土地资源管理负债占自然资源管理负债的比重，2005年、2010年和2015年分别为36.29%、34.33%和36.55%，均超过1/3；废气排放负债占应付环境保护负债的比重，2005年、2010年和2015年分别为91.38%、90.92%和90.88%，几乎占据北京市应付环境保护负债的九成。

表10—17　　　　　　北京市自然资源负债表　　　　　　单位：亿元

自然资源负债种类	2005年	2010年	2015年
自然资源负债	606.033304	844.924534	1021.29006
1. 应计资源管理负债	77.6630967	167.5405	271.5492
1.1 不可再生资源管理负债	11.8829491	66.54762	118.6101
1.1.1 矿产管理负债	7.1063671	39.25685	69.4643
1.1.1.1 金属矿产管理	0.807016	9.30546	11.12698
1.1.1.2 非金属矿产管理	6.2993511	29.95139	58.33732
1.1.2 能源管理负债	4.776582	27.29077	49.14578
1.1.2.1 煤	1.757118	20.53292	36.78036
1.1.2.2 地热	3.019464	6.757848	12.36542
1.2 可再生资源管理负债	65.7801476	100.9928	152.9391
1.2.1 土地管理	28.1865725	57.51007	99.25667
1.2.1.1 农用地	2.8097125	5.59061	9.20823

续表

自然资源负债种类	2005 年	2010 年	2015 年
1.2.1.2 建设用地	25.37686	51.91946	90.04844
1.2.2 森林管理	6.3702416	8.736524	11.24915
1.2.3 水管理	31.22333	34.74625	42.43333
2. 应付环境保护负债	528.3702073	677.384034	749.74086
2.1 废水排放负债	45.454095	61.38653	68.27985
2.2 废气排放负债	482.820751	615.8947	681.38
2.3 工业固废排放负债	0.06636708	0.068522	0.038332
2.4 生活垃圾排放负债	0.02899422	0.034282	0.042678

资料来源：笔者计算得出。

从2005年、2010年和2015年北京市自然资源负债的结构图（图10—5、图10—6、图10—7）可以看出：（1）北京市自然资源负债总量均呈快速增长态势，但增长幅度有所变慢。自然资源负债总量2010年比2005年增长约39.42%，2015年比2010年增长约20.87%。自然资源负债增长的主要原因，受负债金额估算时以当年价格估算自然资源资产价值量的影响较大，如果剔除不同年度自然资源资产价格的影响，北京市自然资源负债总额应该会大概率呈降低态势。（2）在应计自然资源管理和应付环境保护两类负债中，北京市主要的负债类型是应付环境保护负债，2005年、2010年和2015年应付环境保护负债占自然资源总负债的比重分别为87%、80%和73%，呈快速下降态势，表明北京市环境保护欠账相对自然资源管理欠账较多，且随着环境保护投入增加，环境保护欠账减少较快。（3）进一步考虑北京市自然资源管理负债和应付环境保护负债的结构，可以发现北京市土地管理、水资源管理两类资源管理负债和废气排放、废水排放两类环境保护负债历史欠账较多，占自然资源管理负债和应付环境保护负债的比重相对较大。

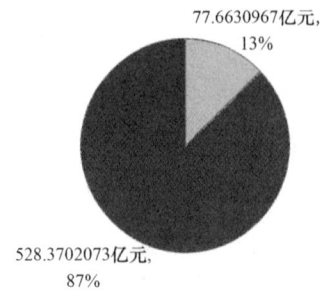

图 10—5　2005 年北京市自然资源负债结构

资料来源：笔者根据表 10—17 绘制。

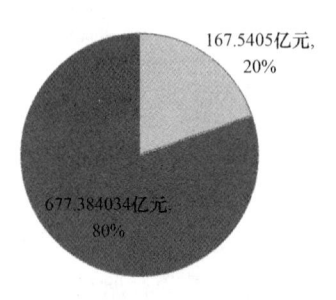

图 10—6　2010 年北京市自然资源负债结构

资料来源：笔者根据表 10—17 绘制。

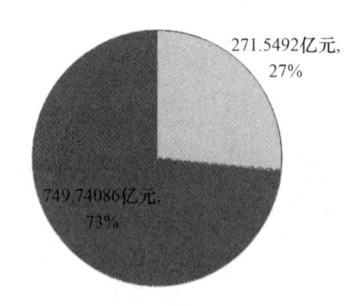

图 10—7　2015 年北京市自然资源负债结构

资料来源：笔者根据表 10—17 绘制。

三 不足之处及下一步研究建议

在绿色 GDP 核算和环境经济核算中，自然资源资产和环境治理成本等定价问题一直都是难点，同样也是自然资源资产负债表编制过程中面临的重点和难点。自然资源定价方法不完善、不成熟，导致从实物量表到价值量表的通道尚未完全打通，直接影响以价值量披露的自然资源资产负债表的编制效果和应用价值。受制于价值量难以核算，国内已有研究和地方实际操作中，不少成果只提出了编制框架或仅编制实物量表。另外，由于目前国内相关统计数据缺乏系统性、完整性、一致性，难以支撑自然资源资产负债表的编制。基于这些问题，本书对自然资源资产定价方法和自然资源负债估算方法采用了一系列变通处理方法，虽有相当的局限性，但也具有一定程度的合理性，能够在一定程度上反映北京市自然资源资产和负债的基本现状。后续我们将根据数据可得性，不断改进自然资源资产定价方法和自然资源负债估算方法。

鉴于现有统计数据和价值核算基础条件，今后在全国各省市推进自然资源资产负债表编制工作中，应进一步夯实自然资源定价的理论基础，完善价值量核算方法。为此，建议在深入研究基础上，由相关主管部门制定发布一套具有操作性、可动态调整的定价方法，形成科学、统一、标准、成熟的自然资源资产负债核算体系，并通过自然资源资产负债表的编制应用，带动相关统计工作的规范化和统计数据指标体系的完善。

参考文献

[1] 史丹:《自然资产负债表：在遵循国际惯例中体现中国特色》,《中国经济学人》2015 年第 6 期,第 22—43 页。

[2] 史丹、胡文龙:《自然资源资产负债表编制探索》,经济管理出版社 2015 年版,第 5—20 页。

[3] 胡文龙:《自然资源资产负债表基本理论问题探析》,《中国经贸导刊》2014 年第 10 期,第 62—64 页。

[4] 胡文龙:《自然资源资产负债表的理论探索进展及评价》,《贵州省党校学报》2018 年第 3 期,第 61—70 页。

[5] 谷树忠:《自然资源资产及其负债表编制与审计》,《中国环境管理》2016 年第 1 期,第 30—33 页。

[6] Guan X., Liu W., Chen M. (2016). Study on the ecological compensation standard for river basin water environment based on total pollutants control [J]. Ecological Indicators, 69, 446–452.

[7] 胡文龙、史丹:《我国自然资源资产负债表框架体系研究——以 SEEA2012、SNA2008 和国家资产负债表为基础的一种思路》,《中国人口·资源与环境》2015 年第 25 卷第 8 期,第 1—9 页。

[8] 姚霖、黎禹:《资源环境核算：从国际经验到国内实践》,《国土资源情报》2016 年第 10 期,第 9—15 页。

[9] 盛明泉、姚智毅:《基于政府视角的自然资源资产负债表编制探讨》,《审计与经济研究》2017 年第 1 期,第 59—67 页。

[10] 刘明辉、孙冀萍:《论"自然资源资产负债表"的学科属性》,《会

计研究》2016 年第 5 期，第 3—8 页。

[11] 姚霖：《论自然资源资产负债表编制的"三瓶颈"》，《财会月刊》2016 年第 34 期，第 6—9 页。

[12] 陈艳利、弓锐、赵红云：《自然资源资产负债表编制：理论基础、关键概念、框架设计》，《会计研究》2015 年第 9 期，第 18—26 页。

[13] 高敏雪：《扩展的自然资源核算》，《统计研究》2016 年第 1 期，第 4—12 页。

[14] 李金华：《论中国自然资源资产负债表编制的方法》，《财经问题研究》2016 年第 7 期，第 3—11 页。

[15] 封志明、杨艳昭、江东、袁国华、马静、张朝晖、张惠远、刘慧、闫慧敏、潘韬：《自然资源资产负债表编制与资源环境承载力评价》，《生态学报》2016 年第 11 期，第 7140—7145 页。

[16] 孙玥璠、武艳萍、胡洋：《我国自然资源资产负债表多维度账户体系的构建》，《财务与会计》2016 年第 11 期，第 70—72 页。

[17] 陈波、杨世忠：《会计理论和制度在自然资源管理中的系统应用》，《会计研究》2015 年第 2 期，第 13—19、93 页。

[18] 柴雪蕊、黄晓荣、奚圆圆、杨鹏鹏：《浅析水资源资产负债表的编制》，《水资源与水工程学报》2016 年第 8 期，第 44—49 页。

[19] 汪林、秦长海、贾玲、李金明：《水资源存量及变动表相关技术问题解析》，《中国水利》2016 年第 7 期，第 7—11 页。

[20] 贾玲、甘泓、汪林、秦长海：《水资源负债刍议》，《自然资源学报》2017 年第 32 卷第 1 期，第 1—11 页。

[21] 张友棠、刘帅：《基于自然资源资产负债表的环境责任审计体系设计》，《财政监督》2016 年第 1 期，第 95—97 页。

[22] 朱婷、施从炀、陈海云、郑雪丰：《自然资源资产负债表设计探索与实证——以京津冀地区林木资源为例》，《生态经济》2017 年第 1 期，第 159—166 页。

[23] 季曦、刘洋轩：《矿产资源资产负债表编制技术框架初探》，《中国人口·资源与环境》2016 年第 3 期，第 100—108 页。

[24] 刘大海、欧阳慧敏、李晓璇、纪瑞雪：《海洋自然资源资产负债表内涵解析》，《海洋开发与管理》2016年第6期，第3—8页。

[25] 刘芷蕙：《自然资源资产负债表下空气资源账户初探》，《西安文理学院学报》（社会科学版）2016年第2期，第121—125页。

[26] 商思争：《自然资源资产负债表编制中负债认定问题思考》，《财会月刊》2016年第19期，第7—11页。

[27] 向书坚、郑瑞坤：《自然资源资产负债表中的负债问题研究》，《统计研究》2016年第12期，第74—83页。

[28] 史丹、王俊杰：《生态环境的经济价值评估方法与应用》，《城市与环境研究》2016年第2期，第3—16页。

[29] 孙玥璠、徐灿宇：《生态系统服务：自然资源资产核算从实物量到价值量的桥梁》，《财务与会计》2016年第12期，第74—76页。

[30] 胡文龙、王蕾：《我国探索编制自然资源资产负债表的挑战及对策》，《环境保护》2017年第6期，第23—26页。

[31] 林忠华：《领导干部自然资源资产离任审计探讨》，《审计研究》2014年第5期，第10—14页。

[32] 蔡春、毕铭悦：《关于自然资源资产离任审计的理论思考》，《审计研究》2014年第5期，第3—9页。

[33] 国家审计署《编制自然资源资产负债表与生态环境损害责任终身追究制研究》课题组：《审计视域下自然资源治理体系现代化的三部曲》，《贵州省党校学报》2016年第5期，第99—104页。

[34] 马志娟、邵钰贤：《"互联网+"模式下自然资源资产离任审计研究》，《会计之友》2016年第11期，第108—111页。

[35] 曹茂莲、张莉莉、查浩：《国内外实施绿色GDP核算的经验及启示》，《环境保护》2014年第4期，第63—65页。

[36] KERMANA M, PELTOLA T. (2012). How does natural resource accounting become powerful in policymaking? A case study of changing calculative frames in local energy policy in Finland [J]. Ecological Economics, 80, 63-69.

[37] 张宏亮、朱雅丽、蒋洪强：《企业环境资产负债表编制方法探析》，

《会计之友》2016年第9期，第23—29页。

[38] HOLUB H W, TAPPEINER G, TAPPEINER U.（1999）. Some remarks on the System of Integrated Environmental and Eco-nomic Accounting's of the United Nations［J］. Ecological Economics，29（3），329－336.

[39] 王泽霞、江乾坤：《自然资源资产负债表编制的国际经验与区域策略研究》，《商业会计》2014年第17期，第6—10页。

[40] 冯现学：《城乡统筹中的土地资源、资产、资本综合管理初探——以四川成都地区为例》，《城乡规划：城乡统筹》，中国建筑工业出版社2011年版，第6页。

[41] 傅应铨：《强化土地资源和土地资产管理》，四川大学出版社1997年版。

[42] 黄花：《我国现行农村土地管理制度的主要问题及改革思路》，《科学社会主义》2010年第1期，第125—128页。

[43] 刘国臻：《论我国土地利用管理制度要解决的主要问题》，《暨南学报》（哲学社会科学）2003年第25卷第5期，第1—6页。

[44] 欧阳平、秦静：《我国土地资源资产管理主要问题及机制创新》，《中国国土资源经济》2010年第6期，第36—39页。

[45] 苑韶峰、吕军：《国有土地资产化管理中的弊端及其防治对策》，《农机化研究》2004年第1期，第63—66页。

[46] 徐春光、王峰：《浅谈当前我国地二级市场管理中的问题及对策》，《科技创新与应用》2014年第4期，第107页。

[47] 程立艳：《浅谈土地收购储备制度存在的问题及对策》，《农民致富之友》2015年第4期，第33页。

[48] 张惠：《我国土地储备制度的缘起、发展与转型》，《中国市场》2015年第47期，第194—196页。

[49] 杨丽娜：《加强土地管理，提高土地利用水平》，《农业开发与装备》2016年第2期，第18—19页。

[50] 汪文忠：《论土地规划管理与城乡规划实施的关系》，《国土资源》2016年第8期，第46—47页。

[51] 苏云波：《城市土地资产的有效经营及管理》，《行政事业资产与财务》2015年第9期，第1—2页。

[52] 贺国英：《土地资源、土地资产和土地资本三个范畴的探讨》，《国土资源科技管理》2005年第5期，第66—69页。

[53] 邹爱勇、王春霞：《试论我国土地产权制度的困境与出路》，《广东土地科学》2008年第7卷第5期，第28—30页。

[54] 程雪阳：《公法视角下的中国农村土地产权制度变迁：1921—2010年》，《甘肃行政学院学报》2010年第1期，第112—128页。

[55] 周贵荣、王铮、徐伟宣：《城市化地区的土地资源核算》，《自然资源》1997年第5期，第14—21页。

[56] 孔含笑、沈镭、钟帅、曹植：《关于自然资源核算的研究进展与争议问题》，《自然资源学报》2016年第31卷第3期，第363—376页。

[57] 许坚、潘文灿：《新中国农村土地产权制度沿革》，《中国国土资源经济》2014年第6期，第18—23页。

[58] 郝晓明、郑宇、童冠萍：《新中国土地管理制度的历史沿革》，《中国工程咨询》2016年第4期，第41—43页。

[59] 张波、阎弘文：《济南市土地资产评估结果比较分析》，《山东师大学报》（自然科学版）2001年第3期，第1—4页。

[60] 郑振源：《社会主义市场经济体制下土地产权制度的改革》，《新疆师范大学学报》（哲学社会科学版）2016年第37卷第4期，第70—82页。

[61] 程云行、汤肇元、韩国康：《林地产权制度研究》，《林业财务与会计》2003年第10期，第36—38页。

[62] 赵淑琴、夏玉杰、苏国英：《当前我国估价实践中亟须解决的问题》，《国土资源科技管理》2003年第20期，第5—8页。

[63] 丁蒙、田丽婕：《浅析北京市农村宅基地拆迁补偿中存在的问题》，《中国集体经济》2011年第4期，第22—23页。

[64] 张波、阎弘文：《济南市土地资产评估结果比较分析》，《山东师大学报》（自然科学版）2001年第3期，第1—4页。

[65] 伍育鹏、郧文聚、赵烨：《农用地分等定级信息系统的设计与应用：以湖南省为例》，《北京师范大学学报》（自然科学版）2006年第8期。

[66] 杨再贵、彭补拙、周生路等：《城市边缘区农用土地定级评估研究——以广州天河区为例》，《经济地理》2004年第24卷第4期，第520—524页。

[67] 单胜道、俞劲炎、叶晓朋、单时义、邹宗国：《农业用地评估方法研究》，《资源科学》2000年第1期，第13—32页。

[68] 赵丹煦：《基于回归分析的农用地定级与估价研究——以丽江市某县为例》，昆明理工大学，2011年。

[69] 欧洲联盟委员会，国际货币基金组织，经济合作与发展组织，联合国，世界银行：《2008年国民账户体系》，纽约，2012年。

[70] European Commission、Food and Agriculture Organization、International Monetary Fund、Organisation for Economic Co-operation and Development、United Nations、World Bank. (2012) . System of Environmental-Economic Accounting Central Framework.

[71] 袁惊柱：《自然资源的定价分析》，中国社会科学出版社2017年版。

[72] 刘昌明、郑红星：《黄河流域水循环要素变化趋势分析》，《自然资源学报》2003年第3期，第129—135页。

[73] 焦若静、耿建新、吴潇影：《编制适合我国情况的水资源平衡表方法初探》，《给水排水》2015年第4期，第214—219页。

[74] 朱友干：《论我国水资源资产负债表编制的路径》，《财会月刊》2015年第19期，第22—24页。

[75] 沈菊琴、陆庆春：《浅谈水权市场与水资源资产》，《中国水利》2003年第4期，第10页。

[76] 甘泓、汪林、秦长海、贾玲：《对水资源资产负债表的初步认识》，《中国水利》2014年第4期，第1—7页。

[77] 刘汗、张岚：《澳大利亚水资源会计核算的经验及启示》，《水利发展研究》2015年第5期，第70—74页。

[78] 杨世忠：《环境会计主体：从"以资为本"到"以民为本"》，《会

计之友》2016 年第 1 期，第 14—17 页。

[79] 陈亮：《发达国家水价制度比较及启示》，《综合管理》2007 年第 5 期。

[80] 樊明太、郑玉歆、马钢：《中国 CGE 模型：基本结构及有关应用问题（上）》，《数量经济技术经济研究》1998 年第 12 期。

[81] 何承耕、林忠、陈传明、李晓：《自然资源定价主要理论模型探析》，《福建地理》2002 年第 9 期。

[82] 姜翔程、方乐润：《英国水价制度介绍及启示》，《水利经济》2000 年第 1 期。

[83] 李金昌主编：《资源核算论》，海洋出版社 1992 年版。

[84] 刘渝：《美、加、英水价政策及启示》，《价格月刊》2010 年第 4 期。

[85] 马承祖：《关于自然资源价格构成问题的思考》，《价格月刊》2007 年第 9 期。

[86] 毛春梅：《美国的水价制度》，《水利经济》1999 年第 4 期。

[87] 宋冬林、汤吉军：《从代际公平分配角度质疑新古典资源定价模式》，《经济科学》2004 年第 6 期。

[88] 王舒曼、王玉栋：《自然资源的定价方法研究》，《生态经济》2000 年第 4 期。

[89] 谢海燕：《对资源性产品价格的理论分析》，《中国物价》2012 年第 5 期。

[90] 谢海燕：《反映环境成本的资源性产品定价机制研究》，《宏观经济管理》2010 年第 7 期。

[91] 杨卓羽：《资源性产品价格管理研究》，《发展研究》2011 年第 4 期。

[92] 张光文：《关于自然资源价格的形成及体系的探讨》，《现代经济探讨》2001 年第 6 期。

[93] 张雅君、杜晓亮、汪慧贞：《国外水价比较研究》，《给水排水》2008 年第 1 期。

[94] 张艳芳：《基于 CGE 模型的水资源对地区经济、社会与环境的影响

研究》，博士学位论文，中国社会科学院研究生院，2011年。

[95] 联合国：《环境经济核算体系（SEEA）2012：中心框架》，2014年。

[96] 曾伟生：《二元立木材积方程的检验与更新方法探讨》，《中南林业调查规划》2010年第3期，第1—5页。

[97] 车腾腾、冯益明、吴春争：《"3S"技术在精准林业中的应用》，《绿色科技》2010年第10期，第158—162页。

[98] 陈晨、王立群：《北京市森林资源与经济增长关系实证分析》，《林业经济》2011年第6期，第78—81页。

[99] 陈建成：《森林生态服务价值评价及其补偿与管理机制研究述评》，《中南林业科技大学学报》（社会科学版）2011年第3期，第174页。

[100] Cuperus R., Canters K. J.. Haes H. Friedman D. S. (1999). Guidelines for ecological compensation associated with highways [J]. Biological Conservation, 90 (1), 41 - 51.

[101] 陈平留、刘健、陈昌雄等：《小班生产条件调查方法研究》，《福建林业科技》2004年第1期，第81—84页。

[102] 陈平留、刘健、郑德祥：《福建省森林资源资产评估存在的问题与对策》，《林业经济问题》2001年第3期，第133—135页。

[103] 程怡：《林地价格连续20年呈下降趋势》，《国际木业》2012年第1期，第29页。

[104] 丛日春、安永兴、彭登等：《黄栌风景林景观评价方法研究》，《中国城市林业》2012年第4期，第7—9页。

[105] 单胜道、尤建新：《收益还原法及其在林地价格评估中的应用》，《同济大学学报》（自然科学版）2003年第11期，第1374—1377页。

[106] 刘降斌：《林木资源资产评估方法体系及方法选择研究》，《商场现代化》2009年第31期，第83—84页。

[107] 聂华：《森林资源价值核算中重复计算的经济学讨论》，《林业经济》2008年第3期，第57—60页。

[108] 张颖、侯元兆、魏小真等：《北京森林绿色核算研究》，《北京林业大学学报》2008 年第 S1 期，第 232—237 页。

[109] 谢高地、鲁春霞、肖玉等：《青藏高原高寒草地生态系统服务价值评估》，《山地学报》2003 年第 1 期，第 50—55 页。

[110] 张敏、夏朝宗、黄国胜等：《2010 年全球森林资源评估特点与启示》，《林业资源管理》2011 年第 1 期，第 1—6 页。

[111] 谢钰敏、魏晓平等：《自然资源价值的深入探讨》，《地质技术经济管理》2001 年第 2 期，第 60—64 页。

[112] 王广成、李祥仪：《论矿产资源的价值及价值构成》，《地质技术经济管理》1996 年第 6 期，第 22—26 页。

[113] 徐荣校、李先英：《对矿产资源的实际经济价值评估探讨》，《河北地质矿产信息》1996 年第 4 期，第 25 页。

[114] 连民杰、申铁忠：《矿山储量资产价值计算方法初探》，《金属矿山》2001 年第 2 期，第 1—5 页。

[115] 李秀莲、王志永：《矿产资源资产评估及其产权效益实现途径》，《河北地质学院院报》1993 年第 1 期，第 25—28 页。

[116] 袁怀雨、李克庆等：《矿产的资源评估方法矿业权流转价格矿业税费征收标准》，《中国黄金经济》1998 年第 5 期，第 32—34 页。

[117] 王学评、赵连荣：《国有矿产资源资产评估初探》，《地质技术经济管理》1993 年第 5 期，第 33—35 页。

[118] 李秀莲、王志永：《矿产资源资产评估及其产权效益实现途径》，《河北地质学院院报》1993 年第 1 期，第 25—28 页。

[119] 连民杰、申铁忠：《矿山储量资产价值计算方法初探》，《金属矿山》2001 年第 2 期，第 1—5 页。

[120] 李克农、晏剑武：《层次分析法及模糊数学在矿产资源资产评估中的应用》，《中国地质矿产经济》1997 年第 9 期，第 28—32 页。

[121] Aunan, Kristin, Pan, X. ‐ C. (2004). Exposure‐response functions for health effects of ambient air pollution applicable for China——a meta‐analysis, Science of the total environmental. 329, 3 – 16.

[122] Chen S., and L. He. (2014). Welfare Loss of China's Air Pollution：

How to Make Personal Vehicle Transportation Policy. China Economic Review, 31, 106-118.

[123] Dockery, et al. (1993). An Association Between air pollution and mortality in Six U. S. cities, The New England Journal of Medicine, 329, 1753-1759.

[124] Integrated Environmental Strategies (IES). (2005). Energy Options and health benefit Beijing Case Study.

[125] Kan, H., Chen, B. (2004). Particulate air pollution in urban areas of Shanghai, China: health-based economic assessment. Atmospheric Environment 322, 71-79.

[126] Ostro, B. D. (1990). Associations between morbidity and alternative measures of particulate matte. Risk Analysis 10 (3), 421-427.

[127] Pope III C A, Burnett R T, Thun M J, et al. (2002). Lung Cancer, Cardiopulmonary Mortality, and Long-term Exposure to Fine Particulate Air Pollution. JAMA: The Journal of the American Medical Association, 287 (9), 1132-1141.

[128] Quah, E., & Boon, T. L. (2003). The economic cost of particulate air pollution on health in Singapore. Journal of Asian Economics, 14, 73-90.

[129] 过孝民、於方、赵越：《环境污染成本理论与方法》，中国环境出版社2009年版。

[130] 韩明霞、过孝敏、张衍燊：《城市大气污染的人力资本损失研究》，《中国环境科学》2006年第26卷第4期，第509—512页。

[131] 李莲芳、曾希柏、李国学、梅旭荣：《北京市水体污染的经济损失评估》，《自然灾害学报》2006年第15卷第6期，第247—253页。

[132] 王燕、高吉喜、王金生等：《生态系统服务价值评估方法述评》，《中国人口·资源与环境》2013年第23卷第11期，第337—339页。

[133] 陈学明：《资本逻辑与生态危机》，《中国社会科学》2012年第11

期，第4—23页。

[134] 李文华、张彪、谢高地：《中国生态系统服务研究的回顾与展望》，《自然资源学报》2009年第24卷第1期，第3037—3046页。

[135] 中国生态补偿机制与政策研究课题组：《中国生态补偿机制与政策研究》，科学出版社2007年版。

[136] 欧阳志云、郑华：《生态系统服务的生态学机制研究进展》，《生态学报》2009年第29卷第11期，第6183—6188页。

[137] 范明明、李文军：《生态补偿理论研究进展及争论——基于生态与社会关系的思考》，《中国人口·资源与环境》2017年第27卷第3期，第130—137页。

[138] Norgaard R. B. (2010). Ecosystem services: from eye-opening metaphor to complexity blinder [J]. Ecological economics, 69 (6), 1219–1227.

[139] Farley J., Costanza R. (2010). Payments for ecosystem services: from local to global [J]. Ecological economics, 69 (11), 2060–2068.

[140] Frostpgh B. I. (2008). The CAMPFIRE programme in Zimbabwe: payments for wildlife services [J]. Ecological economics, 65 (4), 776–787.

[141] Shah JJ, Nagpal T, Brandon CJ. (1997). Urban air quality management strategyin Asia: guidebook [R]. Washington D. C: The World Bank.

[142] WHO. (2005). Air quality guidelines global update 2005. Copenhagen: WHO Regional Office for Europe.

[143] 马帅、俞淞、王韶伟、王红瑞：《北京市实施最严格水资源管理制度的探讨》，《南水北调与水利科技》2012年第4卷第2期，第133—157页。

[144] 常国武、苏许栋等：《浅论矿产资源资产的评估》，《金属矿山》1997年第4期，第1—3页。

[145] 程爱国、宁树正、袁同兴：《中国煤炭资源综合区划研究》，《中

国煤炭地质》2011年第8期,第5—8页。

[146] Yu B., Xu L. (2016). Review of ecological compensation in hydropower development [J]. Renewable & Sustainable Energy Reviews, (55), 729-738.

[147] 姚霖:《自然资源资产负债表的功能、基础及其热点管窥》,《南京林业大学学报》(人文社会科学版)2016年第3期,第115—125页。

后 记

探索编制自然资源资产负债表,是新形势下我国生态文明体制机制改革的一项重要任务,也是我国生态文明建设的一项重要的基础性制度安排。2012年以来,我国在推进生态文明体制机制建设上做出了一系列重大部署。北京既是我国首都,也是典型的资源禀赋稀缺的国际性大都市,积极探索编制北京自然资源资产负债表,加强北京自然资源资产负债管理,在我国生态文明建设中具有不同寻常的号召引领和改革示范意义。

本课题负责人为中国社会科学院工业经济研究所党委书记史丹研究员,研究成员包括胡文龙、马翠萍、张艳芳、王蕾、袁惊柱、刘佳骏、马丽梅、陈素梅。具体分工是:史丹研究员负责全书的整体研究设计、结构安排和质量控制;第一章由史丹研究员、胡文龙副研究员撰写;第二章由史丹研究员、胡文龙副研究员撰写;第三章由马翠萍副研究员、袁惊柱助理研究员撰写;第四章由张艳芳助理研究员撰写;第五章由刘佳骏助理研究员撰写;第六章由王蕾助理研究员撰写;第七章由陈素梅助理研究员撰写;第八章由马丽梅博士后撰写;第九章由史丹研究员、胡文龙副研究员撰写;第十章由史丹研究员、胡文龙副研究员撰写。

本书是北京市社会科学基金重点项目"北京自然资源资产负债表编制及其管理研究"(项目编号:15JGA024)的最终研究结果。同时,本书还是中国社会科学院重大国情调研项目"生态文明建设绩效考核与自然资源资产负债表编制情况"、国家社科基金一般项目"自然资源资产负债表编制研究"(批准号:15BGL043)的阶段性研究成果。

本书能够付梓，首先要感谢清华大学中国经济社会数据研究中心主任许宪春教授对本课题的关注与支持。其次要感谢国家统计局原国民经济核算司的程子林司长，资产与资源环境核算处的徐雄飞处长、刘晓雪同志；感谢内蒙古统计局潘志峰副局长，核算处包健俊原处长、梁卫国副处长；感谢贵州省统计局核算处李平惠副处长，杨双惠同志；感谢浙江省湖州市统计局钱中勇总统计师，以及深圳市环境科学研究院生态所所长叶有华博士。课题组在贵州、内蒙古、浙江湖州的调研活动，是在上述同志的大力支持、通力配合下进行的；课题组的调研安排、资料收集、成果研讨等很多工作都得益于他们的积极协调和热情帮助，探索编制自然资源资产负债表在实践中的经验总结和面临的问题挑战，很多也都是来源于他们的研究总结和工作体会。当然，书中的一些观点仅代表课题组的研究发现和理论认同，相应文责由课题组承担。与此同时，还要感谢北京市哲学社会科学规划办公室尹岩处长在课题结项、成果推广等方面的热心服务；感谢工业经济研究所科研处蒙娃副处长、王楠同志以及本书编辑为书籍出版付出的辛勤劳动。

在写作过程中，课题组参阅了大量的参考文献，吸收和引用了同行部分研究成果，这里对这些文献的作者一并表示衷心感谢。限于时间和能力，本书的不足之处在所难免，诚恳希望读者给予批评指正！

史 丹

中国社会科学院工业经济研究所

2018 年 9 月 10 日